Ute Mehnert
USA

Ute Mehnert

USA

Vertraute Bilder, fremdes Land

Epl 14 Mehn

Ch. Links Verlag, Berlin

Die Deutsche Nationalbibliothek verzeichnet diese Publikation
in der Deutschen Nationalbibliografie;
detaillierte bibliografische Daten sind im Internet über
http://dnb.d-nb.de abrufbar.

1. Auflage, September 2010
© Christoph Links Verlag GmbH
Schönhauser Allee 36, 10435 Berlin, Tel.: (030) 44 02 32-0
www.christoph-links-verlag.de; mail@christoph-links-verlag.de
Umschlaggestaltung: KahaneDesign, Berlin
unter Verwendung eines Fotos von
plainpicture / Readymade-Images / Valerio Vincenzo
(Blick über New York, 2009)
Karte: Christopher Volle, Freiburg
Lektorat: Günther Wessel, Berlin
Satz: Agentur Siegemund, Berlin
Druck und Bindung: Druckerei F. Pustet, Regensburg

ISBN 978-3-86153-602-4

Inhalt

Ein Land, das alle schon kennen – und das doch ganz anders ist	7
***A Big Country:* Amerika in Raumbildern**	13
»America«: *Made in Germany*	14
Neue Welt: Amerika als Sehnsucht	15
Old South, New South: Der Süden	19
Megalopolis: Der Nordosten	27
Heartland: Der Mittlere Westen	38
Frontiers: Der Westen	45
***Diversity:* Einwanderung und Zusammenleben**	55
Lockruf: *The American Dream*	58
Crossing Cultures: Expats und andere Migranten	62
Schwarz-Weiß ist passé: Amerikas Demographie	68
In God We Trust: Die Religion	76
Steuben Parade: Deutsche in Amerika	86
Stadt, Land, Suburb: Bauen, Wohnen und Mobilität	94
Homestead: Häuser als Sozialversicherung	96
Skyscrapers: Bauen im Höhenrausch	100
Häuser für alle: Frank Lloyd Wright und Levittown	104
McMansions: Bauen im Größenwahn	108
Urban Frontiers: Städte der Zukunft	112
Shopping: Die Konsumenten-Kultur	116
Convenience: Einkaufen im Alltag	118
Auf Kredit: Ruinöse Kaufkraft	123
Malls: Ohne Uhren, ohne Fenster	126

Diets: **Die Esskultur** 133
Super Size Me: Fastfood 137
Statussache: Slowfood 143
Truthahn für alle: Thanksgiving 149

Have a Nice Day: **Gesellschaft und Familie** 153
Amerikaner per Du: Soziale Umgangsformen 156
Think Positive: Die zupackende Gesellschaft 165
Baseball, Super Bowl, *Soccer Mom:* 171
  Die Welt des Sports

Students: **Bildung und Ausbildung** 180
Public or Private: Amerikas Schulsystem 183
Campus Life: Das College fürs Leben 188
America Reads: Bibliotheken und Lesekultur 197

We, the People: **Die Politik** 201
Who's the Boss? Ein Präsident, 205
  87576 Verwaltungseinheiten
Balance of Power: Zwei Parteien, drei Gewalten 213
Power Center: Washington, D.C. 217

Anhang
Glossar 230
Literatur, Quellen und nützliche Websites 233
Dank 234
Basisdaten USA 235

Ein Land, das alle schon kennen – und das doch ganz anders ist

»We're all living in Amerika – Amerika ist wunderbar.«
(Refrainzeile im Song »Amerika« der deutschen Rockgruppe Rammstein)

Seit Jahrhunderten weckt Amerika unsere Sehnsucht. Es ist die Neue Welt, in der alle frei und gleich sind. Es ist das Land der unbegrenzten Möglichkeiten, das aus Tellerwäschern Millionäre macht. Es ist die Traumfabrik, die Helden und Happy Ends produziert. Und es ist die Heimat des unerschütterlichen Optimismus, wo man nach vorn blickt statt zurück – weshalb schon Goethe den USA zurief: »Amerika, du hast es besser«.

Seit Jahrhunderten erregt Amerika unseren Zorn. Es ist das Land des Raubtierkapitalismus, in dem Geld alles zählt und die Menschen nichts. Es ist die Wiege der Mickymaus-Kultur, die nur seichtes Entertainment kennt. Es ist das Land des Konsumterrors, wo Shoppingmalls und Fastfood-Ketten den Geschmack ruinieren. »Amerika – die Entwicklung von der Barbarei zur Dekadenz ohne Umweg über die Kultur«, wie es der französische Politiker Georges Clemenceau formulierte.

Nur gleichgültig lässt uns Amerika nicht. Von »Hassliebe« ist oft die Rede, wenn es um das Verhältnis der Deutschen zu den Vereinigten Staaten geht (der Rest des Doppelkontinents ist mit »Amerika« so gut wie nie gemeint). Wenn der erste schwarze Präsidentschaftskandidat der USA Berlin besucht, jubeln ihm Hunderttausende zu. Dann gehen wir wieder nach Hause und empören uns über amerikanische »Heuschrecken« in deutschen Unternehmen oder US-Folterknechte im Irak. »Warum die Amerikaner alles falsch machen«, hieß es im Frühjahr 2009 in der *Zeit,* und Kommentator Robert Leicht bescheinigte der deutschen Öffentlichkeit insgesamt ein mangelhaftes Urteilsvermögen gegenüber den USA.

Wir alle wissen immer schon Bescheid, was Amerika ist und nicht ist. Es ist ein Ort in unserer Vorstellungswelt, zusammengesetzt aus Gemälden, Fotos, Nachrichten, Werbeplakaten, Reisen, Büchern, Songtexten, Sitcoms und Kinofilmen. Vieles davon verdanken wir den USA selbst, nämlich jenen Formaten, die Amerikas »Soft Power«, die Popkulturindustrie, bis in die entlegensten Winkel der Welt liefert. Michael Rutschky hat den Siegeszug der demokratisierten Kultur *made in USA* im Titel seiner »deutschen Entwicklungsgeschichte« auf den Punkt gebracht: *Wie wir Amerikaner wurden.*

Auch mich lockte die amerikanische Verheißung, seit ich denken kann. Nie werde ich mein erstes T-Shirt vergessen: hellblau, mit aufgedrucktem Donald Duck, der vor dem Sternenbanner posierte. Ich hatte so lange gebettelt, bis meine Mutter es mir kaufte – zum Ärger meines Vaters, der das »billige amerikanische Ding« abscheulich fand. Als McDonald's 1971 seine erste Filiale in Deutschland eröffnete, war das ein so großes Ereignis, dass der *Stern* daraus sogar ein Titelbild machte: Wie Ufos aus einer anderen Welt schwebten Hamburger über den Atlantik auf die deutsche Küste zu; im Hintergrund glitzerte die Skyline von New York. Für uns Kinder waren Geburtstagspartys in den neuen Fastfood-Restaurants fortan das Größte, auch wenn unsere Eltern über die »amerikanischen Labberbrötchen« die Nase rümpften.

Mitte der 1980er Jahre reiste ich zum ersten Mal selbst nach Amerika. Drei Wochen lang genoss ich als Touristin im Südwesten der USA die entspannte Atmosphäre eines Roadmovies, begegnete vielen freundlichen Amerikanern – und meinte überall Vertrautes zu erkennen. Lebenskünstler auf Surfbrettern unter der Golden Gate Bridge. Grandiose Natur und einsame Motels an endlosen Highways. Selbstvergessene alte Ladies an den *slot machines* in Las Vegas. Rettungsschwimmer am Strand von Malibu, die von Hollywood-Karrieren träumten. In dieser kurzen Zeit bekam mein Klischee-Amerika kaum einen Kratzer.

1990 ging es erneut, aber diesmal unter ganz anderen Vorzeichen, in die USA: Sechs Monate lang zur Archivarbeit nach Washington, D.C. Erst hier, konfrontiert mit der realen Welt des amerikanischen Alltags und seinen Institutionen, lösten sich die scheinbaren Gewissheiten auf. Auch hier begegnete ich vielen freundlichen Amerikanern – aber es gab betretene Gesichter, als ich den Satz: »Du musst uns unbedingt besuchen« wörtlich nahm und einfach vorbeischaute. Und dass es im »Land of the Free« nicht ratsam ist, Autoritäten in Frage zu stellen, stellte sich heraus, als ich im Pendlerzug beim Gepäckverstauen einer Anweisung des Schaffners widersprach: Ich musste umgehend wieder aussteigen.

Inzwischen lebe ich auf unbestimmte Zeit mit meiner Familie in Princeton, New Jersey. Wir wohnen in einem typisch amerikanischen, weißen Holzhaus mit grünen Fensterläden und ohne Gartenzaun. Jeder Besucher aus Deutschland schüttelt den Kopf über die durchhängenden Leitungen, auf denen Eichhörnchen zwischen Haus und Strommasten turnen – und staunt über die staatlich subventionierten Solarzellen auf dem Dach, die wir noch den amerikanischen Vorbesitzern verdanken. Wir sind große Fans unseres Postboten Brian, der nicht nur Briefe bringt, sondern auch gern welche mitnimmt und für uns abschickt. Im Sommer bewahrt er einfach so zwei Monate lang die Post für uns auf. Und doch erleben wir bei (fast) jedem Behördengang, dass es in Amerika bürokratischer zugehen kann als in unserer dafür berüchtigten Heimat.

Kurz und gut: Wer für längere Zeit aus Deutschland in die USA kommt, findet zunächst viel Vertrautes, ist nach wenigen Wochen gründlich irritiert und weiß nach einigen Monaten gar nichts mehr. Das Vertraute kollidiert mit dem Fremden, das wir bei allem Vorwissen eben doch nicht im Blick hatten. An diesem Kontrast arbeiten sich alle ab, die nicht nur zum Shopping mit Rundreise nach New York fliegen. Das gilt im Großen wie im Kleinen. Amerikaner sind Workaholics – doch im Alltag merkt man ihnen Stress kaum an. Amerikaner sind prüde – haben aber zugleich eine der größten Porno-Industrien der Welt. Die USA sind »God's Own Country« – und doch wird man kaum ein Land finden, das die Trennung von Religion und Staat strikter einhält. Amerikaner sind scharf aufs Geldverdienen – und trotzdem ist fast jeder irgendwo ehrenamtlich engagiert. Amerikaner sind maßlose Energieverschwender – doch pro Kopf besitzen sie laut Weltbank weniger Autos als Deutsche oder Franzosen, und 2009 haben die USA fast fünf Mal soviel Geld in erneuerbare Energien investiert wie Deutschland.

Irritierend ist auch die ungeheure Dynamik dieses Landes. Zum Beispiel die Demographie: Die Bevölkerung wächst hier nicht nur viel schneller als in Europa. Sie verändert auch in rasantem Tempo ihr Gesicht. Noch bis vor Kurzem waren Afroamerikaner die größte Minderheit. Heute sind es die sogenannten Hispanics, also Einwohner spanischer oder lateinamerikanischer Abstammung, und nach ihnen sind Asiaten die am schnellsten wachsende Bevölkerungsgruppe. Schwarz versus Weiß – diese einfache Farbenlehre reicht längst nicht mehr aus. Nimmt man noch die schiere Größe und regionale Vielfalt der Vereinigten Staaten hinzu, dann ist es eigentlich gar kein Wunder, dass man sich als Fremder leicht (ver)irrt.

Auch dieses Buch kann Ihnen kein komplettes Bild von den USA vermitteln. Noch weniger geht es auf die Suche nach einem »eigentlichen Amerika« (das ja oft irgendwo im *Heartland,* in einem eher ländlichen Landesinneren vermutet wird, obwohl acht von zehn Amerikanern heute in urbanen Ballungsgebieten leben). Es möchte vielmehr ein Wegweiser sein für Ihren eigenen Zugang zu diesem Land, wo Dynamik die größte Konstante ist: Amerika ist, ebenso wie seine Bewohner, fast immer in Bewegung.

Erzählt wird einiges aus der Geschichte der Vereinigten Staaten und ihrer Entstehung als Gegenmodell zum alten Europa. Sie wird Ihnen, meist mächtig glorifiziert, auch im heutigen Alltag überall begegnen, und so manche amerikanische Eigenheit ist ohne Kenntnis dieser Wurzeln kaum zu verstehen. Hauptsächlich geht es aber darum, wie man in den USA heute lebt und lernt, baut und wohnt, isst und einkauft, Sport treibt und Politik macht. Das ist ohne Pauschalisierungen nicht zu schaffen.

Von »Amerika« und »den Amerikanern« zu schreiben, wo es genau genommen »USA« und »die US-Amerikaner« heißen müsste, ist ja ohnehin schon nicht korrekt. Trotzdem habe ich mich dafür entschieden – aus demselben Grund, aus dem sich wohl kein Argentinier, kein Mexikaner und auch kein Kanadier jemals von Clemenceaus Spruch über Amerikas direkten Weg in die Dekadenz gemeint gefühlt hat. Die Wortwahl mag als kleine, konstante Erinnerung daran dienen, dass dieses Land stets beides zugleich ist: USA und Amerika; eine präsidiale und föderale Republik mit derzeit 307 Millionen Einwohnern auf einem Territorium von 9,8 Millionen Quadratkilometern – *und* ein Ort in höchst unterschiedlichen Vorstellungswelten. Amerika ist schließlich nicht nur ein Konstrukt »von außen«. Was Amerika ist und sein soll, darüber wurde und wird nirgends heftiger gestritten als in den Vereinigten Staaten selbst. Das gilt auch und gerade im Zusammenhang mit dem »Krieg gegen den Terror«, der Antwort auf die Anschläge vom 11. September 2001.

Viele unserer deutschen Freunde fanden es abwegig, dass wir 2006 in die USA zogen. »Wollt ihr wirklich in diesem Bush-Land leben?«, hieß es damals. Die transatlantischen Beziehungen waren auf dem Tiefpunkt, das Ansehen der Vereinigten Staaten in Europa so schlecht wie seit den Weltkriegen nicht mehr. Das hat sich mit dem Machtwechsel in Washington 2008 fürs Erste wieder gegeben, auch wenn der von Obama und seiner Partei versprochene »Wandel« – wie sollte es anders sein – mit den Erwartungen im Ausland ebensowenig Schritt hält wie mit den Hoffnungen (oder Befürchtungen) im Inland.

Was aber damals wie heute für uns die bemerkenswerteste Erfahrung war, ist die Überzeugungskraft des amerikanischen Alltags. Wir waren in ein Imperium gekommen, wo Glaubenskrieger, Militärfalken und Ölmilliardäre den Ton angaben, wo es nur noch Freunde oder Feinde, »für uns oder gegen uns« gab – und lebten doch zugleich in einer ganz anderen Welt. Hier wurden Fremde ohne jede Gesinnungsprüfung mit offenen Armen empfangen. Hier reichte ein Mietvertrag als Nachweis lokaler Zugehörigkeit, um ein Kind in der öffentlichen Schule anzumelden, wo es sich schon nach wenigen Tagen bewegte wie ein Fisch im Wasser. Hier war man stolz auf die Institutionen der Republik und schämte sich des politischen Personals in der Hauptstadt.

Nun mal langsam, werden Sie jetzt vielleicht einwenden. Immerhin ist hier die Rede von Princeton, einem »kanadisch-grün-feministisch-europäisch angehauchten Biotop in Bushs Amerika«, wie es ein deutscher Korrespondent vor einigen Jahren in der Zeitschrift *Cicero* formuliert hat. Princeton ist doch nicht typisch für die USA! Aber was ist es dann? Knob Creek, Kentucky, wo Mitglieder der rechtsextremen »Kentucky State Militia« mit Tarnanzügen und Schnellfeuergewehren durch die Wälder streifen? Surprise, Arizona, wo ehemalige Schauspielerinnen aus New York und reiche Witwer aus Oregon, Drinks in der Hand, in der Seniorenresidenz Sun City über einen von vier Golfplätzen schlendern?

Amerika ist all das. Bushs Amerika und Obamas Amerika. New York und Arizona. Princeton und Knob Creek. Seit 1956, der Ära der antikommunistischen Hexenjagd, mag der offizielle Wahlspruch des Bundesstaates »In God We Trust« lauten. Doch auf dem Siegel der Vereinigten Staaten steht nach wie vor das Motto, das der amerikanische Philosoph, Patriot und Porträtmaler Pierre-Eugene du Simitiere schon 1776 für die künftige Union auswählte: »E Pluribus Unum«, Aus Vielen Eines.

Nach einem ähnlichen Prinzip soll dieses Buch funktionieren. Am Rande handelt es auch vom großen Ganzen, von nationalen Doktrinen und vom Industriekapitalismus. Doch in erster Linie versucht es, den Zugang zu Amerika aus den kleinen Institutionen des Alltags zusammenzusetzen: Aus dem *garage sale* und der *public library*, dem *police blotter* und der *potluck party*, aus *real estate porn* und der Begnadigung eines Truthahns im Weißen Haus.

Wer nach Amerika kommt und sucht, was er schon kennt, der wird auch das dort irgendwo finden. Dieses Buch ist für all jene gedacht, die sich diesem Land so nähern wollen, wie wir es als deutsche Familie seit nunmehr gut vier Jahren versuchen: nicht unkritisch, aber bereit, neue Maßstäbe kennenzulernen; nicht frei von Vorurteilen, aber auch neugierig auf Beweise für das Gegenteil.

Princeton, im April 2010

A Big Country:
Amerika in Raumbildern

»Yes, it's a big, wonderful country. Proud of its past. Strong in its present. Confident in its future.« (Metro-Goldwyn-Mayer-Film »It's a Big Country«, USA 1951)

Der Patriotismus der Amerikaner ist sprichwörtlich. Angeblich fühlt kein Volk der Welt patriotischer als die US-Bürger. Kein Ort in den USA, an dem nicht das Sternenbanner weht. Keine amerikanische Schule, in der nicht jeden Morgen der Fahneneid gesprochen wird. Kaum ein öffentlicher Anlass, zu dem nicht die Nationalhymne ertönt – und kaum ein Amerikaner, der dann nicht die rechte Hand aufs Herz legt und mitsingt. Von Ausländern wird erwartet, dass sie aufstehen und der Nation Respekt zollen.

Patriotismus ist dabei nicht zu verwechseln mit blinder Staatstreue. Doch wer die Grenzen der amerikanischen Toleranz auf diesem Gebiet nicht respektiert, verscherzt sich schnell die Sympathien. So hat vor der Präsidentschaftswahl von 2008 ein Amerikaner bei einem privaten Dinner in meinem Bekanntenkreis die Kritik des französischen Gastgebers an der Irakpolitik der Regierung Bush höflich, ja sogar zustimmend angehört. Als diese Kritik aber in eine pauschale Verurteilung der USA und ihrer weltpolitischen Rolle mündete, verließ der amerikanische Gast empört das Haus.

Was aber ist das nun für ein Amerika, das seine Bewohner so stolz in ihrem Landesnamen United States of America führen – »America, the Beautiful«, »God's Own Country«, »The Land of the Free and the Home of the Brave«? Und wie ist es überhaupt entstanden?

Nach landläufiger Definition hat Christoph Kolumbus Amerika 1492 für die Europäer entdeckt, auch wenn es wohl schon Jahrhunderte vorher Seefahrer aus Skandinavien an die Küsten des Kontinents verschlagen hatte. Viel eher aber müsste man sagen: Erst anderthalb Jahrzehnte später wurde es in Europa erfunden. Denn Amerika verdankt seinen Namen zwei Deutschen, einer kleinen Broschüre – und einem Irrtum.

»America«: *Made in Germany*

»America is a passionate idea or it is nothing.«
(Max Lerner, *Actions and Passions*, 1949)

Um die Wende vom 15. zum 16. Jahrhundert gibt der Herzog von Lothringen einem Kartographen und einem Philologen den Auftrag, das bis dahin gültige Weltbild auf den neuesten Stand zu bringen: Der Freiburger Martin Waldseemüller soll jenes Land, das kurz zuvor auf der anderen Seite des Atlantik entdeckt worden ist, in eine aktualisierte Weltkarte einzeichnen; den Begleittext soll der Elsässer Matthias Ringmann verfassen.

Auf dem Arbeitstisch der beiden Männer liegt zu diesem Zeitpunkt ein schmales Heft. Es soll vom italienischen Seefahrer Amerigo Vespucci für die mächtige venezianische Bankiersfamilie Medici verfasst worden sein. In diesem Heft wird das neu entdeckte Land zum ersten Mal als bislang unbekannter Kontinent bezeichnet. Kein Wunder also, dass Waldseemüller und Ringmann diesen »Americus Vesputius« für den eigentlichen Entdecker halten – und den neuen Erdteil deshalb »America« taufen. Die Weltkarte wird auf der Frankfurter Buchmesse des Jahres 1507 vorgestellt; eine Auflage von 1000 Exemplaren gedruckt und in Umlauf gebracht.

Als Waldseemüller nach Ringmanns Tod einige Jahre später den Irrtum bemerkt – dass nämlich Christoph Kolumbus die Entdeckerehre gebührt –, ist es längst zu spät. Zwar nennt der Kartograph den neuen Erdteil in einer Neuauflage seiner Weltkarte von 1513 nun »Terra Incognita«, Unbekanntes Land. Doch der Name »America« hat sich längst auf den Landkarten und in den Köpfen breitgemacht. Seine Karriere ist nicht mehr aufzuhalten.

Das vermutlich einzige noch erhaltene Exemplar von Waldseemüllers Weltkarte aus dem Jahr 1507 wurde erst zu Beginn des 20. Jahrhunderts im Schloss Waldegg in Oberschwaben wiederentdeckt. Heute liegt es, von der UNESCO mit dem Siegel des Weltdokumentenerbes versehen, in der Nationalbibliothek der Vereinigten Staaten von Amerika. Aufbewahrt wird es in einem vom National Institute of Standards and Technology (NIST) eigens konstruierten Hightech-Sicherheitsbehälter. Und noch nie hat die Nationalbibliothek länger gewartet oder mehr bezahlt, um ein einziges Objekt zu erwerben: 100 Jahre und zehn Millionen Dollar für den Urtext der berühmtesten Marke der Welt.

Jener kleinen Broschüre aber, die Amerigo Vespucci vermutlich nicht einmal selbst verfasst hat, verdankt der Doppelkontinent im Westen neben »Amerika« noch einen weiteren Namen. Ihr Titel lautet nämlich: *Novus Mundus* – Neue Welt.

Neue Welt: Amerika als Sehnsucht

»Es sey die alte Welt gefunden in der Neuen.«
(Christian Wernicke, *Auf die Eroberung von Mexiko*, 1704)

Neue Welt – was für ein verheißungsvoller Name! Alle Hoffnungen und Sehnsüchte Europas spiegeln sich darin. Ist endlich jenes paradiesische Land gefunden, das schon Plato und Homer irgendwo westlich der antiken Welt vermutet hatten? Kolumbus jedenfalls behauptet, auf seinen Reisen eine Art Garten Eden entdeckt zu haben, dessen Bewohner ohne Neid und Besitzansprüche alles miteinander teilen, was die Überfülle der Natur ihnen bietet.

Die Humanisten der Renaissance sehen mit der Entdeckung dieser Neuen Welt ein neues »Goldenes Zeitalter« heraufziehen, das auch den Absolutismus in Europa überwinden könnte. Michel de Montaignes Essay *Des Cannibales* aus dem Jahr 1580 gilt als Paradebeispiel für den Versuch, die Indianer Amerikas als wunschlos glückliche Menschen im Naturzustand zu porträtieren – und damit ein Gegenbild sowohl zur reinen Barbarei als auch zur dekadenten europäischen Zivilisation zu entwerfen.

Je mehr nun europäische Siedler im Verlauf des 17. Jahrhunderts über die beschwerliche Bewirtschaftung des ungewohnten Landes, über die Gefahren der Wildnis und blutige Zusammenstöße auch mit den Ureinwohnern Nordamerikas berichten, desto fragwürdiger wird die Vision eines neuen Arkadiens. Doch mit Rousseau und den Naturphilosophen des 18. Jahrhunderts hält *le bon sauvage* erneut Einzug in die europäische Vorstellung von der Neuen Welt, der die Romantik bis weit ins 19. Jahrhundert hinein folgt. Während Industrialisierung und Verstädterung die Alte Welt erschüttern, soll die Neue Welt den Weg in eine gerechtere, fortschrittliche Gesellschaft weisen.

Dabei ist es nicht zuletzt der romantische Roman, ein neues Genre mit ungeheurem Erfolg auch und gerade bei weiblichen Lesern, das die Amerika-Sehnsucht bedient und weiter fördert. James Fenimore Cooper (1789–1851) etwa begeistert mit seinen *Lederstrumpf*-Romanen in den 1820er Jahren das Publikum auf beiden Seiten des Atlantik derart, dass er als erster amerikanischer Schriftsteller neben Washington Iriving (1783–1859) von seinen Büchern leben kann.

Und erst die Demokratie! Der Aufstand gegen die Kolonialherren, die Unabhängigkeitserklärung von 1776, der Sieg der amerikanischen Revolutionäre über das britische Königreich 1783 und schließlich die republikanische Verfassung von 1787 – diese Erfolge beflügeln die Hoffnungen der Reformkräfte in Europa. »All men are created equal« – die Lehre von der Gleichheit aller Menschen, festgeschrieben in der Unabhängigkeitserklärung der Vereinigten Staaten von Amerika, fasziniert die feudalistische Alte Welt enorm. Amerika wird damit auch ein attraktives Ziel für all jene, die den alten Kontinent verloren geben: »Ob nicht vielleicht Europa ganz zerstört und Wüste werden dürfte und die allgemeine Erwartung eines neuen Weltalters in Amerika doch gegründet sei?«, fragt sich Friedrich Schlegel um 1816. Selbst Goethe spielt zeitweise mit dem Gedanken, nach Amerika auszuwandern.

Die eindrücklichste, noch heute relevante Beschreibung von Politik und Gesellschaft der jungen Vereinigten Staaten stammt von Alexis de Tocqueville. Sein zweibändiges Werk *De la démocratie en Amérique* erscheint 1835 und 1840, und anders als die Mehrzahl der übrigen europäischen Publikationen zum Thema Neue Welt basiert es auf eigenen Beobachtungen in den USA, die der Jurist und Historiker von Mai 1831 bis Februar 1832 bereist. Tocqueville beschreibt, wie die klug ins Gleichgewicht gesetzten amerikanischen Institutionen nicht nur das Problem einer »Tyrannei der Mehrheit« lösen, das allen Demokratien droht. Sie verankern zugleich einen politischen Bürgersinn mit verbindlichen *moers* (Sitten) in der Gesellschaft. Diese *moers* tragen nach seiner Ansicht sogar noch mehr zur Stabilität der Republik bei als die Gesetze. Weit entfernt von naiver Schwärmerei für die Neue Welt, sieht Tocqueville die USA dennoch als Modell für die Demokratie in Frankreich.

Im weiteren Verlauf des 19. Jahrhunderts macht sich allerdings Skepsis breit, ob dieses neue Amerika tatsächlich den idealistischen Erwartungen der Alten Welt entspricht. Zumindest an der Ostküste ist von einem Naturzustand inzwischen nicht mehr viel zu sehen. Zwar lässt sich die romantische Mär von edlen Wilden und ebensolchen Pionieren mit der *Frontier* nach Westen retten, solange dort noch neues Land verfügbar ist. Aber auch die Amerikaner selbst wollen nicht recht ins Idealbild passen: Ihre Sitten sind rau; insgesamt fehlt es an Zivilisiertheit und Kultur, wie Besucher aus Europa bemängeln. Heinrich Heine spottet um 1850 in seinem Gedicht »Jetzt wohin?« über die amerikanischen »Gleichheitsflegel« in ihrem »großen Freiheitsstall«.

Kritik wird nun insbesondere am aufblühenden Kapitalismus laut: Geldgier herrscht in Amerika, es gibt keinen Gott neben dem allmächtigen Dollar, und der verschwenderische Umgang mit der Natur ist haarsträubend. Der österreichische Schriftsteller Nikolaus Lenau, der 1832 voll Enthusiasmus in die Neue Welt aufgebrochen war, kehrt ein Jahr später völlig entnervt zurück: »Diese Amerikaner sind himmelanstinkende Krämerseelen. Tot, für alles geistige Leben, mausetot.« Franz Kafka porträtiert die Neue Welt als verstörenden Ort. Sein unvollendeter Roman *Amerika,* der 1927 erscheint, beschreibt mächtige Verkehrsströme und hierarchische Arbeitswelten, in denen der Einzelne eher verlorengeht als eine neue Heimat zu finden.

Sehnsucht nach und Furcht vor der Neuen Welt haben stets nebeneinander existiert. Den herrschenden Eliten Europas war das republikanische Experiment auf der anderen Seite des Atlantik schon immer suspekt. Umgekehrt blieb all denen, die Europa aus existentieller Not verließen, gar nichts anderes übrig, als auf jenes Land der unbegrenzten Möglichkeiten zu hoffen, das erfolgreiche Auswanderer in so leuchtenden Farben schilderten. Doch insbesondere im Verlauf des 19. Jahrhunderts ist ein Trend weg von vorwiegend positiven und hin zu negativen Erwartungen klar zu erkennen.

Als die USA um die Wende vom 19. zum 20. Jahrhundert als militärische Großmacht die weltpolitische Bühne betreten und Europa auch ökonomisch unter Konkurrenzdruck setzen, wird Amerika zunehmend als Bedrohung gesehen. Neben diesem Staat mit seinem Rohstoffreichtum und seiner schnell wachsenden Bevölkerung nehmen sich die meisten Länder Europas wie Zwerge aus; allenfalls England mit seinem Empire mochte da noch mithalten. Auf dem Kontinent beginnt das Schlagwort von der »amerikanischen Gefahr« zu kursieren. »Für mich ist Amerika der Feind, der kleine Mörder in der Wiege«, schreibt der liberale deutsche Politiker Walter Rathenau 1912. »Diese Amerikaner werden unsere Kinder fressen.«

Zwischen den Extremen von Sehnsucht und Abneigung schwankt das europäische Urteil über die USA noch heute – mit starker Tendenz zum *Amerika-Bashing,* zuletzt während der Präsidentschaft George W. Bushs. Doch was die Ressentiments mindestens ebenso stark schürt wie der »Raubtierkapitalismus« und die militärisch-politische Macht der USA, ist die »Amerikanisierung«. Seit Beginn des 20. Jahrhunderts stellt man sie zunächst in Europa, bald aber in der ganzen Welt fest. Es ist die Macht einer zur Massenware verkommenen Kultur, die stets aus den USA zu stammen scheint: bunt und klebrig süß, verführerisch glitzernd, oberflächlich, unecht, profan. »Kulturindustrie – Aufklärung als Massenbetrug« heißt das 1947 in Max Horkheimers und Theodor W. Adornos *Dialektik der Aufklärung.* Die beiden Sozialphilosophen hatten ihre radikal ablehnende Haltung gegenüber der Popkultur während ihres Exils in den USA entwickelt.

Aus dieser Sicht hat Amerika den alten Kontinent schließlich doch verändert, aber nicht zum Guten, wie einst die Naturphilosophen gehofft hatten. Amerikas Produkte sind abstoßend – und zugleich immens attraktiv. Jazz, Hollywood-Filme, Fastfood, Shoppingmalls, der gesamte *American Way of Life:* All das erscheint europäischen Eliten umso hassenswerter, wie der US-Politologe Andrei S. Markovits in seinem 2007 erschienenen Buch *Uncouth Nation: Why Europe Dislikes America* notiert, als es trotz seiner unterstellten und oft wiederholten Unzulänglichkeiten »enorm verführerisch, ja sogar unwiderstehlich für die europäischen Massen geblieben ist«.

Verheißung und Bedrohung: Amerika ist immer beides zugleich. Im allgemeinen Wissen ist dieses Paradox fest verankert. Der gemeinsame Nenner dieser widersprüchlichen Vorstellungen heißt Faszination, und diese Faszination hält nun schon über Jahrhunderte an. Wirkliche Amerika-Erfahrung ist dafür nicht erforderlich, womöglich sogar hinderlich. Doch ob »Neue Welt« oder »Amerikanisierung«: Mit dem Selbstverständnis der US-Bürger und mit ihrem Land haben diese zutiefst europäischen Konstrukte wenig zu tun. »Amerika existiert nicht«, heißt es folgerichtig in Alain Resnais' Film »Mon Oncle d'Amérique« von 1980. »Ich weiß das, denn ich bin dort gewesen.«

Old South, New South: Der Süden

»American by birth. Southerner by the Grace of God.«
(T-Shirt-Aufschrift, gesehen auf zwei Rücken in einer Studentencafeteria in New Jersey)

Die Besiedlung der nordamerikanischen Atlantikküste durch englische Protestanten beginnt im 17. Jahrhundert fast gleichzeitig im Süden und im Norden. 1607 wird Jamestown im heutigen Virginia gegründet, 1620 Plymouth im heutigen Massachusetts. Fast zwei Jahrhunderte später, im September 1785, listet der künftige US-Präsident Thomas Jefferson einem europäischen Diplomaten die für beide Regionen nach seiner Ansicht typischen Charakteristika auf:

»Im Norden ist man:	Im Süden ist man:
kühl	feurig
nüchtern	sinnlich
arbeitsam	träge
ausdauernd	unstet
unabhängig	unabhängig
eifersüchtig auf die eigenen Freiheiten bedacht, und respektiert auch die aller anderen	begierig auf die eigenen Freiheiten, tritt aber die der anderen mit Füßen
eigennützig	großzügig
schikanierend	unvoreingenommen
abergläubisch und heuchlerisch in seiner Religion.	ohne Bindung an oder Anspruch auf eine andere Religion als die des Herzens.«

Diese Eigenschaften, erläutert Jefferson, würden von Norden nach Süden und umgekehrt von Süden nach Norden graduierlich schwächer. Ein aufmerksamer Reisender könne also immer schon an den Menschen der Umgebung erkennen, auf welchem Breitengrad er sich gerade befinde.

Einige Jahre zuvor haben zwei britische Landvermesser, Charles Mason und Jeremiah Dixon, die Aufteilung auch kartographisch vollzogen: Um einen Territorialstreit zwischen den Kolonien Pennsylvania und Maryland aus der Welt zu schaffen, ziehen sie im Auftrag der streitenden Parteien von 1763 bis 1767 jene schnurgerade Grenze, die als Mason-Dixon Line zur symbolisch aufgeladenen Trennungslinie zwischen dem Norden und dem Süden der USA werden sollte.

Schon bald nach der Unabhängigkeit beginnen Gegensätze die Gemeinsamkeiten zu überlagern. Im Norden bestreiten Kleinbauern die Landwirtschaft, und die Fabriken des beginnenden Industriezeitalters decken ihren Bedarf an gut ausgebildeten

Arbeitern mit Einwanderern aus Europa. Im Süden dominiert die arbeitsintensive Plantagenwirtschaft mit ihren Baumwollfeldern, auf denen hauptsächlich Sklaven eingesetzt werden. Die Industrien des Nordens rufen in schwierigen Zeiten nach Schutzzöllen vor der europäischen Konkurrenz. Die Südstaaten sind für ihren Export nach Europa auf Freihandel angewiesen.

Konfliktstoff liefert auch die Frage des politischen Gleichgewichts in der Union. Die Verfassung der Vereinigten Staaten garantiert den Fortbestand der Sklaverei in jenen Staaten, in denen sie 1787 bereits etabliert war. Doch nun hat die Expansion der USA nach Westen begonnen. Mit jedem Staat, der neu dazukommt, gerät das prekäre Gleichgewicht im Kongress erneut durcheinander. Wird die Sklavenhaltung in keinem der westlichen Staaten zugelassen, wie es die Abolitionisten im Norden verlangen, befürchtet der Süden in absehbarer Zeit eine Übermacht, die ihn jederzeit überstimmen kann. Vorübergehend einigt man sich auf einen Kompromiss: Südlich der Mason-Dixon-Linie soll es die *peculiar institution* weiterhin geben können, nördlich davon – mit Ausnahme Missouris – nicht. Weit über ihre ökonomische Bedeutung hinaus ist die Frage der Sklaverei damit zur politischen Grundsatzfrage geworden. Zum offenen Bruch kommt es 1861, als sich zunächst sieben Südstaaten von der Union abspalten. Sie gründen die Konföderierten Staaten von Amerika, denen sich später noch vier weitere Staaten anschließen. Zwei weitere Staaten, Kentucky und Missouri, sind gespalten und werden entsprechend von beiden Seiten für sich reklamiert.

Der Bürgerkrieg zwischen Nord und Süd tobt gut vier Jahre lang. Er findet fast ausschließlich auf Konföderierten-Gebiet statt. Den Unionsgeneral William Tecumseh Sherman lässt dieser Krieg als ersten »modernen General« in die Geschichte eingehen: Mit seiner 60 000-Mann-Armee zieht Sherman durch Georgia und die Carolinas, lässt Städte und Plantagen plündern und brennt alles nieder, was die Truppe nicht mitschleppen kann. Seine Strategie der Verbrannten Erde soll sich der Zivilbevölkerung ebenso unauslöschlich einprägen wie der Könföderierten-Armee. Kein Südstaatler soll je wieder auf den Gedanken kommen, gegen die Union zu den Waffen zu greifen. Bei Kriegsende ist der Süden verwüstet. Mehr als 600 000 Tote werden gezählt. Unter ihnen ist auch US-Präsident Abraham Lincoln, der die Nordstaaten in den Bürgerkrieg geführt hat. Ein Schauspieler, der mit den Konföderierten sympathisiert, ermordet den Präsidenten während eines Theaterbesuchs in Washington.

Nach dem Bürgerkrieg wird die Sklaverei in der gesamten Union abgeschafft. Doch dadurch, dass man vier Millionen Sklaven in eine ungewisse Freiheit entlässt, schafft man weder Rassismus noch Ausgrenzung aus der Welt. Die besiegten Südstaaten bleiben lange unter direkter Verwaltung des Bundes. Doch gleich nach dem Abzug der Unionstruppen erfinden sie neue diskriminierende Praktiken gegen ihre laut Verfassung nunmehr freien, gleichen und wahlberechtigten schwarzen Mitbürger.

Was das kollektive Gedächtnis des Südens seitdem prägt, ist die Erfahrung einer Niederlage, eines verlorenen Krieges auf dem eigenen Territorium. Hinzu kommen ganz eigene Formen der Religiosität im *Bible Belt* des Südens und das französische Erbe Louisianas. Aus dieser Kombination ist ein regionaler Patriotismus mit trotzigem Unterton entstanden, der in anderen US-Regionen so nicht zu finden ist. Im Alltag zeigt sich das Sonderbewusstsein gebürtiger Südstaatler mitunter an Autoaufklebern mit der Konföderierten-Flagge, einem blauen Kreuz mit 13 weißen Sternen auf rotem Grund.

Noch heute sind in erster Linie die elf Sezessionsstaaten (Alabama, Arkansas, Florida, Georgia, Louisiana, Mississippi, North Carolina, South Carolina, Tennessee, Texas und Virginia) gemeint, wenn von »the South« die Rede ist. Das zwiespältige Klischee vom *Old South* ist die Region dabei nie losgeworden. Für manche ist das die ewige Hochburg des Rassismus – das Land der Sklavenhalter und *Rednecks,* des Ku-Klux-Klans und der diskriminierenden *Jim-Crow-Gesetze.* Andere schwärmen vom Land der üppigen Plantagen und Magnolienbäume, vom Hort der Ritterlichkeit, der *Southern Belles* und der großen Gefühle.

Diesen Alten Süden haben Margaret Mitchell, Vivian Leigh und Clark Gable weltweit populär gemacht. Mitchells Bestseller *Vom Winde verweht* erschien 1936. Er spielt in Georgias Hauptstadt Atlanta, und einem ortsansässigen Reiseleiter zufolge fragen japanische Touristen dort noch immer als erstes nach zwei Dingen: nach dem besten Golfplatz – und nach Tara, der fiktionalen Heimat Scarlett O'Haras. Mit 30 Millionen verkauften Exemplaren gilt der Roman als eines der erfolgreichsten Bücher aller Zeiten. Der gleichnamige Film wurde 1939 mit Leigh und Gable in den Hauptrollen gedreht. An den Kinokassen spielte »Gone With The Wind« nach heutigem Wert 2,7 Milliarden Dollar ein und ist damit das einträglichste Werk der Filmgeschichte. Außerdem gewann der Film zehn Oscars. Einer davon ging an die schwarze Schauspielerin Hattie McDaniel für ihre Darstellung der Sklavin Mammy. Von der Premiere in Atlanta blieb McDaniel aber ausgeschlossen, ebenso wie alle anderen schwarzen Darsteller: In Georgia herrschte Rassentrennung.

Ergänzt wird die *Old-South*-Romantik mittlerweile durch das kulturell-touristische Image der Region als Wiege von Blues, Gospel und Jazz, als Heimat des *Cajoun Food* und des leicht korrumpierenden Savoir-vivre, wie es die Stadt New Orleans mit ihrem Beinamen *The Big Easy* zumindest bis zu ihrer Zerstörung durch den Hurrikan Katrina verkörpert hat. Bis heute sagt man den Frauen aus dem Süden mehr Charme und den Männern mehr Galanterie nach als dem Rest der US-Bürger – gepaart mit einer konservativen Grundeinstellung, einem Schuss Geisterglauben und einer gehörigen Portion Exzentrik.

Das ist in sehr vergnüglicher Form in dem Film »Midnight in the Garden of Good and Evil« (deutsch: Mitternacht im Garten von Gut und Böse) verarbeitet, den Clint Eastwood 1997 auf der Basis des gleichnamigen Reportageromans von John Berendt gedreht hat. Darin kommt ein New Yorker Gesellschaftsreporter nach Savannah, Georgia, um über die pompöse Weihnachtsfeier eines reichen Kunsthändlers und Lebemanns zu berichten. Beim gemeinsamen Spaziergang begegnen sie einem Schwarzen im Anzug und steifen Hut, der eine Leine ohne Hund spazierenführt. Er wird aber von allen Leuten im Park freundlich auf den unsichtbaren Hund angesprochen. Ein Verrückter? Keineswegs, wie der Südstaatler den New Yorker aufklärt, sondern Mr. Glover, der ehemalige Portier einer Anwaltskanzlei. Der verstorbene Anwalt hatte vor mehr als 20 Jahren in seinem Testament verfügt, Mr. Glover möge weiterhin 15 Dollar pro Woche dafür bekommen, dass er seinen Labrador Patrick ausführt.

Zwei Jahre später sei Patrick dann seinem Herrn ins Grab gefolgt. Warum Mr. Glover seitdem nicht einfach einen anderen Hund spazierenführe, will der Reporter wissen. Mit hintergründigem Lächeln fragt der Kunsthändler zurück: »Und wer geht dann mit Patrick Gassi?«

Selbst Konzernchefs aus dem Süden genießen den Ruf, charmanter, umgänglicher und in ihrem Geschäftsgebaren einfach weniger aggressiv zu sein als etwa ihre Kollegen im Nordosten. Joe Hollingsworth, ein Unternehmer aus Tennessee und Autor des 2003 erschienenen Buches *The Southern Advantage*, erklärte das einem Reporter aus dem Norden einmal wie folgt: »Wenn Donald Trump ein Südstaatler wäre, würde er sagen: ›Du bist gefeuert. Aber Gott segne dich – du hast dein Bestes gegeben.‹«

Vom *New South* war schon bald nach der Wiedereingliederung der Sezessionsstaaten in die Union die Rede. Seit Mitte des 20. Jahrhunderts verband man damit aber vor allem die Erfolge der schwarzen Bürgerrechtsbewegung mit dem Baptistenpastor Martin Luther King an der Spitze. Dieser Neue Süden war der Ort, wo Bürgerrechtler durch zivilen Ungehorsam und friedliche Proteste das Ende jener Gesetze erzwangen, die unter dem Slogan »separate, but equal« (getrennt, aber gleich) die Rassentrennung in öffentlichen Einrichtungen von Schulen über Krankenhäuser bis zu den öffentlichen Verkehrsmitteln vorschrieben. In diesem Neuen Süden liegt auch Montgomery, Alabama. Hier weigerte sich die schwarze Näherin Rosa Parks im Dezember 1955, ihren Sitzplatz in dem für Schwarze verbotenen Teil eines Busses für einen Weißen zu räumen. Rebellion hatte sie nicht im Sinn. Sie hatte einfach nur müde Beine. Doch dieser Akt des gewaltlosen Widerstands löste einen knapp 13-monatigen Busboykott aus – und machte Rosa Parks zu einer Symbolfigur der Protestbewegung.

Der demokratische Präsident John F. Kennedy beschwor im Oktober 1963 den *New South* als Teil einer wirklich geeinten Nation, wie sie im Fahneneid der USA formuliert ist: »Dieser große Neue Süden leistet seinen Beitrag zu einem großen, neuen Amerika, und ihr – vor allem die jungen Leute unter euch – könnt euch auf den Tag freuen, an dem wir keinen Süden mehr kennen, keinen Norden, keinen Osten und keinen Westen, sondern nur mehr ›eine Nation unter Gott, unteilbar, mit Freiheit und Gerechtigkeit für jeden‹.« Es war Kennedys letzter großer Auftritt, bevor er am 22. November in Dallas ermordet wurde.

Wenige Jahre später, am 4. April 1968, wurde auch Martin Luther King in Memphis, Tennessee, von einem Attentäter erschossen. Unvergessen bleibt seine große Rede »I have a dream«, mit der King im August 1963 vor dem Lincoln Memorial in Washington seine Mitbürger beschwor, im Sinne der amerikanischen Verfassung die Teilung der Nation in ein schwarzes und ein weißes Amerika zu überwinden. Dass dieser Traum bis heute nicht verwirklicht ist, davon zeugen sämtliche Sozialstatistiken der USA. Davon zeugt aber auch eine Initiative des republikanischen Gouverneurs von Virginia, Bob McDonnell. Der rief im Frühjahr 2010 den April als »Confederate History Month« zum Gedenken an den Bürgerkrieg und seine Opfer aus – ohne die Sklaverei auch nur mit einem Wort zu erwähnen.

Wer heute vom *New South* spricht, denkt eher an Forschungszentren, Hightech-Industrie und Finanzwirtschaft als an die Bürgerrechtsbewegung. Rund um Städte wie Atlanta oder Charlotte, North Carolina, sind wirtschaftliche Boomregionen entstanden, die für einen komplett neuen Bevölkerungsmix gesorgt haben. Hochschulen und Unternehmen warben Fachkräfte aus dem In- und Ausland an. Die Agrarindustrie stellte Arbeiter aus Lateinamerika ein; viele kamen nun nicht mehr nur als Saisonarbeiter, sondern blieben dauerhaft. Seit die allgegenwärtige Klimaanlage das Leben auch im Sommer erträglich macht, zieht es überdies eine wachsende Zahl von Rentnern auf der Flucht vor den kalten Wintern in den Süden.

Binnen einer Generation hätten sich zumindest Teile des Südens so radikal gewandelt, dass man nunmehr von »The New New South« sprechen müsse, meint der Schriftsteller Robert Hicks. Hicks lebt in Franklin, Tennessee. »Als ich vor 32 Jahren hierher zog, waren wir nur eine von vielen armen Südstaaten-Landgemeinden. Es gab zahllose kleine Milchbauern, auf den Feldern wurde Tabak angebaut, und fast jeder war ein Demokrat«, schrieb er im August 2006. »Heute sind wir einer der reichsten Landkreise Amerikas. Es gibt vielleicht noch eine letzte kleine Milchfarm, auf den Feldern werden McMansions gebaut, und fast jeder ist Republikaner.«

Williamson County und Franklin liegen im Großraum von Nashville. Berühmt ist die Hauptstadt Tennessees für die Country-Musik, doch ihren rasanten wirtschaftlichen Aufstieg verdankt sie vor allem der Gesundheits- und der Autoindustrie. Der weltweit größte private Krankenhausbetreiber, Hospital Corporation of America, hat hier seinen Sitz. Nissan North America hat in der Region sein größtes Automobilwerk auf dem Kontinent. Neun von zehn Einwohnern sind Weiße. Das durchschnittliche Haushaltseinkommen liegt bei 88 000 Dollar. 2004 heimste der republikanische Kandidat und amtierende Präsident George W. Bush hier fast drei Viertel der Wählerstimmen ein.

Williamson County ist ein besonders extremes Beispiel. Doch viele Landkreise und Städte im Umfeld der Südstaaten-Metropolen entwickeln sich nach ähnlichem Muster. Das macht sie vergleichbar mit einigen Regionen des amerikanischen Südwestens. Die zehn Städte mit dem größten Bevölkerungswachstum des Landes lagen laut US-Zensusbehörde zuletzt alle im *Sun Belt,* der von den Südstaaten am Atlantik über Texas bis nach Kalifornien reicht. Vereinzelt wird deshalb schon dieser Sonnengürtel als »the South« bezeichnet – und nicht mehr die ehemaligen Konföderierten Staaten von Amerika.

Der neue Reichtum ist allerdings sehr unterschiedlich verteilt. Das neue Image des Südens als Wachstumsregion mag das bisweilen überdecken, doch unter den zehn ärmsten US-Staaten sind noch immer sieben der elf klassischen Südstaaten zu finden – darunter das langjährige Schlusslicht Mississippi, aber auch Tennessee. Auf der Rangliste der Staaten mit den höchsten Pro-Kopf-Einkommen hat es dagegen bisher nur ein einziger Südstaat in die Top Ten geschafft: Virginia, das von der benachbarten Hauptstadt Washington profitiert.

Mit dem wirtschaftlichen und demographischen Wandel verändert sich auch die politische Landschaft. Seit Ronald Reagans Siegeszug in den 1980er Jahren war der konservative Süden bei Wahlen auf Bundesebene eine verlässliche Stütze der Republikaner. Nur der Demokrat Bill Clinton, selbst Südstaatler aus Arkansas, konnte bei den Präsidentschaftswahlen 1992 und 1996 in einigen Staaten seiner Heimatregion Mehrheiten erringen. Doch der *Solid South* bröckelt. In drei großen Südstaaten hat im November 2008 die Mehrheit der Wähler für den demokratischen – und ersten farbigen – Präsidentschaftskandidaten Obama gestimmt: in North Carolina, Virginia und Florida, das schon wegen seiner Größe bei Präsidentschaftswahlen ein Schlüsselstaat ist.

»The South«, so die ironische Bilanz des US-Magazins *Newsweek* vom August 2008, »just ain't that different anymore« – der Süden ist auch nicht mehr so anders, wie er einmal war. Was *Old-South*-Nostalgie übrigens nicht ausschließt. Das wusste schon Margaret Mitchell. Sie hatte mit *Vom Winde verweht* keineswegs den Untergang einer weißen Plantagen-Aristokratie betrauern wollen. Ihr Thema war das Überleben unter extremen Umständen. Aber: »Die Leute glauben, was sie glauben wollen«, schrieb Mitchell, »und der mythische Alte Süden ist zu fest in ihrer Phantasie verankert, als dass die simple Lektüre eines 1037 Seiten langen Romans daran etwas ändern könnte.«

Megalopolis: Der Nordosten

»I'm from all over the Northeast.« (Jim, Koch
aus Philadelphia, der in seinem Leben schon mehr
als ein Dutzend Mal umgezogen ist)

Amerikas Nordosten ist ein Lichtermeer. Auf Nachtaufnahmen aus dem Weltraum strahlt der knapp 800 Kilometer lange Küstenstreifen von Boston bis hinunter nach Washington fast so lückenlos hell wie eine einzige Metropole. »Boswash« nennen ihn die einen mit Referenz auf die Großstädte am nördlichen und südlichen Ende, »Bosnywash« die anderen, um New York, die größte Stadt in dieser Kette, nicht ungenannt zu lassen.

Der französische Geograph Jean Gottmann taufte die zusammenwachsenden Ballungszentren an der nördlichen US-Atlantikküste schon 1961 »Megalopolis«, große Stadt. Er erklärte die Region zum Prototyp einer neuen Siedlungsform. Städte- und Verkehrsplaner, Architekten und Sozialwissenschaftler betrachten die Megalopolis in Amerikas Nordosten seitdem als Studienobjekt und Versuchslabor für urbane Trends der Zukunft.

Zu Gottmanns Zeit lebten in der Region rund 33 Millionen Menschen, ein Viertel der US-Bevölkerung. Im Nachkriegsamerika setzte sich die mobile Gesellschaft ans Steuer. 1955 rollten mehr als neun Millionen Automobile vom Band. Die Modelle bekamen bullige Achtzylinder-Motoren und strotzten auch im Design vor Selbstbewusstsein: blitzende Chromschiffe mit endlosen Heckflossen wie der Pontiac Star Chief, rasante Sportwagen wie der Ford Thunderbird und die Chevrolet Corvette. US-Präsident Dwight D. Eisenhower, sonst kein Freund staatlicher Subventionen, brachte 1956 mit dem *Interstate Highway Act* das nach seinen eigenen Worten »ehrgeizigste Straßenbauprogramm der Weltgeschichte« in Gang. Auf den neuen Freeways fuhr die weiße Mittelklasse in die Vorstädte *(suburbs);* in den Innenstädten blieben die Armen und die Minderheiten zurück. Doch für Gottmann, der 1941 aus Paris in die USA geflohen war, ist die Megalopolis der 1950er Jahre *das* Beispiel für innovative Lebensformen. Hier ist »Amerikas Main Street« – ein Zentrum, das einzigartige Chancen für ökonomischen und sozialen Fortschritt bietet.

Von einer neuen Gesellschaft in der Neuen Welt träumten auch die ersten Siedler, die in den 1620er Jahren an der Küste Neuenglands landeten. Die Pilgrims, eine Gruppe von gut 100 englischen Separatisten, überdauerten den ersten Winter auf ihrem Schiff, der »Mayflower«, dann ließen sie sich am Plymouth Rock nieder. Wenige Jahre später folgten die ersten 1000 Puritaner mit John Winthrop an der Spitze. Ihre Massachusetts Bay Colony war mehr als nur Sitz einer Handelsgesellschaft. Boston, Winthrops »Stadt auf dem Hügel«, sollte nicht weniger sein als eine verwirklichte Utopie – das leuchtende Beispiel einer heiligen Gemeinschaft, in der Religion und Regierung eine Einheit bilden. Hier war Gottes Wort Gesetz, Gottesdienst war Pflicht, und Sünden waren Verbrechen, die bestraft werden mussten.

Dem ebenfalls aus England eingewanderten Pastor Roger Williams war das zu viel des Guten. Er wehrte sich gegen den totalitären Anspruch der Puritaner und gründete nach seiner Verbannung aus Massachusetts mit Gleichgesinnten in Providence, im späteren Rhode Island, 1639 die erste Baptistenkirche. Hier herrschten Religions- und Glaubensfreiheit, und in der Verfassung von Providence verankerte Williams zum ersten Mal die Trennung von Kirche und Staat. Erst gut 40 Jahre später gründete der Quäker William Penn am Delaware River weiter südlich mit Pennsylvania eine weitere Kolonie, die ihren Bewohnern Religionsfreiheit zusicherte.

Die ersten Siedler in Neuengland hatten einen schweren Start. Sie waren auf die schwülheißen Sommer an Amerikas Ostküste nicht vorbereitet und für die harten Winter nicht ausgerüstet. Wie man klimataugliche Häuser baut, welche Getreidesorten hier wachsen: Alles musste neu gelernt werden. Erfahrungen aus Europa nutzten wenig. Die Siedler lernten von heimischen Indianerstämmen, führten aber bald hauptsächlich Krieg gegen alle *Native Americans,* die sich gegen die Ausbreitung der Weißen zur Wehr setzten. Auch die Konflikte mit der englischen Krone häuften sich, je unabhängiger und selbstbewusster die Kolonisten wurden. Zur gleichen Zeit rangen die Puritaner auch miteinander um die richtige Regierung und Lebensweise. Die Furcht, ihre von außen ständig bedrohte Gemeinschaft könnte auch von innen zerrieben werden, ließ Dissidenten als Teufel und Hexen erscheinen, die man mit aller Macht bekämpfen musste. Missernten und schlechte Geschäfte galten als Zeichen für Gottes Zorn; wirtschaftlicher Erfolg und Reichtum hingegen als Zeichen für Gottes Gnade.

Mit ihrer dynamischen Mischung aus religiösem Eifer und politischem Gestaltungswillen haben die Puritaner die amerikanische Nation in ihrer Entstehungsphase entscheidend geformt. Umstritten war und ist aber, ob das puritanische Erbe für die USA eher Segen oder Last sei. So hatte Alexis de Tocqueville im 19. Jahrhundert einen ausgesprochen positiven Eindruck vom Einfluss der Puritaner auf die junge Republik: Ihr Fleiß und ihre egalitären Überzeugungen hätten stabile Fundamente für die Demokratie in Amerika gelegt. Und bis heute mangelt es bei keiner Konjunkturkrise an Mahnungen, dass nur die Besinnung auf die puritanische Arbeitsethik, auf die uramerikanischen Werte von Sparsamkeit und Fleiß, die Wirtschaft wieder auf ein gesundes Fundament stellen könne.

Der amerikanische Schriftsteller Nathaniel Hawthorne, selbst Spross einer alten Puritanerfamilie aus Salem, Massachusetts, und ein Zeitgenosse Tocquevilles, sah seine Vorfahren hingegen als »bitter persecuters«, als erbarmungslose Verfolger im Bann ihres religiösen Wahns. Seine Geschichten und Romane spielten häufig in den puritanischen Gemeinden des 17. Jahrhunderts, in einer düsteren Welt voll Sünde und Schuld. Hawthornes 1850 erschienener Roman *The Scarlett Letter* (Der scharlachrote Buchstabe) war schon zu seinen Lebzeiten ein Bestseller und steht noch heute auf den Leselisten amerikanischer College-Studenten.

Ein Ururgroßvater Hawthornes war Richter bei den berüchtigten Hexenprozessen von Salem gewesen. 1692 hatte man dort nach einer Massenhysterie mehrere hundert Menschen wegen angeblicher Hexerei angeklagt. 20 Männer und Frauen wurden hingerichtet. Anders als in Europa blieben Hexenverfolgungen in den amerikanischen Kolonien zwar Einzelfälle. Womöglich sind die Prozesse von Salem aber gerade deshalb als Inbegriff der Intoleranz im Gedächtnis geblieben – eine Intoleranz puritanischer Prägung, wohlgemerkt. Immer wieder ist der Stoff neu verarbeitet worden. Das bekannteste Beispiel ist das Theaterstück *The Crucible* (Hexenjagd) von 1953, mit dem der Dramatiker Arthur Miller die Kommunistenverfolgung der McCarthy-Ära anprangerte. »Moralvorstellungen definieren die Ideale dieser Nation«, schreibt der Politologe James A. Morone in seinem 2003 erschienenen Buch *Hellfire Nation*. »Moralvorstellungen sind der Auslöser für Kreuzzüge nach innen und außen – von der Amerikanischen Revolution 1776 bis zum Krieg gegen den Terror mehr als zwei Jahrhunderte danach.«

Wären die USA heute ein anderes Land, wenn weniger religiöse Utopie aus Neuengland und dafür mehr kommerziell motivierte Toleranz aus New York in den amerikanischen Gründungsmythos geflossen wäre? Immerhin war New Amsterdam, wie die Stadt bis zu ihrer Eroberung durch die Briten 1664 hieß, Teil eines globalen Wirtschaftsunternehmens und als solches von Natur aus weltoffen und multikulturell.

Der Engländer Henry Hudson entdeckt die Insel Manhattan 1609 für die Dutch East India Company. Wenig später gründen holländische Kaufleute hier einen Handelsposten, der bald zu einem wichtigen Umschlagplatz für Pelze und andere Waren aus Amerikas Nordosten wird. Die Dutch East India Company ist als Handelsunternehmen weltweit aktiv. Sie will weder Glauben noch Kultur exportieren, sondern Geld verdienen. In einer Welt, wo jeder ein möglicher Handelspartner ist, wäre Ausgrenzung wegen der »falschen« Religion oder Hautfarbe aber nur geschäftsschädigend. Auf Manhattan Island leben deshalb bald Menschen verschiedenster Herkunft zusammen, die zwar nichts weiter verbindet als das Geschäft, die sich gerade deshalb aber auch gegenseitig in Frieden lassen.

In einem Punkt aber sind sich die Puritaner in Boston und die Kaufleute in New York immer einig gewesen: Geldverdienen ist etwas Gutes. Wer hier immer nur »typisch amerikanische Geldgier« am Werk sieht, die wie eine ansteckende Krankheit über kurz oder lang jeden befällt, der seinen Fuß auf den Kontinent setzt, vergisst etwas ganz Entscheidendes: Die egalisierende Funktion, die das Geld in der amerikanischen Gesellschaft von Anfang an hatte. Anerkennung und soziale Stellung sind in Amerika in erster Linie eine Frage des Geldes – und Geld ist etwas, das jeder unabhängig von seiner Herkunft verdienen kann. Wer Geld hat, kann sich als sein eigener Herr fühlen und, mit Benjamin Franklins Worten, »gelassen vor Königen stehen«. Mögen sich die WASPs, die *White Anglo-Saxon Protestants* aus Neuengland, wie sie von katholischen Einwanderern später genannt werden, auch als Geldaristokratie und als herrschende Klasse etablieren, die zunehmend Kritik auf sich zieht: Die Abneigung gilt stets nur Vertretern dieser Klasse, denen man Korruption oder Übertreibung vorwirft, nicht aber dem System, das sie geschaffen hat. Das Grundvertrauen in die Durchlässigkeit der amerikanischen Gesellschaft und ihre Aufstiegschancen bleibt erhalten. Man muss sich also nicht allzu sehr wundern, wenn Lloyd Blankfein, Chef der Investmentbank Goldman Sachs, die Tätigkeit der Banken noch heute als »Gottes Werk« bezeichnet: Ohne Kapital funktioniert der Kapitalismus, in dem es jeder zu Reichtum und Ansehen bringen kann, nun einmal nicht.

So verdient man also Geld in Amerika, vor allem in Amerikas Nordosten – bis zum exzessiven Höhepunkt des *Gilded Age* in der zweiten Hälfte des 19. Jahrhunderts. Auch hier bringt es nicht nur ein Bankierssohn aus Neuengland wie John Pierpont (J. P.) Morgan zu einem beispiellosen Vermögen und einem opulenten Lebensstil. Andrew Carnegie, Sohn eines Webers aus Schottland, wird in Pennsylvania zum Stahlmagnaten und Multimillionär. Der Öl-Tycoon John D. Rockefeller, der als reichster Mann nicht nur seiner Zeit, sondern aller Zeiten gilt, ist Sprössling einer deutschen Einwandererfamilie. Er stammt ebenso aus bescheidenen Verhältnissen wie der Eisenbahnmagnat Cornelius Vanderbilt. Auf der einen Seite ziehen diese Männer als »Räuberbarone« und Monopolisten Zorn auf sich. Auf der anderen Seite sind sie immer auch Beweis und Ansporn, dass man es in Amerika tatsächlich »from rags to riches« bringen kann.

Das Goldene Zeitalter ist der Höhepunkt des Wachstums im Nordosten. Einwanderer- und Einwohnerzahlen steigen wie nie zuvor. Um 1850 leben in New York rund 500 000 Menschen, 50 Jahre später sind es bereits 3,4 Millionen. Boston bleibt deutlich kleiner, zählt aber um 1900 immerhin rund 600 000 Einwohner. Ende des 19. Jahrhunderts entstehen die ersten Suburbs. Die Megalopolis wächst zusammen.

Doch nachdem eine Börsenpanik das *Gilded Age* 1893 beendet hat, kann die Wirtschaft mit dem Bevölkerungswachstum immer weniger Schritt halten. Bis zum Beginn der Großen Depression der 1930er Jahre verdoppelt sich die Einwohnerzahl New Yorks nochmals auf knapp sieben Millionen; nach dem Zweiten Weltkrieg sind es bereits knapp acht Millionen. Spätestens in den 1960er Jahren ist offensichtlich, dass der Nordosten nicht nur mit Konjunkturkrisen, sondern mit einer schweren Strukturkrise kämpft. Die Schwerindustrie, das ökonomische Rückgrat der Region, schrumpft im Rekordtempo.

Besonders hart treffen die Massenentlassungen die schwarze Großstadtbevölkerung. Die wirtschaftliche Not verschärft die Spannungen, die zwischen Afroamerikanern und Weißen ohnehin bestehen: Fast sieben Millionen Nachkommen freigelassener Sklaven hatten seit Beginn des 20. Jahrhunderts den Süden verlassen, doch für die meisten haben sich die Hoffnungen auf ein besseres Leben im Norden nicht erfüllt. In den Städten leben sie auf engstem Raum mit Einwanderern zusammen, die sich ebenfalls eine Existenz aufbauen müssen und mit kommerzieller Toleranz wenig im Sinn haben. Zwar gibt es keine Gesetze zur Rassentrennung (Jim-Crow-Gesetze) wie im Süden, aber de facto ist die Rassentrennung im Norden nicht weniger ausgeprägt – ob es um das Wahlrecht und andere Bürgerrechte geht, um Polizeigewalt oder um Wohnraum.

In seinem Buch *How East New York Became a Ghetto* (2003) schildert der Stadtplaner Walter Thabit, wie Banken und Immobilienfirmen in den 1960er Jahren durch das sogenannte *redlining*, die Markierung bestimmter Stadtbezirke mit Rotstift, eine höchst lukrative Bevölkerungspolitik betreiben: Aus den markierten Bezirken werden weiße Familien teils durch Kaufangebote und günstige Hypothekenkredite für neue Häuser in den Suburbs weggelockt, teils durch Panikmache vertrieben. Makler verteilen Hetzschriften; sie führen schwarze Familien auf den Straßen auf und ab, um das Umkippen des Viertels zu signalisieren und die Weißen zu Panikverkäufen zu bewegen. Die frei gewordenen Häuser werden zu überhöhten Preisen an farbige Familien weiterverkauft oder vermietet. Mit der weißen Mittelklasse verlassen auch Geschäfte, Institutionen und Arbeitsplätze die betroffenen Bezirke. Städtische Dienstleistungen – Schulen, Straßenbau, Müllabfuhr – werden nach und nach reduziert. Die Abwärtsspirale hat begonnen.

In New Jerseys größter Stadt Newark zum Beispiel ist Mitte der 1960er Jahre bereits jeder dritte 16- bis 19-jährige Afroamerikaner arbeitslos. In Ghettos wie dem Central Ward kassieren Slumlords die Miete, ohne sich um den Erhalt der Gebäude zu kümmern. Die verfallenden Häuser gehen nicht selten in Flammen auf – so können ihre Besitzer noch die Versicherungssumme einstreichen. Zur gleichen Zeit plant die Stadtverwaltung von Newark neue Highways mitten durch das Ghetto. Ganze Häuserblocks sollen einem Klinik-Neubau weichen, obwohl es für die Bewohner nirgends neuen Wohnraum gibt. Unter diesen Umständen radikalisiert sich die Bürgerrechtsbewegung der Stadt. Sie prangert die als *urban renewal* ausgewiesene Innenstadtsanierung als *Negro removal* an, als gezielte Vertreibung der schwarzen Bevölkerung.

Welch eine Ironie der Geschichte! Ausgerechnet im Norden, wo man den Kampf gegen die Sklaverei 100 Jahre zuvor zum Anlass für einen Krieg gegen die Südstaaten genommen hatte, begehren Afroamerikaner nun gewaltsam gegen Not und Diskriminierung auf. In den Großstadt-Ghettos findet der Baptist Martin Luther King mit seinem Traum von einer friedlichen Integration und seiner Strategie gewaltloser Proteste wenig Resonanz. Stattdessen drängt Malcolm X als Sprecher der Emanzipationsbewegung Nation of Islam die Afroamerikaner zur Selbstverteidigung gegen die »weißen Teufel«. Nach seiner Ermordung 1964 werden die radikalen Black Panther in den Städten aktiv.

In Newark entladen sich die Spannungen im Juli 1967, als ein schwarzer Autofahrer wegen einer Lappalie verhaftet und von weißen Polizisten misshandelt wird. Geschäfte werden geplündert, Häuser in Brand gesteckt. Sechs Tage dauern die *Newark riots,* bis sie von New Jerseys Staatspolizei und der Nationalgarde niedergeschlagen werden; 26 Menschen sterben. Es ist nicht der einzige Aufstand dieser Art, den das Land in dieser Zeit erlebt. Vor allem nach der Ermordung Martin Luther Kings im April 1968 werden auch in Washington, Baltimore, Philadelphia, New York und anderen Städten, bis hinauf nach Detroit und Minneapolis im Mittleren Westen, ganze Viertel verwüstet. Armut, Gewalt und Verfall breiten sich danach noch schneller aus. Wer es sich irgend leisten kann, wandert aus den Stadtzentren ab.

1975 steht die Stadt New York vor der Pleite. In den 1980er Jahren wird aus dem Welthandelsplatz ein Umschlagplatz für Crack und andere harte Drogen. Washington, D. C. verliert zwischen 1950 und 1980 ein Viertel seiner Bevölkerung. Steigende Tendenz hat nur die Verbrechensrate. In den 1980er und frühen 1990er Jahren gilt Washington als Crack-Hölle ersten Ranges und als *murder capital* der USA. 1990 wird der Bürgermeister der US-Hauptstadt, Marion Barry, wegen Drogendelikten verhaftet und muss für sechs Monate hinter Gitter. Die Bahnfahrt durch den sogenannten Nordost-Korridor, für Gottmann noch eine Augenweide mit viel freiem Land zur Entwicklung, wird in dieser Zeit über weite Strecken zur Geisterfahrt vorbei an halb verfallenen, graffiti-besprühten Fabrikgebäuden und Lagerhäusern. Der *Sun Belt,* der prosperierende Sonnengürtel im Süden, scheint auf dem besten Weg, den Nordosten und seine *shrinking cities* als führende Region zu überholen.

Das Blatt wendet sich Mitte der 1990er Jahre. In New York setzt der republikanische Bürgermeister Rudolph Giuliani mit seiner Null-Toleranz-Politik ein Signal für die bürgerliche Rückeroberung der Stadt. Schon Kleinkriminaliät wird nun mit aller Härte geahndet. Keine Graffiti, keine zerschlagene Fensterscheibe soll mehr den Eindruck vermitteln, Recht und Ordnung hätten in New York keine Geltung. Kurz darauf geht die Kriminalität spürbar zurück. Hat Giulianis Politik Wunder gewirkt? Oder war es eher der allgemeine Wirtschaftsaufschwung in Verbindung mit dem Ende der Crack-Welle, der die Wende brachte? Das war und ist bis heute umstritten. Jedenfalls registriert die New Yorker Polizei zwischen 1990 und 2005 einen Rückgang der Gewaltverbrechen um mehr als drei Viertel. Auch in Washington und anderen Städten wird die Gentrification, die gezielte Aufwertung verwahrloster Stadtgebiete, politisches Programm.

Für den wirtschaftlichen Aufschwung sorgen in dieser Zeit die Finanzindustrie, die Telekommunikation und die neue Internetwirtschaft. Weniger spektakulär, dafür aber auch weniger krisenanfällig, etabliert sich der Gesundheitssektor als Wachstumsbranche. Pharmakonzerne, Hersteller von Medizintechnik und Gesundheitsdienstleister siedeln sich vor allem in New Jersey an und schaffen Zehntausende Arbeitsplätze. Von einer »medical megalopolis« schwärmt die *New York Times* Ende 2002. Den Verlust Hunderttausender Industriearbeitsplätze können die neuen Boombranchen allerdings nicht aufwiegen. Einige Städte, darunter Newark, haben sich von ihrer Existenzkrise bis heute nicht erholt.

Unter dem Strich hat der Nordosten keine mit den 1950er Jahren vergleichbare Dominanz mehr erlangt. Dennoch bleibt er im Vergleich zu den anderen US-Regionen ein ökonomisches und politisches Schwergewicht. Dafür sorgt schon das dichte Netz von Institutionen, die hier ihren Sitz haben – zum Beispiel Vereinte Nationen, Weltbank und Internationaler Währungsfonds, nicht zu vergessen die Bundesregierung der Vereinigten Staaten. Auf kleinstem Raum wetteifern hier außerdem acht *Ivy-League*-Universitäten und viele andere Spitzenhochschulen wie das Massachusetts Institute of Technology (MIT) in Boston miteinander. Und selbst nach den Terroranschlägen vom 11. September 2001 arbeitet noch mehr als die Hälfte aller Beschäftigten der gesamten US-Finanz- und Versicherungswirtschaft in der Region.

2005 griffen Wissenschaftler der Virginia Polytechnic Institute and State University, kurz Viginia Tech, Gottmanns Konzept von der Megalopolis für einen aktuellen Lagebericht noch einmal auf. Unter dem Titel *Beyond Megalopolis* definierten sie eine »Megapolitan Area Northeast«, die sich mittlerweile von Portland, Maine, im Norden bis nach Richmond, Virginia, im Süden ausdehnt. Auf diesem Bruchteil Amerikas, etwas über zwei Prozent des US-Staatsgebiets, drängen sich heute fast 50 Millionen Menschen. Das sind immer noch gut 17 Prozent der Gesamtbevölkerung. Bis 2050 sollen nach Prognosen der Zensusbehörde weitere 18 Millionen dazukommen.

Auch heute ist die Megalopolis natürlich nicht wirklich flächendeckend. Größere ländliche Gebiete sind im Norden und Westen der Region durchaus noch zu finden. So wird in keinem anderen Staat der USA mehr Kohl angebaut als in New York; zugleich ist der *Empire State* der zweitgrößte Weinproduzent nach Kalifornien. Aus Pennsylvania stammt ein stattlicher Teil der amerikanischen Christbäume und Legehennen, und vor allem in Neuengland sind Öko-Farmen inzwischen so zahlreich geworden, dass die Northeast Organic Farming Association vor zwei Jahren mit ihrer Jahresversammlung von einem kleinen College in Amherst in die größere University of Massachusetts umziehen musste.

Für alle diese Gebiete aber gilt, dass sie einen wachsenden Teil ihres Einkommens mit Zweitwohnsitzen und Tourismus bestreiten. Neuengland mit seinen malerischen Küsten von Cape Cod bis hinauf nach Bar Harbor, seinen grünen Hügeln und mehr als 1200 Seen deckt schon seit Jahrhunderten den Bedarf der Großstädter nach Sommerfrische. Wer es sich leisten kann, verbringt den wärmeren Teil des Jahres im Neuengland-Sommerhaus, genießt die Farbenpracht des *Indian Summer* und kehrt dann für den Winter in die Stadtwohnung zurück.

Doch auch die Suche nach einem dauerhaft naturnahen Leben hat hier Tradition. In Massachusetts führt unweit des Städtchens Concord ein Waldweg zu einer Holzhütte am Walden-See. Es ist der Nachbau jenes Blockhauses, das sich Henry David Thoreau 1845 für 15 Dollar gebaut hat, um dem »Narrenleben« in der Stadt zu entfliehen. Vor der Hütte steht der Naturphilosoph heute als knorzige Bronzefigur mit wildem Kinnbart. Sein Experiment hat er in seinem berühmten Buch *Walden – Oder ein Leben in den Wäldern* zusammengefasst: »Ich wollte tief leben, alles Mark des Lebens aussaugen, so hart und spartanisch leben, dass alles, was nicht Leben war, in die Flucht geschlagen wurde.« Das Buch wurde später zur Bibel für Selbstversorger und Selbstverwirklicher gleichermaßen. Dass Thoreau zuvor bei dem Versuch, sich wie die Indianer von selbst gefangenen und am offenen Feuer gebratenen Fischen zu ernähren, gut 120 Hektar Wald niedergebrannt hatte, hat er darin wohlweislich verschwiegen. In der Gegend wurde er deshalb noch jahrelang »the woods burner« genannt.

Wer nach Thoreaus Vorbild heute in die Wälder Neuenglands zieht, um der Konsumgesellschaft zu entfliehen, muss deutlich weiter nach Norden und Westen ausweichen – vorzugsweise in das dünn besiedelte Vermont. Thoreau selbst hat nur zwei Jahre, zwei Monate und zwei Tage in seiner Blockhütte am Walden-See gelebt. Später schloss er sich dem Transzendentalisten Ralph Waldo Emerson an, der von Thoreaus Heimatstadt Concord aus für ein freiheitliches und selbstverantwortliches Leben in der Natur warb. Das Städtchen im Norden Bostons war schon damals ein historisch bedeutender Ort, weil hier 1775 einer der ersten bewaffneten Kämpfe zwischen Briten und Kolonisten den Unabhängigkeitskrieg ausgelöst hatte. Später wurde Concord als »genius cluster«, als eine Hochburg des intellektuellen und literarischen Lebens bekannt. Für den Schriftsteller Henry James war Concord »the biggest little place in America«; Nathaniel Hawthorne nannte den Ort schlicht »Eden«.

Mittlerweile sind die Unterschiede zwischen Großstadthölle und Kleinstadtparadies fließend geworden. Beide sind heute Bestandteil der Megalopolis, auch wenn Concord, wo neun von zehn Bewohnern Weiße sind und der Durchschnittsverdienst weit über dem nationalen Durchschnitt liegt, immer noch als Kontrapunkt dazu gilt: mit seinen (geschützten) bukolischen Landschaften, seinem historischen Stadtkern und seiner Geschichte von Freiheitskampf und kanonischer Literatur. Auf der anderen Seite aber ist diese Stadt heute auch ein reicher Vorort von Boston in Middlesex County, dem am dichtesten besiedelten Regierungsbezirk von Massachusetts.

»Concord ist die ideale amerikanische Stadt«, schreibt der Literaturwissenschaftler Robert E. Burkholder. »Es ist echter als Colonial Williamsburg, wo die Vergangenheit in historischen

Kostümen nachgespielt wird, oder als Disneys Main Street, USA. Aber es lebt von derselben Art Nostalgie: einer Sehnsucht nach dem Kleinstadtleben vergangener Zeiten und nach der malerischen Eigenart des ländlichen Amerika.«

Heartland: **Der Mittlere Westen**

»In quiet places, reason abounds.« (Der Politiker und Diplomat Adlai Stevenson über seinen Heimatort Bloomington, Illinois, 1948)

Vor einigen Jahren verbrachten wir die Wintermonate in Iowa City, Iowa – mitten im Mittleren Westen der USA. Ein Schweizer Kollege meines Mannes lud uns dort am ersten Abend zum Essen ein. Beim Abschied gab er uns eine gewaltige Daunendecke: »Ihr werdet sie brauchen.« Etwas kurios fanden wir das schon. Doch im Nachhinein waren wir selten jemandem so dankbar. Bei Temperaturen von minus 20 Grad Celsius, im *wind chill* auch deutlich darunter, mochte man morgens gar nicht mehr unter der Daunendecke hervorkriechen. In unserem kaum isolierten Holzhaus kam die Heißluft-Gebläseheizung gegen die Kälte nicht mehr an. Aber im Mittleren Westen sind Kälte, Schnee und Eis Routinesache. Während an der Ostküste schon bei wenigen Zentimetern Schnee die Schulen schließen, ist zum Beispiel in Bismarck, North Dakota, auch bei Extremtemperaturen und Tiefschnee Unterricht. Einziges Zugeständnis an die Kälte: Ab minus 25 Grad wird die Pause vom Schulhof ins Gebäude verlegt.

Amerikas Mittlerer Westen ist eine Region der Wetterextreme mit eiskalten Wintern und schwül-heißen Sommern. Im Januar 2009 wurden in Glenwood (Minnesota) minus 43 Grad Celsius gemessen. Im Sommer sind dagegen Temperaturen um plus 40 Grad Celsius keine Seltenheit. Dann entstehen in den Städten Hitze-Inseln, die sich auch nachts kaum noch abkühlen. Bei einer dieser extremen Hitzewellen starben im Sommer 1995 deshalb allein in Chicago mehr als 700 Menschen.

Zusätzlich zu Hitze und Kälte suchen Starkregen und Überschwemmungen den Mittleren Westen regelmäßig heim. So folgte auch auf unseren kalten Winter in Iowa ein Frühjahr mit Regen – sintflutartig und pausenlos. Ein graugelber Himmel hing tief über den Hügellandschaften und Maisfeldern. Dies war der Beginn der Großen Flut von April bis Oktober 1993. Auf 800 Kilometern Länge waren damals Gebiete am Mississippi und am Missouri überschwemmt. Sechs Wochen lang ruhte fast der gesamte Bahn- und Straßenverkehr zwischen St. Louis im Süden, Kansas City im Westen und Chicago im Norden. Im Juni 2008 setzte dann die zweite Rekordflut innerhalb von 15 Jahren Teile von Iowa, Illinois und Missouri unter Wasser.

Für Wetterextreme sorgt schon die geographische Lage des Mittleren Westens: Während die Appalachen im Osten und die Rocky Mountains im Westen die Region vom milderen Klima der Küsten abtrennen, bremst im Norden kein Gebirgszug die winterlichen Kaltfronten aus Kanada, die über die Großen Seen hereinziehen. Von Süden her wiederum hat schwülheiße Luft aus dem Golf von Mexiko im Sommer ebenso freie Bahn wie die Ausläufer tropischer Stürme aus der Karibik.

Die europäische Besiedlung der Region beginnt im 17. Jahrhundert im Bereich der Großen Seen und im Ohio-Gebiet südlich des Erie-Sees. Nach dem Sieg der Amerikaner im Unabhängigkeitskrieg wird Ende des 18. Jahrhunderts das sogenannte Nordwest-Territorium geschaffen, aus dem später die Staaten Ohio, Indiana, Illinois, Michigan, Wisconsin und ein Teil Minnesotas hervorgehen. Damals leben dort 45 000 *Native Americans,* aber nur rund 4000 Europäer, zumeist Pelzhändler.

Innerhalb weniger Jahrzehnte entwickelt sich im Nordwesten nicht nur eine Holz- und Landwirtschaft von gigantischen Ausmaßen. Es entsteht auch ein Zentrum der Industrialisierung mit Städten wie Chicago, Detroit, Milwaukee und Cincinnati. Zuerst wird die Region mit ihren Kohle- und Erzvorkommen zum Hauptlieferanten der Schwerindustrie in den Mittelatlantikstaaten. Doch schon bald wachsen an den großen Seen und am Ohio River selbst Stahlwerke und Fabriken in die Höhe. 1825 schafft man mit dem Erie-Kanal eine Verbindung vom Erie-See zum Hudson River und damit eine durchgängige Wasserstraße bis nach New York City. Dieser Transportweg macht die Stadt so reich, dass sie zuerst Boston und dann auch Philadelphia überflügelt. Stolz sprechen die New Yorker vom Nordwesten als ihrem »inland empire«. Noch heute führt der Staat New York deshalb den Beinamen *Empire State.*

Die Indianer wehren sich auch hier vergeblich gegen die Landgier der weißen Amerikaner. Sie verlieren ihr Land durch fragwürdige Verträge und Niederlagen in einem ungleichen Kampf – wie im Fall des Shawnee-Häuptlings Tecumseh, der aus den Indianervölkern der Region eine Allianz gegen die Weißen geschmiedet hatte. Die besiegten Stämme werden in Reservate gezwungen oder weiter nach Westen verdrängt. Nicht nur von Amerikas Ostküste, sondern zunehmend auch direkt aus Europa strömen im Verlauf des 19. Jahrhunderts immer mehr Menschen in das Gebiet. Zwischen 1840 und 1850 verzehnfacht sich die Bevölkerung Detroits auf gut 21 000 Menschen, im selben Zeitraum wächst Chicago von weniger als 4000 auf fast 30 000 Einwohner. 1890 ist die *Windy City* am Lake Michigan bereits eine Millionenstadt.

Als industrielle Boomregion mit massiver Einwanderung aus Europa ist der Nordwesten ein Hort der politischen Reformbewegungen. So sind die Abolitionisten, die für die Abschaffung der Sklaverei kämpfen, hier besonders aktiv. Viele von ihnen unterstützen die *Underground Railroad,* ein Netzwerk von Helfern, das bis zur Niederlage der Konföderierten im Bürgerkrieg Tausenden Sklaven zur Flucht aus den Südstaaten und weiter nach Kanada verhilft. Der Ohio River ist zu dieser Zeit die Grenze zwischen Sklaverei und Freiheit: Im Nordwest-Territorium wird der Besitz von Sklaven nie zugelassen. Nach dem Bürgerkrieg ziehen viele befreite Sklaven im Vertrauen auf mehr Gleichberechtigung und bessere Arbeitschancen in den Mittleren Westen, insbesondere in die Industriestädte rund um die Großen Seen.

Hier sind auch die Hochburgen der amerikanischen Gewerkschaftsbewegung und der politischen Linken zu finden. Bahnarbeiter in Chicago schließen sich 1893 unter der Leitung des Heizers Eugene V. Debs in der American Railway Union zusammen; als Chef der Sozialistischen Partei kandidiert Debs später bei fünf Präsidentschaftswahlen. Samuel Gompers gründet 1886 in Columbus, Ohio, die American Federation of Labor (AFL), einen der ersten Dachverbände für Facharbeitergewerkschaften. Deren Nachfolgeorganisation AFL-CIO ist nach wie vor der größte Gewerkschaftsverband der USA. Und auch heute sind Illinois, Michigan, Minnesota und Wisconsin zuverlässige *blue states,* auf deren Stimmen die Demokratische Partei zählen kann.

An die alte Bezeichnung Nordwesten erinnern hier inzwischen nur noch Namen wie Northwestern University in Chicago oder Northwest Airlines in Minnesota. Mit dem Vorrücken der *Frontier,* der Siedlungsgrenze, nach Westen kam nach und nach der Begriff des *Midwest* in Gebrauch, um die Region vom *Far West* der Rocky Mountains und der Pazifikküste zu unterscheiden. Zu diesem Mittleren Westen zählt man schließlich auch die *Great Plains States* (Iowa, Kansas, Missouri, Nebraska, North Dakota und South Dakota). Sie entstehen im Verlauf des 19. Jahrhunderts zum größten Teil aus der ehemaligen französischen Kolonie Louisiana – einem Gebiet von mehr als zwei Millionen Quadratkilometern westlich des Mississippi, das US-Präsident Jefferson der französischen Regierung 1803 abkaufte. Der *Louisiana Purchase,* mit dem sich das Staatsgebiet der USA auf einen Schlag mehr als verdoppelte, gilt als größtes Grundstücksgeschäft der Geschichte. Für diese Region trifft das Bild vom landwirtschaftlich geprägten Mittleren Westen noch mehr zu als für die Staaten des alten Nordwestens. Hier liegen die größeren Teile von *Corn Belt* und *Grain Belt* mit Mais-, Weizen- und Sojabohnenfeldern, so weit das Auge reicht; hier ist Amerikas *breadbasket,* die Kornkammer der Nation. Im späten 19. und frühen 20. Jahrhundert bringt die extensive Bewirtschaftung der Großen Ebenen hier Rekordernten ein. Wer neues Farmland braucht, pflügt einfach die Prärie um.

In den 1930er Jahren rächen sich die Monokulturen mit der *Dust Bowl,* einer der größten von Menschen mit verschuldeten Umweltkatastrophen der US-Geschichte: Weil kein heimisches Präriegras mehr die Krume festhält, verwandelt eine anhaltende Dürre den fruchtbaren Boden der *Great Plains* in Staub. Gewaltige Staubstürme ziehen über das Land und machen große Teile der Region unbewohnbar. In seinem Bericht über einen der schlimmsten Stürme in Oklahoma am Palmsonntag des Jahres 1935 prägt Robert Geiger, ein Reporter der Nachrichtenagentur

Associated Press, den Begriff von der *Dust Bowl,* der Staubschüssel. In ihr gehen Tausende Familienfarmen unter.

Bis 1940 verlassen 2,5 Millionen Menschen die Region zumeist Richtung Westen, wo sich viele ehemalige Farmer als Wanderarbeiter verdingten. Die Flüchtlinge stammen aus verschiedenen *Great Plains States,* werden aber allesamt als »Okies« bezeichnet, weil besonders viele von ihnen von Oklahoma aus über die Route 66 nach Kalifornien zogen. Der Schriftsteller John Steinbeck hat ihnen 1939 mit seinem Roman *Früchte des Zorns* ein literarisches Denkmal gesetzt.

Im Norden, an den Großen Seen, sind es die industriellen Monokulturen, die im Verlauf des 20. Jahrhunderts eine schleichende Katastrophe auslösen. Aus dem *Manufacturing Belt,* wie man die Region von Minnesota bis zu den Mittelatlantikstaaten zuvor stolz nannte, wird der *Rust Belt.* Von Duluth, Minnesota, bis Cleveland, Ohio, verfallen Eisenhütten und Stahlwerke. Wie im Nordosten macht sich auch in den Industriezentren des Mittleren Westens die Wut der afroamerikanischen Bevölkerung über Armut und Diskriminierung in Aufständen Luft. Die Autostadt Detroit, in den 1950er Jahren ein ökonomischer Kraftprotz mit fast zwei Millionen Einwohnern, gerät in den Sog des Niedergangs von Chrysler, Ford und General Motors. Die Stadtregierung nimmt heute Kredite für den Abriss ganzer Viertel auf, die zu Geisterstädten geworden sind.

Anders als bei Wetter und Wirtschaftsklima denkt man bei den Bewohnern des Mittleren Westens eher nicht an Extreme. Ganz im Gegenteil sagt man ihnen nach, bodenständig zu sein, viel gesunden Menschenverstand zu haben und weitere uramerikanische Tugenden zu repräsentieren – kurz: für ein eigentliches Amerika zu stehen. *Heartland* wird die Region nicht in erster Linie deshalb genannt, weil hier die geographische Mitte der USA liegt (je nach Deutung ist das entweder Lebanon in Kansas als Mittelpunkt der zusammenhängenden Festlandsstaaten ohne Alaska und Hawaii, oder Belle Fourche in South Dakota als Mittelpunkt aller 50 Staaten). Vielmehr gilt der Mittlere Westen auch als Herz der Nation, als der gute Kern, aus dem das amerikanische Volk immer wieder die richtige Kraft schöpft.

Das *Heartland* mit seinen ganz einfachen und zugleich ganz besonderen Menschen ist ein immer wiederkehrendes Motiv in

Filmen, Liedern und Romanen, in denen Amerika von sich selbst erzählt. Ein besonders schönes Beispiel ist der Film »A Straight Story« (Eine wahre Geschichte) aus dem Jahr 1999. Regisseur David Lynch verarbeitet darin eine wahre Begebenheit: die erstaunliche Reise des Weltkriegsveteranen Alvin Straight. Der 73-Jährige fährt 1993 von der Kleinstadt Laurens in Iowa aus mehr als 500 Kilometer quer durch den Mittleren Westen nach Mount Zion, Wisconsin – auf einem Rasenmäher, weil er keinen Pkw-Führerschein hat. Es ist die letzte Reise eines Mannes, bei dem sogar der Name für Geradlinigkeit und Rechtschaffenheit steht. Er will seinen todkranken Bruder besuchen, mit dem er zuvor zehn Jahre lang kein Wort gesprochen hat, und die Dinge wieder zurechtrücken. Denn, wie Alvin sagt: Eine Familie ist wie ein Bündel Zweige, das man längst nicht so leicht zerbricht wie einen einzelnen Stock. Lynch macht aus diesem Stoff ein Roadmovie, einen Film über viele Begegnungen auf einer langsamen Reise. »Alvin Straight traf wirklich freundliche Leute, die ihn unterstützten«, sagt der Regisseur später in einem Interview. »Das liegt an der Gegend. Sie ist das Herz Amerikas.«

Diesen Ruf verdankt die Region auch einer Forschergruppe unter der Leitung der Soziologen Robert und Helen Lynd. Sie machen sich in den 1920er Jahren auf, Amerikas soziale und ökonomische Mitte zu finden – *die* amerikanische Kleinstadt, repräsentativ für die ganze Nation. Ihre Bewohner wollen sie mit den Methoden der Anthropologie beobachten wie ein exotisches Inselvolk.

1923 entscheiden sich die Lynds für Muncie im Bundesstaat Indiana, einen Ort mit damals 38 000 Einwohnern. Für ihre Studie verwenden sie alle verfügbaren Daten der Zensusbehörden, werten Fragebögen aus und führen Hunderte von Interviews mit den *Munconians*. In langen Listen stellen sie zusammen, was in den Anfängen der Konsumgesellschaft zu einem typisch amerikanischen Haushalt gehört oder zumindest auf dessen Wunschliste steht: Radio, Telefon, eine Waschmaschine, ein Auto – und die feste Überzeugung, Amerika sei das großartigste Land der Welt.

1929 veröffentlicht das Ehepaar seine Studienergebnisse unter dem Titel *Middletown: A Study in Modern American Culture*. Das Buch wird sofort ein Bestseller. Mit seinen umfangreichen

Datensätzen trifft es einen Nerv der Zeit: die Vorliebe der Amerikaner für Messwerte, Umfragen und Statistiken. Als 1937 mit *Middletown in Transition* eine Folgestudie über die Zeit der Großen Depression erscheint, ist Muncie bereits als Fenster zur amerikanischen Seele etabliert. Seit den 1980er Jahren führt der Soziologe Theodore Caplow das Werk der Lynds weiter; er hat unter anderem über *Middletown Families* geschrieben.

Was die Stadt im Rostgürtel der USA so typisch macht, ist zuerst der Wandel von einer landwirtschaftlich geprägten Gemeinde in eine Industriestadt, wo Massengüter gefertigt und zugleich für alle verfügbar werden. Später ist es die Erfahrung des industriellen Niedergangs: Im Frühjahr 2009 hat mit dem Automobilzulieferer BorgWarner der letzte der großen Industriekonzerne sein Werk in Muncie dicht gemacht. Die Stadt mit ihren heute rund 65 000 Einwohnern musste umsatteln. Inzwischen sind Dienstleister wie die Handelskette Walmart, das Bar Memorial Hospital und die Ball State University die größten Arbeitgeber. Für die systematische Beobachtung Muncies und seiner Bewohner ist nun das Center for Middletown Studies an der Ball State University zuständig. Und auch wenn Methoden und Erkenntnisse der Lynds heute umstritten sind, ist Muncie zumindest laut Statistik noch immer repräsentativ für die Nation, wie Caplow 2002 feststellte: »Wohin man auch schaut, auf die Scheidungsrate, die Verbrechensrate oder die Zahl der ausgeliehenen Bände in der Stadtbücherei: Muncie liegt immer nahe am nationalen Durchschnitt.«

Dass Muncie alias Middletown im Gespräch blieb, verdankt es wohl auch dem prominentesten Absolventen der Ball State University: TV-Talkmaster David Letterman. In seiner *Late Show* kommt Muncie als Synonym einer typischen Kleinstadt regelmäßig vor. 1996 hat das britische Magazin *The Economist* es überdies als Hort der amerikanischen Wechselwähler und als politisches Stimmungsbarometer der Nation entdeckt: Seit 60 Jahren hatte Muncie demnach bei jeder Präsidentschaftswahl für den siegreichen Kandidaten gestimmt – mit der einzigen Ausnahme John F. Kennedys. Seitdem ziehen Reporter und Fernsehteams nun wieder nach Muncie, um herauszufinden, wie *Mainstream America* lebt, denkt und wählt. Erst Anfang 2010 produzierte der öffentliche Dokumentarsender American Radio-

Works dort eine Sendereihe über die Krise der amerikanischen Mittelschicht: »Hard Times in Middletown – How the Middle Class Became the Brittle Class.«

Einziger ernsthafter Konkurrent für Muncie als *die* typische Stadt in der Mitte Amerikas ist das knapp doppelt so große Peoria in Illinois. Es soll über längere Zeit nicht nur den amerikanischen Mainstream, sondern sogar die demographische Zusammensetzung der gesamten US-Bevölkerung im Kleinformat repräsentiert haben. In den Marketing-Abteilungen großer Konzerne und in politischen Beraterstäben ist Peoria als Testmarkt für neue Produkte oder Ideen ein Begriff. Was in der Stadt am Illinois River läuft, so heißt es, wird garantiert auch im übrigen Land ein Erfolg. Als Erste wussten das die Vaudeville-Theatertruppen der Jahrhundertwende. Sie prägten jenes geflügelte Wort, dem auch Barack Obamas Berater folgten, als sie den Präsidenten in just dieser Stadt für sein erstes politisches Großvorhaben werben ließen. »Will it play in Peoria?« – das war eben auch beim 787 Milliarden Dollar schweren Konjunkturpaket des Jahres 2009 noch eine entscheidende Frage.

Frontiers: Der Westen

»If Hell lay to the West, they would cross Heaven to reach it.« (William A. Baillie-Grohman, *Camps in the Rockies*, 1882)

Im November 2006 wird in Colorado der Demokrat Bill Ritter zum Gouverneur gewählt. Dass hier ein Kandidat der Demokratischen Partei gewinnt, ist alles andere als selbstverständlich, aber auch nicht besonders erstaunlich. Colorado ist ein *swing state*, in dem keine der beiden großen Parteien auf verlässliche Mehrheiten zählen kann. So haben die *Coloradans* in den letzten 100 Jahren insgesamt zwölf Republikaner und 17 Demokraten an die Spitze ihrer Staatsregierung gewählt. Was Ritters Wahl aber bemerkenswert macht: Große Teile der eigenen Partei und auch deren Geldgeber hatten ihn im Wahlkampf nicht unterstützt oder sogar bekämpft. Denn ausgerechnet bei einem der größten politischen Reizthemen der USA stellte sich der Staatsanwalt aus Denver quer zur Parteilinie: Ritter ist erklärter Abtreibungsgegner, die Demokratische Partei hingegen steht für *Pro Choice*, also für das Recht auf Abtreibung.

Die Wähler stimmten dennoch für Ritter, mit klarer Mehrheit von 58 Prozent. Ein Grund dafür mag ein allgemeiner Stimmungsumschwung zugunsten der Demokraten gewesen sein, den Ausschlag gab aber etwas anderes. »He's from the Colorado mold«, sagte der ehemalige US-Senator und zweimalige demokratische Präsidentschaftsbewerber Gary Hart aus Colorado im *New Yorker*. »Er ist von hier, die Leute erkennen ihn als einen der ihren. Er ist gescheit, aber nicht abgehoben. Er ist ein bodenständiger, kerniger Typ, und das ist es, was hier draußen zählt.« Oder, wie es *The Denver Post* knapper formulierte: »Ritter ist keiner, der im Gleichschritt marschiert.«

Denver konkurriert mit St. Louis, Missouri, um den Status des Tors zum Westen. Dieser Westen ist offiziell nur eine von vier Großregionen der USA, und zu dieser Region zählen laut US-Zensusbehörde heute die Pazifikstaaten (Alaska, Hawaii, Kalifornien, Oregon und Washington) sowie die Gebirgsstaaten (Arizona, Colorado, Idaho, Montana, Nevada, New Mexico, Utah und Wyoming). Andere Definitionen schließen auch Texas und den westlichen Teil des Mittleren Westens mit ein. Doch wo auch immer man die geographischen Grenzen zieht: Auf der kulturellen Landkarte Amerikas ist der Westen ein ganz besonderer Ort. Hier mischen sich die alten Mythen des Wilden Westens mit den neuen Legenden um die Garagenfirmen im Silicon Valley; hier treffen Wyatt Earp und Buffalo Bill auf Ronald Reagan und Bill Gates.

Der Westen ist zuerst und vor allem ein anderer Ort als »der Osten«. Politiker von hier sagen besonders häufig »we out here«, um ihre Distanz zum Ostküsten-Establishment herauszustreichen. Und sie setzen in alter Wildwest-Tradition gern auf das Image des *maverick*, des rebellischen Einzelgängers im Kampf gegen den politischen Mainstream in Washington – wie etwa Senator John McCain aus Arizona, der republikanische Präsidentschaftskandidat des Jahres 2008.

Ein regelrechter Klassiker des politischen Ost-West-Antagonismus ist der Streit um den Naturschutz. Nicht, dass man im Westen per se etwas gegen Naturschutz hätte. Doch für die Einrichtung von Nationalparks und anderen Schutzgebieten ist der Bund zuständig, also Washington, sprich der Osten, und deshalb ist man erst mal unbedingt dagegen. So benannte sich die Stadt Boulder in Utah 1969 offiziell in Johnson's Folly um, als US-Präsident Lyndon B. Johnson dort dem Arches- und dem Capitol Reef-Naturdenkmal mehrere tausend Hektar Land zugeschlagen hatte (beide wurden später per Kongressbeschluss zu Nationalparks erklärt). Anders als von den Lokalpolitikern vorausgesagt, hat Johnson die Stadt mit seinem »Gewaltakt« allerdings nicht in den Ruin getrieben. Ebensowenig wie Bill Clinton, der 1996 per Erlass und ohne jede Vorwarnung gleich nebenan ein weiteres großflächiges Nationaldenkmal schuf. Heute heißt die Stadt wieder Boulder, und der örtliche Wirtschaftsverband besingt sie auf seiner Website als »gateway to the Grand Staircase-Escalante National Monument«. Doch erst kürzlich gab es wieder große Aufregung um eine angeblich »geheime« Liste des Innenministeriums in Washington mit weiteren potentiellen Nationaldenkmälern im Westen. Das entsprechende Bundesgesetz sei nicht dazu da, erregte sich der republikanische Kongressabgeordnete Denny Rehberg aus Montana, »dass der Volkswille umgangen wird und sich irgendwelche Ostküstenpolitiker unser Land unter den Nagel reißen«.

Der Westen ist auch und ganz besonders der Ort der *Frontier*. Von der Kolonialzeit bis zum Ende des 19. Jahrhunderts war das die Grenze zwischen Zivilisation und Wildnis, zwischen besiedeltem und freiem Land – wobei man die dort heimischen Indianer eben nicht als Zivilisation betrachtete, sondern eher als natürliches Hindernis für die eigene Expansion. Da zwischen beiden Küsten mehr als 4000 Kilometer liegen und, abgesehen von den *Native Americans*, noch andere Staaten wie England und Mexiko Teile des Kontinents für sich beanspruchten, dauerte die Eroberung des Westens ein ganzes Jahrhundert. Erst 1890 konnte die US-Zensusbehörde keine klare Grenze mehr zwischen besiedeltem und unbesiedeltem Gebiet erkennen. Zugleich stellten die Volkszähler fest, dass die indianische Bevölkerung im Land binnen vier Jahrzehnten von über 400 000 auf weniger als 250 000 Menschen geschrumpft war.

Zur selben Zeit, als man die Eroberung des Westens offiziell für abgeschlossen erklärt, blüht die *Frontier*-Romantik als Nostalgie erst richtig auf: Zuerst in den Groschenromanen über Calamity Jane, Billy the Kid und andere halb authentische, halb fiktionale Figuren; seit den 1880er Jahren auch in *Buffalo Bill's Wild West*. Mit dieser spektakulären Show baut William Frederick Cody, ein Büffeljäger und Militärkundschafter aus Iowa, seinen Beinamen zur international erfolgreichen Marke aus. Zweimal geht er mit seinen Büffeln und Pferden, Lasso werfenden Cowboys und Tomahawk schwingenden Indianern sogar auf Europa-Tournee. Um die Jahrhundertwende ist Buffalo Bill die weltweit prominenteste Persönlichkeit der Popkultur.

Es folgen die Hollywood-Western, später auch Wildwest-Serien im Fernsehen und die Werbung mit dem *Marlboro Man*. Auch sie exportieren den Wilden Westen in die ganze Welt. »Bonanza«, die TV-Familiensaga über Ben Cartwright und seine drei Söhne auf der Ponderosa-Ranch, läuft ab 1959 mit 430 Folgen über beinahe anderthalb Jahrzehnte. Der *Marlboro Man* macht sogar fast 50 Jahre lang Reklame für den Tabakkonzern Philip Morris. Erst 1999 wird die Kampagne eingestellt – weil Zigaretten und Tabakwerbung generell geächtet werden, nicht weil der Westen seinen Reiz verloren hätte.

Der Historiker Frederick Jackson Turner trägt 1893 auf der Weltausstellung in Chicago die These seines Essays *The Significance of the Frontier in American History* vor. Das Leben an der Grenze zwischen Zivilisation und Wildnis erklärt er zu *der* prägenden Erfahrung der Amerikaner. Die Pioniere haben in der Natur überlebt und zugleich die Wildnis bezwungen. Hier zählen Tatkraft, Individualität und eine robuste Konstitution. Erst durch die *Frontier* ist laut Turner in Amerika ein freiheitliches und demokratisches Gemeinwesen entstanden, das sich von den Gesellschaften Europas grundsätzlich unterscheidet.

Mögen die Wildwest-Legenden auch mehr Fantasie als Fakten enthalten, und mag Turners *Frontier*-These auch ein Produkt des imperialistischen Zeitgeists sein: Die Erfindung des Westens als der Ort in Amerika, an dem individuelle Freiheit, Selbstverantwortung und Innovationskraft mehr zählen als anderswo, hat sich als haltbar erwiesen. Auch moderne Varianten der *Frontier* sind hier zu beobachten: So erlebt der Südwesten von allen

US-Regionen derzeit den radikalsten demographischen Wandel durch Zuwanderung. Städte wie Houston, Phoenix und Las Vegas werden als *urban frontier* im Zeitalter der Globalisierung betrachtet. Der ständige Wandel, die schnelle Abfolge von *boom and bust* machte schon während der Eroberung des Kontinents die besondere Dynamik des amerikanischen Westens aus.

Als die Vereinigten Staaten von Amerika 1776 ihre Unabhängigkeit erklären, beginnt der Westen noch gleich hinter den Appalachen. Der Gebirgszug im Rücken der atlantischen Küstenebenen begrenzt die besiedelten Ostküstengebiete; Trapper und Pelzhändler sind zunächst die einzigen Weißen, die jenseits der Berge ihr Glück versuchen. Das ändert sich nach dem Sieg der Amerikaner im Unabhängigkeitskrieg: Um 1800 ist die *Frontier* bereits bis zum Mississippi River vorgerückt.

Europäische Besucher sind zu dieser Zeit meist entsetzt über den rohen und verschwenderischen Umgang mit der Natur: Die amerikanischen Pioniere roden ein Stück Land, lassen die gefällten Bäume liegen, verkaufen es mit Gewinn an nachrückende Siedler und ziehen weiter. Farmer suchen sich einfach neues Land weiter im Westen, sobald der alte Boden ausgelaugt ist. Doch diese Kombination von Mobilität und Verschwendung funktioniert, weil die Dinge in Amerika eben anders liegen. Im Gegensatz zu den Verhältnissen in Europa sind Land und andere natürliche Ressourcen im Überfluss vorhanden, Arbeitskräfte hingegen Mangelware. Für englische oder deutsche Einwanderer, die nach alter Gewohnheit ihr Land zunächst ordentlich herrichten lassen, haben erfahrene amerikanische *frontiersmen* deshalb nur Spott übrig – geht denen doch meist das Kapital aus, bevor sie noch die ersten Felder bestellen konnten. An der *Frontier* zählt Adaption, nicht Tradition.

Ist die Dynamik der *Frontier* zunächst eine Frage der Ökonomie, so wird sie bald zur Gewohnheit, ja sogar zur Passion. Echte Pioniere sind immer in Bewegung, stets überzeugt davon, dass hinter dem Horizont das Gras noch grüner und die Bodenschätze noch reicher sind. Die Jagd nach immer neuen Herausforderungen wird zu »einer Art Glücksspiel«, wie Alexis de Tocqueville in den 1830er Jahren feststellt: ein Spiel, bei dem der Reiz des Risikos ebenso wichtig ist wie die Aussicht auf einen Gewinn.

Einer der ersten und erfolgreichsten Spieler dieser Art ist der deutschstämmige Pelzhändler John (Johann) Jacob Astor. Er gründet 1811 an der Mündung des Columbia River im heutigen Oregon die erste amerikanische Siedlung der Pazifikküste. Der Handelsposten Fort Astoria wird zum großen Teil von hawaiianischen Arbeitern gebaut, die Astor per Schiff von den Inseln holen lässt. Bereits im Krieg von 1812 verliert er seinen Stützpunkt am Pazifik an die Briten. Doch der Metzgersohn aus Walldorf verlegt den Schwerpunkt seines Pelzhandels an die Großen Seen und ins Mississippi-Tal und macht mit seiner American Fur Company dort ein Vermögen. Zu Amerikas erstem Multimillionär wird Astor allerdings an einer anderen *Frontier:* Mit Grundstücksgeschäften in New York. Er kauft vor allem auf Manhattan Island billiges Land jenseits der Stadtgrenzen. Astor erkennt das Potential der Stadt als Einwanderungsmagnet und sieht den Immobilienboom voraus, der daraus folgen muss. Heute gilt Astor, der 1848 mit 84 Jahren starb, als viertreichster Amerikaner aller Zeiten.

Eine Überlandexpedition seines Unternehmens von St. Louis nach Fort Astoria ist es auch, die als erste den South Pass entdeckt, den einfachsten Weg über die Rocky Mountains. Über diesen Pass verlaufen Mitte des 19. Jahrhunderts der *Oregon Trail* und der *California Trail,* die wichtigsten Wege in den Westen vor dem Bau der transkontinentalen Eisenbahn. Innerhalb von 30 Jahren ziehen auf diesen Routen rund 500 000 Siedler entweder in den pazifischen Nordwesten oder nach Kalifornien; ein kleiner Abzweig, der *Mormon Trail,* führt zu den Mormonensiedlungen im Tal des Großen Salzsees. Die von Missouri aus rund 3500 Kilometer lange Fahrt im Planwagen dauert vier bis sechs Monate. Sie ist auch ohne die vielen Indianer-Attacken, die Hollywood später dazudichtet, eine gefährliche und extrem strapaziöse Reise. Ideologischer Überbau der Wanderung nach Westen ist die Doktrin der *Manifest Destiny* – die Behauptung, die Amerikaner seien durch Gottes Willen zur Eroberung des gesamten Kontinents bestimmt.

Viele Migranten lockt in diesen Jahren aber weder ein göttlicher Auftrag noch das unberührte Land. Sie folgen dem Ruf des Goldes. Anfang 1848 hat ein Arbeiter im nördlichen Kalifornien das erste Nugget gefunden. Die Nachricht von dem Fund im

Sacramento-Tal löst ein Goldfieber aus. Farmerfamilien lassen Land und Ernte im Stich. Aus Sägewerken setzen sich ganze Belegschaften ab. Nachdem US-Präsident James K. Polk die Funde im Dezember 1848 offiziell bestätigt hat, strömen die Goldsucher aus allen Teilen der USA, aus Europa, aus Asien und Südamerika nach Kalifornien. In weniger als zwei Jahren wird aus dem verschlafenen 1000-Seelen-Ort San Francisco eine Stadt mit 25 000 Einwohnern. In ihrer Bucht ankern Dutzende Schiffe – alle verlassen, weil ihre Mannschaften zu den Goldfeldern gezogen sind. Kaliforniens Bevölkerung wächst so schnell, dass das gerade erst von Mexiko eroberte Territorium ohne die sonst übliche Übergangsfrist schon 1850 als Vollmitglied in die Union aufgenommen wird.

Ein halbes Jahrhundert später sollte das Goldfieber unter noch dramatischeren Umständen das Land erneut erfassen: Mitten in der Wirtschaftskrise der 1890er Jahre wird am Klondike River Gold gefunden, im Grenzgebiet zwischen Alaska und dem britischen Kanada. Innerhalb weniger Monate strömen an die 40 000 Menschen in das dünn besiedelte Gebiet um Dawson City. Die Bilder vom endlosen Treck der Goldsucher durch die eisige Berghölle gehen um die Welt. Sie inspirieren Charlie Chaplin 1925 zu seinem Stummfilm »The Gold Rush«. Sein Held, der Vagabund, friert und hungert am Klondike so sehr, dass er einen seiner Stiefel verspeist. Diese berühmte Filmszene hat bei aller Komik durchaus reale Vorbilder.

Mit dem *California Gold Rush* bekommt die Dynamik des Westens noch eine neue Dimension. Hier geht es nicht mehr um den alten amerikanischen Traum der Puritaner, sich mit Fleiß und Sparsamkeit nach und nach ein Vermögen zu erarbeiten. Hier kann man mit der richtigen Mischung aus Kühnheit, harter Arbeit und Glück über Nacht reich werden. Nur die Wenigsten schaffen das tatsächlich. Wer die erste Boomphase eines Goldrausches verpasst hat, dem bringt die knochenharte Goldwäsche und das Leben in den überfüllten *mining towns* eher Krankheiten als Nuggets ein. Profit machen dann nur noch professionelle Bergbauunternehmen – und die Betreiber von Bordellen, Saloons oder Spielhöllen. Der Traum vom schlagartigen Reichtum aber fragt nicht nach den vielen Gescheiterten. Er nährt sich von den Geschichten der wenigen Glücklichen.

Seit den Zeiten des Goldfiebers sind der Westen im Allgemeinen und Kalifornien im Besonderen magische Orte für alle, die an das Glück des Tüchtigen glauben. Zugespitzt könnte man sagen, dass auch der Boom der Technologie-Startups im *Silicon Valley* im Grunde nichts anderes ist als eine moderne Variante des Goldrauschs. Der Rohstoff, der reich macht, ist hier ein neues Gerät, ein Programm oder auch nur eine Geschäftsidee – immer vorausgesetzt, man hat den richtigen Riecher. Ob *geek* (genialer IT-Tüftler mit Bart und Birkenstocks) oder *suit* (Venturekapitalist im feinen Anzug): Das alte Spiel der *Frontier* um unternehmerischen Wagemut, Risiko und Glück geht weiter.

Doch nicht alle, die es nach Westen zieht, spekulieren auf materiellen Gewinn. Auf einer Fahrt mit dem *Empire Builder* von Chicago nach Seattle vor einigen Jahren traf ich im Salonwagen auf Mark, einen Programmierer Ende zwanzig. Er hatte nach seinem Collegeabschluss einige Jahre in Boston gearbeitet und gut verdient, war nun aber wieder auf dem Weg zurück in seine Heimatstadt. Einen neuen Job hatte er noch nicht. Der Zug hielt gerade am Glacier Park mitten in den Bergen von Montana. »Warte, bis du erst Mount Rainier und die Olympic Mountains in Seattle siehst«, sagte Mark. Als Erstes wollte er einen Ford Mustang mieten und damit den Pacific Coast Highway entlangfahren. Dann für ein Wochenende in die Berge. Warum er zurück wollte, fasste er mit einem Satz zusammen: »Im Osten war es mir einfach zu voll.«

Als Zufluchtsort für alle, die der Natur näher sein wollen, hat der Westen mit seinen grandiosen Landschaften und Nationalparks Tradition. Hier vor allem entstanden seit den 1960er Jahren Hippie-Kommunen, in denen man ein alternatives Leben auf dem Land ausprobierte. Im pazifischen Nordwesten bleibt die spektakuläre Landschaft mit ihren Wäldern, Wasserfällen und Vulkanen selbst in den Großstädten immer präsent. Gemeinsam mit Kalifornien ist diese Region heute Hochburg der amerikanischen Umweltbewegung; als *green frontier* lockt sie Gleichgesinnte aus allen Teilen des Landes an. »Ist die alternative Bewegung im Nordwesten noch aktiv?«, wurde kürzlich in einem Online-Forum gefragt. »Gibt es noch Kommunen in Washington oder Oregon?« – »Man nennt sie Seattle und Portland«, hieß die Antwort.

Vor allem Oregon und seine größte Stadt Portland verstehen sich als Vorreiter der Nachhaltigkeitsbewegung. Oregon war 1971 der erste US-Staat, der Pfandflaschen per Gesetz vorschrieb. Man setzt auf den öffentlichen Nahverkehr und auf strenge Bauvorschriften, um die Zersiedelung einzudämmen. Lange war die Holzindustrie Oregons größter Arbeitgeber. Um Alternativen zu dieser wenig umweltfreundlichen Branche zu schaffen, lockte der Staat in den 1980er und 1990er Jahren Chiphersteller mit Steuergeschenken an: Der *Silicon Forest* sollte dem *Silicon Valley* Konkurrenz machen. Diese Politik machte den Staat als Wohnort attraktiv – umso attraktiver, je voller es im benachbarten Kalifornien wurde und je höher dort die Immobilienpreise stiegen. In den letzten 40 Jahren hat sich Oregons Bevölkerung fast verdoppelt.

Auf der anderen Seite schreckt die für US-Verhältnisse extrem strenge Regulierung viele Unternehmen ab. Selbst auf dem subventionierten Hightech-Sektor ist die Zahl der Arbeitsplätze nach einem Höhepunkt um die Jahrtausendwende wieder deutlich gesunken. Schon 1971 hat Oregons damaliger umweltkonservativer Gouverneur Tom McCall, auf dessen Konto viele der frühen grünen Gesetze gehen, die Kollision von Nachhaltigkeit und Wachstum vorausgeahnt. »Dies ist ein Staat, für den man sich begeistert, und als Besucher seid ihr uns alle willkommen, immer wieder«, sagte er in einem Fernsehinterview. »Aber kommt um Himmels willen nicht her, um hier zu leben!«

Ganz anders geht es in Amerikas Südwesten zu. Auch diese Region hat unvergleichliche Landschaften und Naturdenkmäler zu bieten. Doch hier ist der *urban sprawl* die Regel. Los Angeles war dafür der Prototyp und bleibt die Norm. Hier hatte der klassische Versuch europäischer Besucher, eine Stadt zu Fuß zu erkunden, schon immer etwas von einer Don Quijoterie. Meine Variante davon war der Plan, den Sunset Boulevard bis an den Pazifikstrand hinunterzuwandern. Schon während der ersten halben Stunde hielten drei Autofahrer an. Ob ich eine Panne gehabt hätte. Ob ich Hilfe brauche. Einem Polizisten im Streifenwagen musste ich zuletzt versprechen, den nächsten Bus zu nehmen. Es wäre aber ohnehin zu weit gewesen: Von Downtown L. A. bis nach Pacific Palisades ist der Sunset Boulevard 35 Kilometer lang.

Los Angeles entstand im Zeitalter des Automobils für die Autofahrer-Gesellschaft. Ohnehin schien es in einem Erdbebengebiet sinnvoller, in die Fläche statt in die Höhe zu bauen. Heute wälzen sich an jedem Werktag bis zu 20 Millionen Fahrzeuge durch das Stadtgebiet. Fast ebensoviele Einwohner zählt man in Greater Los Angeles, das neben Vororten wie Santa Monica auch umliegende Städte wie Anaheim, Long Beach und San Bernardino weiter im Osten einschließt. Das sind fast doppelt so viele Menschen, wie in Oregon und Washington State zusammen leben. An keinem anderen Ort Amerikas verbringen die Autofahrer so viel Zeit im Stau wie in Los Angeles. *The Capital of Entertainment*, wie sich die Stadt mit dem weißen Hollywood-Schriftzug in ihren Hügeln gern nennt, ist auch die Hauptstadt des Verkehrsinfarkts.

Nach ähnlichem Muster sind im Südwesten andere Orte entstanden, die ästhetisch und ökologisch erst einmal abschrecken: ausgedehnte Wüstenstädte mitten im Nirgendwo, ohne Zentrum oder Kontur. Doch gerade diese Regionen hatten zuletzt die größte Anziehungskraft: Im *Sun Valley* um Phoenix, Arizona, hat sich die Bevölkerung seit 1990 auf rund 4,3 Millionen fast verdoppelt. Im selben Zeitraum wuchs der Großraum Las Vegas in Nevada um das Zweieinhalbfache auf gut 1,8 Millionen Einwohner. Nevada und Arizona sind in den letzten Jahren demographisch schneller gewachsen als alle anderen US-Staaten.

Viele Gründe sind dafür genannt worden, zum Beispiel das Klima, die geographische Lage der Region und ihre historische Nähe zu Mexiko. Aber auch der dynamische Geist der *Frontier* scheint hier noch lebendiger als im Nordwesten. *Business* hat Vorrang: Man vertraut auf private Initiative statt auf staatliche Regulierung. Man hält Ausschau nach Wachstumschancen, statt sich um Ökosysteme und Lebenswelten zu sorgen. »Der Südwesten steht für das Gegenteil von Kontinuität«, sagt der Historiker Roger Lotchin. »Er hat eine kurze, aber ereignisreiche Geschichte. Er ist ein Ort der Umbrüche und des schnellen Wandels – und mit dieser Kombination ist er am besten von allen Regionen Amerikas auf die Zukunft eingestellt.« Vorausgesetzt, dass den wuchernden Metropolen im dürregeplagten Südwesten nicht ausgeht, was im regenreichen Nordwesten so überreichlich vorhanden ist: das Wasser.

Diversity:
Einwanderung und Zusammenleben

»I'm proud to be an American/Where at least I know I'm free.« (Refrainzeile des Songs »God Bless the USA« von Lee Greenwood, 1984; 20 Jahre später auch gesungen von Beyonce Knowles)

Die Einreise in die Vereinigten Staaten ist kein Vergnügen. Das erlebt fast jeder Tourist. Seit den Terroranschlägen vom 11. September 2001 sind die Prozeduren noch aufwendiger geworden. Wer sich für längere Zeit in den Vereinigten Staaten aufhalten oder gar dort arbeiten will, hat lange vor der Ankunft bereits Dutzende Seiten Formulare ausgefüllt, Heirats- und Geburtsurkunden, Gesundheitszeugnisse und andere Dokumente beschafft, vor dem US-Konsulat in seiner Heimat Schlange gestanden und vieles mehr.

Für die meisten Neuankömmlinge sind die Kontrollschalter in den US-Flughäfen das letzte Nadelöhr, bevor sie amerikanischen Boden betreten dürfen. Im Flughafen Newark bei New York sind die Ankunftshallen, groß wie Fußballfelder, an einem typischen Nachmittag überfüllt mit *non-residents* aus aller Welt – Immigranten, Touristen, Geschäftsreisenden. Während Banker im Dreiteiler am Mobiltelefon ihre ersten *meetings* verabreden, tauschen Shopper aus England Tipps über die besten Designerläden Manhattans aus. Eine fünfköpfige Flüchtlingsfamilie aus Burma sortiert Pässe und Einreiseformulare. Das Gewimmel ordnet sich allerdings schnell, als Sicherheitsbeamte mit kurzen Anweisungen alle Neuankömmlinge durch markierte Wege in eine ordentliche Schlange schleusen und auf die mehr als 40 Schalter der Immigration verteilen.

Hier werden Pässe und Visa geprüft, Fingerabdrücke genommen und meist noch Fragen gestellt. Keinesfalls darf man verfrüht die gelbe Linie überschreiten, die die Grenze zwischen Niemandsland und US-Territorium markiert. Es ist die Grenze zum Imperium, an der sich alle Völker drängen und Einlass begehren; sie wird streng bewacht. »Wo sind Ihre Kinder?«, wollte ein Grenzbeamter wissen, als ich einmal allein von einer Deutschlandreise zurückkehrte (die Kinder sind in meinem Reisepass eingetragen). »Die halten zu Hause ihren Vater auf Trab«, versuchte ich einen Scherz. Der Beamte verzog keine Miene, schaute mich nur noch skeptischer an als zuvor. Schließlich knallte er aber doch seinen Stempel in den Pass und entließ mich mit den Worten: »You have a good day, then.«

Das kleine Gefühl der Erleichterung, wenn man (wieder einmal) durchgekommen ist, bleibt jedem Einwanderer erhalten, bis er – meist erst nach einigen Jahren – eine *Green Card* erwerben kann. Wer diese Karte besitzt, wird Einwohner der Vereinigten Staaten, hat ein unbegrenztes Aufenthaltsrecht und darf auch in den USA arbeiten. Sie ist ohne einen engagierten Arbeitgeber, Hilfe teurer Anwälte und viel Geduld kaum zu bekommen – es sei denn, man hat Glück in der Lotterie, mit der die USA jedes Jahr weltweit 50 000 *Green Cards* verlosen. Für Europäer standen die Chancen auf einen solchen Lottogewinn zuletzt immerhin bei rund eins zu 50.

Bis dahin aber bleibt man bei jeder Einreise den Inspektoren der Immigration ausgeliefert, die einen jederzeit mit dem nächsten Flieger wieder zurückschicken können. Und seit *Nine Eleven* verstehen die Beamten absolut keinen Spaß mehr. Ein einziger blöder Witz (»Vorsicht mit meinem Rucksack, da ist 'ne Bombe drin!«) kann reichen, um sich eine mehrjährige Gefängnisstrafe einzuhandeln – nicht immer leicht einzusehen für Europäer, die den freien Reiseverkehr innerhalb der Europäischen Union gewohnt sind. Ich kenne einige Personen, die ohne erkennbaren Grund schon einmal für mehrere Stunden bei der Einwanderungsbehörde festgehalten wurden, keinen Kontakt zur Außenwelt aufnehmen durften und schließlich kommentarlos doch noch auf amerikanisches Staatsgebiet entlassen wurden.

Vom Schicksal jener Immigranten oder Asylbewerber, die weniger Glück haben und in Abschiebehaft landen, liest man regelmäßig in den Zeitungen. Ihre Geschichten mögen abschrecken, und doch lassen sich Hunderttausende davon so wenig beirren wie von der Aussicht, lange Zeit von der Familie getrennt leben zu müssen. Koreanische Mütter ziehen allein mit ihren Kindern in die USA, um sie dort zur Schule und später vielleicht auf eine Eliteuniversität zu schicken. Eltern aus Lateinamerika suchen sich Arbeit und lassen ihre Kinder bei Verwandten in der Heimat zurück, bis sie selbst genug verdienen, um die Kinder nachzuholen. »An dem Tag, als unsere Mutter zu unserem Vater flog, wollten mein Bruder und ich nicht aufstehen«, schrieb Jaylin, eine achtjährige Klassenkameradin meines Sohnes aus Guatemala, in ihrem Beitrag zum Autorenwettbewerb der Schule. »Wir dachten, dass wir nie wieder aufstehen wollten.« Erst zwei Jahre später konnten die Geschwister ihren Eltern nachreisen.

Einem jungen Mädchen aus Irland mit einer ähnlichen Geschichte hat man sogar ein Denkmal gesetzt, wenn auch aus einem anderen Grund: Die 17-jährige Annie Moore war die erste Immigrantin, die 1892 auf Ellis Island, der neuen, zentralen Sammelstelle für Einwanderer im Hafen von New York, registriert wurde. Auch sie war allein mit ihren beiden Brüdern nach Amerika gekommen, wo sich ihre Eltern zuvor eine Existenz geschaffen hatten. Vor der Überfahrt hatte sie, wohl um Geld für die Schiffspassage zu sparen, ihr Alter mit 14 Jahren angegeben. Annie Moores Bronzestatue mit Hut und verbeulter Reisetasche steht heute im Museum auf Ellis Island. Zwischen den Geschichten von Annie und Jaylin liegen über 100 Jahre – und ungezählte ähnliche Fälle. Sie haben viele Parallelen – und stehen eben doch für zwei verschiedene Zeitalter der Migration. Die USA waren immer *das* große Einwanderungsland. Aber im Zeitalter der Globalisierung bedeutet das etwas anderes als noch vor wenigen Jahrzehnten.

Lockruf: *The American Dream*

»... that dream of a land in which life should be better and richer and fuller for everyone, with opportunity for each according to ability or achievement.« (James Truslow Adams, *The Epic of America*, 1931)

Eines hat sich im Grunde nicht geändert, seit die ersten Einwanderer auf ihrer wochenlangen Fahrt über den Atlantik Seekrankheit, Skorbut und Schiffbruch riskierten: Seit die Unabhängigkeitserklärung allen Amerikanern Freiheit, Gleichheit und das ungehinderte Streben nach Glück verspricht, seit erfolgreiche Auswanderer den Daheimgebliebenen von Reichtum und politischer Gleichberechtigung berichten, wirkt der Amerikanische Traum als Magnet. Er lockt mit dem Versprechen auf einen Neuanfang ohne sozialen Vorbehalt. Bis heute finden sich ausreichend Beispiele geradezu märchenhafter Karrieren, um ihn lebendig zu halten – denken Sie nur an Arnold Schwarzenegger oder an den Google-Mitgründer Sergej Brin.

Wo die Fakten nicht für den *American Dream* sprechen, werden Mythen gesponnen. Die Geschichte von Annie Moore ist so ein Fall. Aus »Immigrant Number One« auf Ellis Island wurde eine Ikone für Irish-Americans, die mit der echten Annie wenig gemein hat. In der Presse stand damals die Story von einem irischen Mädel mit rosigen Wangen, das am 2. Januar 1892 als erste über die Gangway der »SS Nevada« stürmte und angeblich just an diesem Tag seinen 15. Geburtstag feierte. Ein Regierungsvertreter aus Washington hieß Annie willkommen. Der neue Direktor von Ellis Island überreichte ihr feierlich eine goldene Liberty-Münze, die sie laut *New York Times* als Erinnerungsstück für immer zu behalten versprach.

Wahrscheinlicher ist die in Annies Familie überlieferte Variante, wonach ihr Vater, ein Hafenarbeiter, die zehn Dollar – eine ganze Monatsmiete – in den Kneipen unter der Brooklyn Bridge vertrank. Und während Annie dem Mythos zufolge als Pionierfrau weiter nach Westen zog und reich wurde, hat sie tatsächlich New Yorks berüchtigten *Fourth Ward* nie wieder verlassen. Sie heiratete den Sohn eines deutsch-amerikanischen

Bäckers, bekam jedes Jahr ein Baby und musste mindestens fünf ihrer Kinder begraben. Als sie starb, war sie 50 Jahre alt und hatte extremes Übergewicht. Doch damit ist sie immerhin drei Jahre älter geworden als der durchschnittliche weiße Amerikaner zu dieser Zeit. Annies Leben erzählt eine sehr typische Einwanderergeschichte. Aber es ist eben nicht der Stoff, aus dem Träume sind.

Die großen Einwanderungswellen in die USA setzten im 19. Jahrhundert ein. Allein zwischen 1820 und 1880 kamen unter anderem drei Millionen Deutsche und fast ebenso viele Iren, zwei Millionen Briten, eine Million Menschen aus Österreich-Ungarn sowie fast eine Viertelmillion Chinesen hierher. Als die Dampfschifffahrt im späten 19. Jahrhundert die Überfahrt dramatisch verkürzte, war der Ansturm im Hafen von New York, dem Ziel der großen Dampferlinien, kaum noch zu bewältigen. Auch Skandinavier, Süd- und Osteuropäer machten sich nun in großer Zahl auf den Weg. Auf Ellis Island wurde deshalb jenes zentrale Sammellager eingerichtet, das fortan alle Passagiere der Dritten Klasse durchlaufen mussten. Passagieren der Ersten und Zweiten Klasse blieb Ellis Island in der Regel erspart. Sie wurden bereits auf dem Schiff kurz überprüft und konnten dann gleich an Land gehen. Wer sich eine solch teure Passage leisten konnte, so das Kalkül, würde wohl auch in den USA nicht der Allgemeinheit auf der Tasche liegen.

Bevor das Lager 1954 endgültig geschlossen wurde, war es für mehr als zwölf Millionen Einwanderer die erste Berührung mit der Neuen Welt. Fast jeder zweite Amerikaner, so heißt es, hat mindestens einen Vorfahren, der über Ellis Island ins Land gekommen ist. Und anders als es der Beiname »Träneninsel« suggeriert, wurden hier nur wenige abgewiesen: 98 von 100 Einwanderungswilligen durften nach einer medizinischen Untersuchung und einer Rechtsprüfung die Tür mit der Aufschrift »Push: To New York« tatsächlich aufstoßen. Ganz andere Erfahrungen machten zu dieser Zeit Neuankömmlinge an der Pazifikküste der USA. Vor allem in Kalifornien formierte sich derart massiver Widerstand gegen asiatische Einwanderer, dass die Vereinigten Staaten 1882 ein Immigrationsverbot für Chinesen verhängten.

Die Abwehr unerwünschter »Fremdlinge« gehört von Beginn

an ebenso zur amerikanischen Geschichte wie die freundliche Aufnahme und Integration von Immigranten. »Warum sollte das von Engländern gegründete Pennsylvania eine Kolonie von Fremden werden, die schon in Kürze so zahlreich sein werden, dass sie uns germanisieren statt umgekehrt; und die unsere Sprache und unsere Sitten so wenig annehmen können wie unser Aussehen?«, schrieb Benjamin Franklin 1751 in seinem Essay *America as a Land of Opportunity*. Ganz ähnlich wie englische Siedler zu Kolonialzeiten ihre Gesellschaftsordnung durch eine massenhafte deutsche Zuwanderung gefährdet wähnten, fürchteten weiße Arbeiter im Kalifornien des 19. Jahrhunderts die Konkurrenz chinesischer Kulis. An der Ostküste wuchs zur selben Zeit das Ressentiment gegen eine »Überfremdung« durch katholische und jüdische Einwanderer aus Süd- und Osteuropa. In den 1920er Jahren reagierte der Kongress mit einem Quotensystem, das die »alte Einwanderung« aus west- und nordeuropäischen Ländern favorisierte.

Erst der Zweite Weltkrieg, der Kalte Krieg und schließlich die Bürgerrechtsbewegung im eigenen Land ließen die US-Bürger wieder umdenken. 1965 verabschiedete eine demokratische Mehrheit im Kongress ein Einwanderungs- und Einbürgerungsgesetz, das ein neues bevölkerungspolitisches Zeitalter einläutete. Das Quotensystem zugunsten der West- und Nordeuropäer wurde aufgegeben; fortan sollten Auswanderer und Flüchtlinge aus allen Kontinenten die Chance erhalten. Millionen Menschen nutzten sie. Allein die Zahl der Einwanderer aus Asien vervierfachte sich binnen fünf Jahren. Viele Flüchtlinge kamen aus den Konfliktzonen des Kalten Krieges – Koreaner, Vietnamesen, Kubaner. Auch holten die USA nun bevorzugt gut ausgebildete Fachkräfte und Wissenschaftler unabhängig von ihrer Herkunft ins Land. Der Begriff vom *Brain Drain* begann zu kursieren, weil Amerika gerade aus ärmeren Ländern die akademischen Eliten und den besten Nachwuchs abwarb. Die mit Abstand größte Gruppe aber kam aus dem Nachbarland im Süden: 4,3 Millionen Mexikaner wanderten zwischen 1965 und 2000 in die USA ein. Zur Jahrtausendwende stammten nur noch 15 Prozent der im Ausland geborenen US-Bevölkerung aus Europa.

Nicht mehr New York war nun die Hauptanlaufstelle. Die meisten Immigranten nahmen, sei es aus Süden oder Westen, den Weg nach Kalifornien. Und so ist es wohl kein Zufall, dass dort seit 2003 ein Mann regiert, der ebenfalls als Fremder ins Land kam – und heute wie kein anderer die gelungene Verbindung zwischen Einwanderung und *American Dream* repräsentiert: Arnold Schwarzenegger. Er verkörpert den amerikanischen Selfmademan buchstäblich mit seinem ganz aus eigener Kraft geschafften Aufstieg vom schmächtigen, mittellosen Teenager in Österreich zuerst zum Mister Universum, dann zum Hollywood-Star und schließlich zum Gouverneur. Wie seinen Körper gestaltete der Bodybuilder aus der Steiermark auch seine Lebensgeschichte. 1986 heiratete er die Kennedy-Nichte Maria Shriver – so ziemlich das Vergleichbarste zu einer echten Prinzessin, was Amerika zu bieten hatte.

Die Botschaft, für die Schwarzeneggers Lebensgeschichte steht und die er selbst unzählige Male verkündet hat, lautet: Amerika macht dich nicht automatisch (erfolg)reich. Aber Amerika gibt dir die Chance, Reichtum und Anerkennung zu erwerben, wenn du klug bist, hart arbeitest und an dich selbst glaubst – auch wenn es am Anfang niemand sonst tut. Er musste sich selbst als Action-Held verkaufen, wie Schwarzenegger einmal der Zeitung *USA Today* erzählte, »als jeder noch zu mir sagte, ›Hey, du heißt Schwarzenschnitzel oder so ähnlich, du hast einen schrecklichen Akzent, und du hast diesen abnorm aufgepumpten Körper. Mit so einer Mischung kann niemand Erfolg haben.‹ Aber ich habe es geschafft.«

Derselben Botschaft folgte schon der Chinese Tun Funn Hom, als er 1936 als Teenager mit gefälschten Papieren und ohne Schulabschluss nach New York kam, um seinem Vater mit dessen Wäscherei in der Bronx zu helfen. Heute ist Hom stolz auf seine drei Kinder, die alle auf dem College waren und Ärzte oder Designer geworden sind – und auf sechs multi-ethnische Enkel. Seine Lebensgeschichte erzählt er auf einem Video, das im New Yorker Museum of Chinese in America zu sehen ist.

Annie Moore, Arnold Schwarzenegger und Tun Funn Hom stehen für eine Variante der Einwanderung, wie sie noch bis vor kurzem typisch war: Wer nach Amerika kam, der blieb. Das gibt es natürlich auch weiterhin. Man wird *Irish-American, German-American* oder *Chinese-American*. Spätestens wenn man Kinder hat, wird Englisch zur Familiensprache. Die erste Generation baut eine Existenz auf, aus der die nachfolgenden mit besseren Bildungs- und Berufschancen hervorgehen. Doch dieses Modell des *American Dream* hat im Zeitalter der Globalisierung Konkurrenz bekommen.

Crossing Cultures: **Expats und andere Migranten**

»2010 werden mehr als 200 Millionen Menschen im Ausland leben, fast 43 Millionen davon in den USA.« (Aus der multinationalen Website »Just Landed«, einem Dienstleister für Expatriates, 2009)

Als unser ältester Sohn 2006 in die städtische Community-Park-Grundschule in Princeton kam, waren 16 Kinder in seiner Klasse. Sie stammten aus neun Nationen. Nur vier von ihnen waren Amerikaner mit bereits in den USA geborenen Eltern. Einige waren in Amerika geboren (und damit auch amerikanische Staatsbürger), andere erst mit ihren Eltern eingewandert. Bei manchen stand bereits fest, dass sie mit ihren Familien das Land in einem oder zwei Jahren wieder verlassen würden. In der Eingangshalle hing ein von Erstklässlern gemaltes Plakat mit der Aufschrift »Guten Morgen« in einem Dutzend verschiedener Sprachen. Die erste gemeinsame Schulpflicht jeden Morgen bestand darin, vor dem Sternenbanner der Vereinigten Staaten den Fahneneid zu leisten.

Da wir gerade erst in die USA gezogen waren, konnte unser Sohn kaum Englisch. Er nahm sofort am normalen Unterricht teil, hatte aber gemeinsam mit drei anderen Neuankömmlingen jeden Tag zusätzlich eine halbe ESL-Stunde – kurz für »Englisch als Zweitsprache«. Nach wenigen Wochen konnte er in der Schule mitreden. Nach drei Monaten fing er an, unsere Aussprache zu korrigieren. Vom ersten Tag an stand aber für ihn wie für alle anderen Kinder noch eine zweite Sprache auf dem Lehrplan: Spanisch. Auch Informationsbroschüren und Einladungen zum Schulpicknick sind zweisprachig verfasst – Englisch auf der einen, Spanisch auf der anderen Seite.

Die jahrhundertealte Erfahrung der USA mit Einwanderern aus aller Welt zeigt sich zuerst an den Schulen. Sie sind auf dem Gebiet der Integration besonders gefordert. Heute müssen sie mit zwei Trends zurechtkommen, die auch die Gesellschaft insgesamt vor große Herausforderungen stellen: Das ist erstens die Einwanderung auf Zeit, denn für einen großen Teil der Neuankömmlinge sind die USA nur noch *eine* Station ihrer Lebensplanung. Zweitens verweigert zum ersten Mal eine Zuwanderergruppe in relevanter Größenordnung ihre Assimilation durch das Englische: Die USA werden zweisprachig.

Auch in der Community-Park-Schule treffen diese Einwanderergruppen aufeinander, die in sehr unterschiedlichen Welten leben. Auf der einen Seite sind da die Familien von Wissenschaftlern, Managern und Facharbeitern, die von Universitäten und Kliniken angeworben oder von Unternehmen entsandt worden sind. Sie kommen meist aus Industrie- oder Schwellenländern und haben gute Sprachkenntnisse, aber keine besondere Bindung an die USA. Johannas Vater arbeitet für einen internationalen Pharmakonzern, ihre Mutter für die amerikanische Tochterfirma einer deutschen Versicherung. Sobald es der Beruf erfordert, werden sie mit ihren Kindern wieder nach Deutschland oder auch in ein ganz anderes Land ziehen. Rimas Vater hatte als Biologe einen Postdoc-Vertrag an der Universität, der zwei Jahre nach Rimas Einschulung auslief. Die Familie ist inzwischen nach Tokio zurückgekehrt; Rimas Mutter, die in den USA nicht arbeiten durfte, sucht wieder eine Stelle als Lehrerin. Solche Expatriates, kurz Expats, sind im Grunde nur auf der Durchreise. Sie fügen sich ein, soweit das erforderlich und angenehm ist, haben aber wenig Interesse an der US-Staatsbürgerschaft oder einer weitreichenden Integration in die amerikanische Gesellschaft. Auf der anderen Seite findet man die Migranten aus weniger privilegierten Verhältnissen: Flüchtlinge aus Burma oder Eritrea, denen die USA Zuflucht bieten. Menschen aus allen Krisengebieten der Welt, die sich im Zweifelsfall selbst von einer illegalen Existenz in Amerika mehr Sicherheit erhoffen als vom Leben in ihrer Heimat. Männer und Frauen vor allem aus Mexiko, El Salvador, Guatemala und anderen lateinamerikanischen Ländern, die einen besseren Lebensstandard für sich und ihre Familien anstreben.

Zwischen dieser Migrantengruppe und der weißen Mittelklasse sind soziale Kontakte seltener als Arbeitsverhältnisse. Gärtner aus Guatemala mähen in den Suburbs den Rasen, *maids* aus Mexiko putzen dort die Häuser. *Nannies* aus Lateinamerika, aus Jamaika oder von den Philippinen hüten die Kinder der weißen Doppelverdiener. Das sind Stereotype, aber auch ökonomische Realitäten. So wird in dem von Barbara Ehrenreich 2002 herausgegebenen Reportageband *Global Woman: Nannies, Maids, and Sex Workers in the New Economy* geschildert, in welchem Ausmaß gerade in den USA die Berufskarriere bürgerlicher weißer Frauen heute von der Lohnarbeit (nicht selten auch Schwarzarbeit) solcher Migranten abhängt. Auch in meinem Bekanntenkreis ist kaum eine Familie, die ganz ohne *domestic help* auskommt – egal ob es sich um Amerikaner oder um Expats handelt. Rachel und Ryan, zwei selbstständige Anwälte, haben für ihre drei Söhne gezielt eine Kinderfrau aus Guatemala eingestellt, die kaum Englisch spricht: Die Jungen sollen zweisprachig aufwachsen.

Wie viele Expats und wie viele sogenannte Wirtschaftsmigranten in den USA leben, wird nicht getrennt erfasst. Doch zusammen stehen die »internationalen Migranten« inzwischen laut Statistik der Vereinten Nationen für 13,5 Prozent der US-Bevölkerung. Zählt man die gut 560 000 Flüchtlinge mit, sind es fast 15 Prozent. Das ist im historischen Vergleich nicht einmal besonders viel. Dennoch ist die Einwanderung in den USA auch heute wieder heftig umstritten. Dabei dreht sich die Diskussion in erster Linie um die Einwanderung aus Lateinamerika.

Das liegt vorrangig an den *Hispanic communities*, Parallelgesellschaften mit eigener Sprache und Kultur, so dass weder Neueinwanderer noch die zweite Generation der Migranten die englische Sprache lernen müssen. Mobilfunk und Internet machen es den Ausgewanderten von heute zudem viel leichter, auch im Alltag mit Angehörigen in der alten Heimat und mit ihrer Kultur verbunden zu bleiben.

Die Sonderstellung der spanischen Sprache und Abstammung ist auch historisch legitimiert: Die spanische Besiedlung späteren US-Territoriums begann deutlich früher als die englische. St. Augustine in Florida besteht seit 1565 und ist damit die älteste von Europäern gegründete Stadt Nordamerikas. Auch im Südwesten der heutigen USA entstanden schon im 16. Jahrhundert spanische Siedlungen. Seitdem hat es dort immer spanischsprachige Orte gegeben. In den Vereinigten Staaten existieren deshalb zwei offizielle ethnische Identitäten, zwischen denen Amerikaner aller Hautfarben wählen können: Man ist entweder *non-Hispanic* oder *Hispanic* beziehungsweise – mit dem im Westen der USA gebräuchlicheren Terminus – *Latino*. Staat und Privatwirtschaft haben sich der neuen Realität längst angepasst: Wenn Sie eine Behörde oder Ihren Stromversorger anrufen, werden Sie im Telefonmenü als erstes aufgefordert, die Sprache zu wählen: »To continue in English, press one. Para Español, marque dos.« Nicht wenige Angloamerikaner hegen deshalb ähnliche Befürchtungen, wie sie Ben Franklin im 18. Jahrhundert mit Blick auf die deutschen Einwanderer formulierte.

Problematisch wird die Einwanderung aus Lateinamerika aber vor allem dadurch, dass sie zu einem besonders hohen Anteil illegal ist. Acht von zehn illegalen Einwanderern in den USA stammen aus dem Kontinent im Süden, heißt es beim Pew Hispanic Center in Washington, D.C. Die mehr als 3000 Kilometer lange Landgrenze zwischen den USA und Mexiko wird zwar zunehmend scharf bewacht und mit Sperrzäunen gesichert, ist aber dennoch durchlässig. Die höchsten Zuwachsraten hatten zuletzt Einzelstaaten wie Arizona und North Carolina, wo zuvor kaum Ausländer lebten. Entsprechend hat die illegale Einwanderung an manchen Orten ein Ausmaß erreicht, das die Schulen und das Gesundheitssystem ebenso überfordert wie die Toleranz der angestammten Bevölkerung.

Mag den USA auch ein soziales Netz europäischer Prägung fremd sein: Viele städtische Krankenhäuser übernehmen die medizinische Versorgung von Einwanderern, selbst wenn diese weder Visum noch Geld haben. Das Hennepin County Medical Center zum Beispiel, eine Klinik im Stadtzentrum von Minneapolis, gibt jedes Jahr allein drei Millionen Dollar für Dolmetscher aus, um sich mit seinen Patienten verschiedenster Herkunft verständigen zu können. Gefragt wird aber nur nach medizinischen Problemen und nicht nach den Einwanderungspapieren. Die staatlichen Schulen sind verpflichtet, alle Kinder mit Wohnsitz in ihren Bezirken aufzunehmen. Das gilt unabhängig davon, ob deren Familien dort legal oder illegal leben.

Wie man das Problem der illegalen Einwanderung lösen könnte, wird seit Jahrzehnten diskutiert. Die einen setzen auf Amnestie, um eine Integration möglich zu machen. Die anderen sehen darin geradezu eine Einladung für neue »Illegale« und fordern stattdessen mehr Kontrollen und Abschiebungen. Amnestien hat es bereits mehrfach gegeben, die bislang größte 1986, als ein Reformgesetz fast drei Millionen »illegals« zu rechtmäßigen Einwohnern beförderte. Gleichzeitig stellte es erstmals die Beschäftigung illegaler Einwanderer unter Strafe. Doch wem man die Amnestie verweigerte, der verließ die USA in der Regel trotzdem nicht, und auch die erhoffte Abschreckung nach außen blieb aus. Heute zählt man jedes Jahr mehr als eine Million legale Neueinwanderer, aber mindestens weitere 500 000 kommen ohne Papiere ins Land. Insgesamt leben laut Pew Hispanic Center knapp zwölf Millionen Menschen, davon drei Viertel aus Lateinamerika, illegal in den USA. In den letzten Jahren hatten nur noch 15 von 100 mexikanischen Neueinwanderern ein gültiges Visum. Noch komplizierter wird die Situation dadurch, dass mittlerweile fast drei Viertel aller Kinder illegaler Einwanderer in den USA geboren wurden und damit US-Staatsbürger sind.

Eine Reform der Einwanderungsgesetze steht deshalb auf Präsident Obamas politischer To-do-Liste. Doch ob sich das Parlament in dieser heiklen Frage in absehbarer Zeit einig wird, gilt als fraglich. Zunächst hat die Bundesregierung die Arbeitgeber unter Druck gesetzt, um wenigstens die Beschäftigung illegaler Einwanderer einzudämmen: Die Unternehmen wurden aufgefordert, Arbeiter ohne gültige Papiere aufzuspüren und fristlos zu entlassen. Als aber die Bekleidungsfirma American Apparel in Los Angeles im September 2009 daraufhin 1800 illegale Näher und Bürokräfte feuerte, kritisierte Bürgermeister Antonio Villaraigosa diese Strategie als »verheerend«. Denn dass die Entlassenen in ihre Heimat zurückkehren, glaubt in Los Angeles niemand. Nur müssten sie – statt einer gut bezahlten Stelle und einer Krankenversicherung bei einem guten Arbeitgeber – nun wohl einen schlecht bezahlten Job in einem der vielen Betriebe annehmen, die weniger Skrupel haben als American Apparel.

Während der Bund zaudert, nehmen einzelne Staaten die Sache selbst in die Hand. So trat 1994 in Kalifornien nach Volksentscheid ein Gesetz in Kraft, das illegale Einwanderer von staatlichen Leistungen wie Gesundheitsfürsorge und öffentlichen Schulen ausschloss. Proposition 187 wurde zwar wenig später vor Gericht gekippt, doch verstärkte US-Präsident Clinton daraufhin den Grenzschutz in Südkalifornien. Damit hatte man das Problem des illegalen Grenzverkehrs allerdings nicht gelöst, sondern nach Osten abgedrängt, so dass sich nunmehr vorrangig Arizona damit herumschlagen muss. Dort hat die republikanische Senatorin Jan Brewer im April 2010 das derzeit härteste Gesetz gegen illegale Einwanderung unterschrieben. Es gibt Polizei und Behörden das Recht, Immigranten auf Verdacht hin zu überprüfen und jeden zu verhaften, der keine Papiere bei sich trägt. Kritiker werfen den Gesetzgebern in Phoenix vor, damit einer rassistischen Rasterfahndung Vorschub zu leisten. Befürworter der verschärften Regelung verweisen auf die zunehmene Gewalt im Grenzgebiet infolge der Drogenkriege in Mexiko – und auf Schätzungen, wonach in Arizona mit seinen insgesamt nur 6,6 Millionen Einwohnern bereits gut 450 000 illegale Einwanderer leben.

Die Diskussion über die richtige Einwanderungspolitik wird den USA erhalten bleiben. Denn auch eine Zukunft ohne Einwanderung ist hier kaum denkbar. Doch schon jetzt steht Amerika an einem Wendepunkt. Drei Jahrhunderte lang waren die USA ein Land mit weißer Mehrheit, einer großen und vielen kleinen farbigen Minderheiten. In wenigen Jahren aber dreht sich das Verhältnis um: Amerika wird *minority majority*.

Schwarz-Weiß ist passé: Amerikas Demographie

»Schwarz, weiß, asiatisch, japanisch – für sie ist das kein Problem, für sie ist das cool.« (Die Schriftstellerin und Princeton-Professorin Toni Morrison über ihre Studenten, 2009)

In seiner Bevölkerungsstatistik definiert das US-Zensusbüro all jene Gruppen als Minderheiten, die nicht zur Kategorie der »single-race, non-Hispanic whites« zählen. Zur Zeit gehört demnach gut ein Drittel der Amerikaner einer Minderheit an. 2050 wird das bereits für mehr als die Hälfte der US-Bevölkerung gelten. Die am schnellsten wachsende Gruppe der Hispanics wird dann laut Prognosen 30 Prozent der Bevölkerung stellen. Fast ebenso schnell – wenn auch von niedrigerem Ausgangsniveau – wächst die asiatische Minderheit. Ihr Anteil soll sich bis 2050 auf gut neun Prozent verdoppeln. Der Anteil der Afroamerikaner wird leicht von 14 auf 15 Prozent ansteigen; der Anteil der nicht-hispanischen Weißen schrumpft von 66 auf 46 Prozent. Die ebenfalls offiziell als Minderheiten gezählten Ureinwohner Nordamerikas und der Pazifischen Inseln stellen zusammen nur knapp zwei Prozent der US-Bevölkerung; in der Diskussion um die Folgen der demographischen Entwicklung spielen sie kaum eine Rolle.

»The End of White America«, dieser symbolisch hoch aufgeladene Wechsel, steht der Nation laut Zensusbehörde spätestens 2042 bevor. Im Südwesten ist das schon geschehen: Als erster Festlandsstaat der USA wurde Kalifornien 1999 *minority majority* – also ein Staat, in dem der Bevölkerungsanteil der nicht-hispanischen Weißen auf weniger als die Hälfte abgesunken ist. Zuvor hatte dies nur für zwei Sonderfälle, die Hawaii-Inseln und den District of Columbia um die Hauptstadt Washington, gegolten. Mittlerweile sind auch Texas und New Mexiko *minority majority states*. In fünf weiteren Staaten (Maryland, Mississippi, Georgia, New York and Arizona) steht der Wechsel kurz bevor.

So weit die Zahlen. Was sie bedeuten, ist weniger leicht zu sagen. Die Reaktionen in den USA reichen von Weltuntergangsstimmung bei der rassistischen Randgruppe der *White Supre-*

macists bis zum Jubel idealistischer *liberals* über ein neues *post-racial age*, in dem das Weiß-Sein endlich nicht mehr das Maß aller Dinge sei. Doch was heißt eigentlich »Mehrheit der Minderheiten«? Dass in der amerikanischen Demokratie künftig die (größte) weiße Minderheit stets von einer geschlossenen Front der übrigen Minderheiten überstimmt wird? Wohl kaum. Dafür sind die Unterschiede zwischen den einzelnen Minderheiten viel zu groß.

Ein paar Kilometer östlich von Princeton liegt ein Ort namens Plainsboro. »Unser Little India«, sagt Ben, ein Arzt am hiesigen Krankenhaus. Viele seiner Kollegen sind *Indian-Americans* und wohnen dort. Von einem wohlhabenden weißen Suburb ist der Ort nicht zu unterscheiden – bis hin zum penibel gemähten Rasen im Vorgarten und den SUVs vor den Garagen. An einem alten Farmhaus, einem Relikt aus Plainsboros ländlicher Vergangenheit, prangt ein Schild in Pastelltönen: »The Tooth Fairy – Family Dentist«; die Zahnärzte sind zwei Einwanderer aus Indien und Iran. 17 Prozent der gut 20 000 Einwohner von Plainsboro gaben bei der letzten Volkszählung an, indischer Abstammung zu sein. Das ist US-weit der zweithöchste Wert für Gemeinden dieser Größenordnung. Weitere 13 Prozent der Bevölkerung stammen aus anderen asiatischen Ländern. Das durchschnittliche Haushaltseinkommen liegt mit 83 000 Dollar pro Jahr weit über dem nationalen Durchschnitt.

Mögen die Amerikaner asiatischer Abstammung insgesamt eine noch relativ kleine Minderheit bilden: An den Hochschulen, in Forschungslabors und Kliniken oder in der Hightech-Industrie könnte man das Gegenteil glauben. In puncto Bildung und Verdienst haben sie inzwischen alle anderen überflügelt, auch die weiße Mehrheit. Jeder zweite *Asian-American* über 25 hat einen College-Abschluss. Bei den *non-Hispanic whites* ist es nicht einmal jeder dritte. Auch das Durchschnittseinkommen der asiatischen Haushalte lag 2006 mit 64 200 Dollar deutlich über dem der Weißen (50 700 Dollar). Bei Bewerbungen für Amerikas Eliteuniversitäten sind asiatische Studenten dermaßen erfolgreich, dass ihnen der Status einer förderungswürdigen Minderheit dort nicht mehr zugestanden wird. Eher denkt man stillschweigend über Mittel und Wege nach, ihren Anteil nicht noch größer werden zu lassen.

Keine 15 Kilometer weiter südlich liegt Trenton, die Hauptstadt New Jerseys. An die Schlacht von Trenton, in der George Washington den ersten Sieg gegen die englische Kolonialmacht errang, erinnert noch das Old Barracks Museum, an Trentons Geschichte als Industriestadt nur noch die Aufschrift auf einer Brücke, die über den Delaware River nach Pennsylvania führt: »Trenton Makes, the World Takes«. Heute fühlt man sich eher wie auf einer Reise in die Dritte Welt, wenn man durch Trentons Innenstadtviertel fährt. Von den ärmlichen Häusern blättert die Farbe. Auf den Stufen und Veranden davor sitzen junge Männer mit Kapuzenjacken, überweiten Jeans und offenen Sneakers – gelangweilt rauchend. Die Läden an den Straßenecken haben engmaschig vergitterte Fenster.

Am Muttertag des Jahres 2008 verbrannte hier die zehnjährige Qua'Daishia Hopkins, als ein Molotow-Cocktail in ihr Elternhaus geworfen wurde. Ihre Mutter hatte vorher gegen ein führendes Mitglied der Bloods-Gang ausgesagt, das nebenan ein Crack-Haus betrieb. Rivalisierende Gangs sind längst nicht mehr nur in Metropolen wie Los Angeles und Chicago aktiv. Sie terrorisieren auch kleinere Städte wie Trenton. Die Weißen sind aus der Innenstadt in die Suburbs geflüchtet. Mehr als die Hälfte der knapp 87 000 Trentonians sind Schwarze, gut ein Fünftel sind *Hispanics*. Jeder Fünfte lebt hier unterhalb der Armutsgrenze.

»Was Amerika von Europa deutlich unterscheidet, ist die Existenz einer ethnisch deutlich abgegrenzten Unterschicht«, schrieb Peter Baldwin, Historiker an der Universität von Kalifornien in Los Angeles, im Juni 2009 auf *Spiegel Online*. »Während andere Neuankömmlinge oder Außenseiter erfolgreich assimiliert wurden, hallt das Echo der Sklaverei bis heute in den Ghettos der schwarzen Bevölkerung wider.« Die Kluft zwischen dem schwarzen und dem weißen Amerika tut sich an vielen Stellen auf. Die Säuglingssterblichkeitsrate liegt bei Schwarzen mehr als doppelt so hoch wie bei Weißen. Afroamerikaner sind im Schnitt häufiger krank und übergewichtig. Sie sterben früher als Weiße. Schwarze Haushalte haben nur zwei Drittel des Jahreseinkommens, das durchschnittlichen weißen Haushalten zur Verfügung steht. Und statistisch gesehen hat ein afroamerikanischer männlicher Jugendlicher heute eine größere Chance, im Gefängnis zu landen, als einen Bachelor-Abschluss zu machen. Darüber hinaus belastet offener oder versteckter Rassismus das Verhältnis zwischen schwarzen und weißen Amerikanern, und immer wieder wird in der Politik, in der Arbeitswelt und im Alltag ein gegenseitiges Misstrauen sichtbar.

David Simon hat diese Verhältnisse in seinem mehrfach ausgezeichneten Fernsehepos »The Wire« dargestellt. Die Serie wurde von 2002 bis 2008 ausgestrahlt. Gezeigt wird der Kampf einer Sondereinheit der Polizei in Baltimore, der größten Stadt von Maryland, gegen Drogenhandel und Korruption. Ohne Sentimentalität, aber mit großer Sympathie für seine Figuren, beschreibt Simon den Niedergang von Werftindustrie und Arbeiterklasse, seziert das Geflecht aus Armut, Ausbeutung und Gewalt, an dem alle Institutionen versagen – Politik, Schulen, Polizei. Hoffnung gibt es hier nur im Einzelfall: So schafft es mit Bubbles immerhin eine der Hauptfiguren, der Drogenhölle aus eigener Kraft zu entkommen. Doch einfache Lösungen gibt es nicht. »Wir sind eine Gesellschaft ohne den Willen, ihre eigenen Probleme ernsthaft unter die Lupe zu nehmen«, schrieb Simon nach der letzten Folge an sein Publikum. »Wir lassen uns gern provozieren und erregen, aber wir widersetzen uns einer harten, schmerzhaften Analyse von Sachverhalten, die uns am Ende dazu bringen könnte, unsere Probleme zu erkennen – was der entscheidende erste Schritt wäre, um auch nur eines davon zu lösen.«

Diese Probleme könnten durch die illegale Einwanderung der letzten Jahre noch größer werden. Lange ging man davon aus, dass sich alle Neueinwanderer spätestens in der dritten Generation hin zu einer Mittelklasse-Existenz orientierten und damit als assimiliert gelten könnten. Heute gibt es aber nach Ansicht von Sozialwissenschaftlern auch eine Anpassung nach unten, an die Normalität der sozialen Randexistenz in Amerikas Innenstädten. Dies gilt vor allem für die Kinder illegaler Einwanderer, wie eine soziologische Studie ergab: Sie haben schon deshalb ungünstige Startbedingungen, weil sie in einer rechtlichen Grauzone und meist auch in Armut aufwachsen. Zehn Jahre lang haben die Autoren der Studie die Entwicklung von mehr als 5000 Jugendlichen aus Immigrantenfamilien in Großstadtregionen Kaliforniens und Floridas verfolgt. »Amerikanisierung kann die Gesundheit gefährden«, fasst Ruben Rumbaut, einer der Autoren von der University of California, lakonisch zusammen.

Wieder andere befürchten, »dass in einem Amerika der vielen Rassen die Schwarzen einfach immer weiter nach unten gedrückt werden«, wie die Journalistin Farai Chideya 1999 im *Civil Rights Journal* schrieb. Dabei sei es nicht gerade hilfreich, dass sich Amerikas Minderheiten mit der Zusammenarbeit so schwer tun: »In so unterschiedlichen Städten wie New York, Washington, Houston, Chicago, Los Angeles und Oakland gab es Konflikte zwischen Latinos und Schwarzen, oder Schwarzen und Asiaten, oder allen drei Gruppen auf einmal.«

Düstere Aussichten also für Amerikas Zukunft? Nicht unbedingt, oder wenigstens nicht nur. Viele Amerikaner sehen auch eine große Chance darin, dass die Weißen bald nur noch eine von vielen Minderheiten sein werden. In einer Demokratie ohne dominante Mehrheit könnte auch das Ziel einer toleranten Gesellschaft näher rücken. Die USA wären dann eine multikulturelle »Salatschüssel«, in der sich verschiedene Zutaten zu einem großen Ganzen mischen, ohne dabei zum Einheitsbrei verrührt zu werden.

Auf dieses Ziel arbeiten inzwischen die meisten Institutionen hin. Schon in den Schulen wird *diversity* praktiziert: Man respektiert und feiert die Vielfalt der amerikanischen Bevölkerung. Systematisch werden die Kinder mit den verschiedenen Kulturen und Religionen vertraut gemacht; auf den Black History Month folgt eine Unterrichtseinheit über Indianer in Nordamerika, und am Columbus Day wird der Beitrag der Italo-Amerikaner gewürdigt – schließlich war Christoph Columbus Italiener.

Auch in Universitäten, Behörden und Unternehmen ist diese Zivilreligion mittlerweile fest etabliert. Keine Firma, die etwas auf sich hält, und keine namhafte Institution, die nicht längst *diversity*-Beauftragte oder entsprechende Beiräte eingesetzt hätte.

Womöglich ist aber auch *diversity* im Zeitalter der Globalisierung schon wieder fast von gestern. Denn in den USA fällt es oft schwer, die Grenzen zwischen den Rassen und Ethnien überhaupt noch zu erkennen. Bei jedem Spaziergang durch die Straßen von New York, Seattle oder Houston springt einem geradezu ins Auge, was der Schriftsteller Michael Lind »the beiging of America« genannt hat: die zunehmende Verschmelzung der Bevölkerungsgruppen durch Mischehen und multi-ethnische Familien. Diese Realität hat sich inzwischen auch offiziell durchgesetzt. Noch bis vor wenigen Jahren wurden Kinder aus Mischehen grundsätzlich der Rasse ihres nicht-weißen Elternteils zugeordnet. Seit Kurzem können die Amerikaner nun aber selbst wählen, welcher Rasse, oder auch: ob sie verschiedenen Rassen angehören: In der Volkszählung 2000 konnte man erstmals die Rubrik »of two or more races« ankreuzen. Das taten insgesamt 6,8 Millionen US-Bürger. Damit stehen sie zwar nur für knapp zweieinhalb Prozent der Gesamtbevölkerung. Zugleich sind sie jedoch die Minderheit mit der größten Wachstumsrate: Ihre Zahl soll sich bis 2050 mehr als verdreifachen.

In der Mainstream-Kultur hat die ethnien- und rassenübergreifende Zukunft schon begonnen. Das gilt vor allem für die Warenwelt. Werbeagenturen suchen nicht mehr bevorzugt blonde, blauäugige Models für ihre Kampagnen. Sie bevorzugen den dunkleren Typ – am liebsten »ethnically ambiguous«, ethnisch nicht eindeutig zuzuordnen. Auf den Schulranzen amerikanischer Kinder macht Dora the Explorer, eine siebenjährige, zweisprachige Zeichentrick-Latina, der langbeinigen Barbie Konkurrenz. Und im Disney-Film »Die Prinzessin und der Frosch« von 2009 stand nicht nur erstmals eine schwarze Prinzessin im Mittelpunkt, sondern auch ein Prinz mit hispanisch anmutendem Äußeren, der Stimme eines brasilianischen Schauspielers und dem indisch klingenden Namen Naveen.

Die Kulturszene der Großstädte schätzt insbesondere den ironisch-provokativen Umgang mit Rassen, Ethnien und den damit verknüpften Stereotypen. So überschreitet und transformiert der schwarze Rapper Sean Combs Rassen- und Klassenschranken, indem er New Yorks High Society alljährlich zu »White Parties«, bei denen weiße Kleidung obligatorisch ist, einlädt – meist in den Hamptons, einem traditionellen Refugium der weißen Oberschicht. Am Ort von F. Scott Fitzgeralds Roman *Der Große Gatsby* tritt Combs explizit im Stil dieser Romanfigur auf.

In einem ernsten Sinne stelle sich die Rassenfrage für junge Leute heute gar nicht mehr, glaubt die afroamerikanische Schriftstellerin Toni Morrison. »Meine Studenten in Princeton sind gelangweilt, wenn es ums Thema Rassismus geht«, sagte die emeritierte Professorin und Literaturnobelpreisträgerin kürzlich in einem Interview. »Sie wissen nicht, wovon ich rede, es ist nicht Teil ihrer Lebenswelt, die aus Musik, Sport, Filmen besteht. Und auch ihre Intelligenz rät ihnen: Stopp, in diese Richtung gehen wir nicht. Das ist eine Sackgasse. Die traditionelle Weise, darüber zu denken, hat sich erledigt. Schwarz, weiß, asiatisch, japanisch – für sie ist das kein Problem, für sie ist das cool.«

Selbst im tiefen Süden der USA mit seiner langen Geschichte der Sklaverei und Rassentrennung ist das zu spüren. In ländlichen Gegenden ist es dort noch immer üblich, dass schwarze und weiße Highschool-Absolventen nach Jahren gemeinsamen Lernens getrennte *proms* feiern. Als der afroamerikanische Schauspieler Morgan Freeman jedoch anbot, der Charlston Highschool in seinem Heimatstaat Mississippi die erste gemeinsame Abschlussfeier ihrer Geschichte zu spendieren, waren alle Schüler sofort dafür. Nur aus einer einzigen Ecke kam noch Protest: Von einer Gruppe weißer Eltern.

Leon E. Wynter, ehemaliger Kolumnist des *Wall Street Journal*, hält die US-Gesellschaft schon heute für »transracial«: »Die neue, wahre amerikanische Identität ist rassenübergreifend. Sie wird durch gemeinsame Kultur- und Konsumgewohnheiten geprägt und nicht durch Hautfarbe oder Ethnie«, argumentiert er in seinem 2002 erschienenen Buch *American Skin: Pop Culture, Big Business and the End of White America*. Für ihn ist diese Neudefinition des Amerikanischen nicht aus multikulturellen Idealen oder Integrationsprogrammen geboren, sondern aus einem »amerikanischen Urinstinkt«: dem Streben nach Profit. Der Schmelztiegel, in dem sich schon so viele europäische Identitäten aufgelöst hätten, blubbert wieder, behauptet Wynter – befeuert von *big business* und der grenzenlosen Konsumfreude der US-Verbraucher.

Wollte sich ein Autor einen Romanhelden ausdenken, der dieses »neue Amerika« repräsentiert – er hätte ihn nicht besser erfinden können als den Mann, den dieses neue Amerika zu seinem 44. Präsidenten gewählt hat. Barack Obama ist ein Schwarzer, aber kein Afroamerikaner. Wie er in seiner Autobiographie *Ein amerikanischer Traum* schreibt, ist er der Sohn eines Kenianers »schwarz wie Pech« und einer Amerikanerin »weiß wie

Milch« – aus Kansas, dem Herzen der USA. Er ist in Indonesien und auf Hawaii aufgewachsen, dem einzigen US-Staat mit asiatischer Bevölkerungsmehrheit. Sein Vater war Muslim – und ein Expat, der mit Stipendium in den USA studierte und später in seine Heimat zurückkehrte. Barack Obamas Frau Michelle ist Afroamerikanerin. Sie ist in Chicagos South-Side-Ghetto aufgewachsen, und ihre Familie hat Wurzeln im amerikanischen Süden. Zwei ihrer Vorfahren waren schwarze Sklaven. Ein anderer war ein weißer Sklavenhalter.

Zum ersten Mal ist Amerikas *First Family* Teil eines großen Clans mit Wurzeln in Afrika, Amerika, Asien und Europa. In ihm sind alle Hautfarben und viele Religionen der Welt vertreten. Wie eine UNO-Generalversammlung sehe seine Verwandtschaft aus, schreibt Barack Obama. Seine Lebensgeschichte ist eine Erfolgsstory, aber auch ein Dokument der schwierigen Suche nach seiner Stellung als Schwarzer in der amerikanischen Gesellschaft. Und doch lässt Obama keinen Zweifel daran, dass man sie als Variante eines alten Traums lesen soll. Sein zweites Buch, *Hoffnung wagen,* hat den Untertitel: Gedanken über eine Rückbesinnung auf den *American Dream.* Auf der Glaubwürdigkeit seines Lebenswegs bauen die Hoffnungen auf ein anderes Amerika, die Barack Obama ins Weiße Haus gebracht haben.

»There is not a liberal and a conservative America, there is not a black America and a white America and Latino America and Asian America«, rief er als Redner auf der demokratischen Parteiversammlung des Jahres 2004 seinen Landsleuten zu: »There's the United States of America.« Talkmaster Larry King fragte ihn später in einem Interview, was ihn bei dieser bejubelten Rede bewegt habe. Obamas Antwort lautete: »Die Hoffnung eines spindeldürren Kindes mit einem komischen Namen, dass Amerika auch für ihn einen Platz hat.«

In God We Trust: **Die Religion**

»When it comes to religion, the USA is now land of the freelancers.« (*USA Today,* März 2009)

Zieht man auf der Landkarte von unserem Wohnort aus die kürzeste Linie bis zur Atlantikküste, dann landet man auf einem kleinen Ort namens Ocean Grove. Das klingt hübsch, dachten wir kurz nach unserer Ankunft in Amerika. Ocean Grove sollte deshalb unser erstes Ziel am *Jersey Shore* sein. Es war Sonntagmorgen, und nach einer Stunde Fahrt hatten wir das Städtchen erreicht. Idyllisch und altmodisch-sommerfrisch sah es aus, mit vielen Bäumen, viktorianischen Häuschen und gestreiften Markisen. Auch die Eisdielen und Straßencafés auf der Main Street hatten mit dem *Pizza-Parlour*-Einerlei anderer Badeorte nichts gemein. Es war allerdings verblüffend wenig los. Die meisten Läden hatten zu. Selbst der Strand war bis auf drei, vier Rettungsschwimmer menschenleer.

Kurz darauf wussten wir warum. An der Treppe, die vom *boardwalk,* der klassischen Holzpromenade, zum Strand hinunterführt, saß unter einem blauen Sonnenschirm ein freundlicher alter Herr im blauen T-Shirt. Er ließ uns nicht durch. »In Ocean Grove«, sagte er, »geht man am Sonntagmorgen zur Kirche.« Der Strand werde deshalb sonntags erst um 12.30 Uhr freigegeben. Und tatsächlich: Ab kurz nach Zwölf trudelten die ersten Badegäste ein, ließen sich mit ihren Klappstühlen auf den Holzplanken nieder und warteten. Bald glich der *boardwalk* einem Bahnsteig während der Rush Hour. Pünktlich um 12.30 Uhr strömte die Menge dann Richtung Meer – und im Handumdrehen sah es hier genauso aus wie an jedem anderen Strand an einem sonnigen Sonntagnachmittag.

Ocean Grove ist ein Ort der Religionsausübung. 1869 erwarben Methodisten hier eine Quadratmeile Land und gründeten ein Sommerlager der Erweckungsbewegung. Bald kamen aus der gesamten Mittelatlantik-Region von New York bis Philadelphia evangelikale Christen nach Ocean Grove. Sie übernachteten im Zeltlager, feierten Gottesdienste unter freiem Himmel und teilten ihre Bekehrungserlebnisse. 1894 wurde das Auditorium fertiggestellt, ein imposantes Holzgebäude für bis zu 10 000 Menschen. Bald kannte man den Ort als »Queen of Religious Resorts«. Und noch heute ist er im Besitz der methodistischen Ocean Grove Camp Meeting Association, die für jeweils 99 Jahre Land an private Hausbesitzer und Unternehmen verpachtet.

Gut 100 Jahre lang konnte die Stadt einen Sonderstatus mit eigenen Gesetzen und Institutionen aufrechterhalten. Ocean Grove hatte sein eigenes Gericht und seine eigene Polizei. Sonntags wurden die Zufahrten zu den Häusern mit Ketten abgesperrt, weil keine Autos auf den Straßen fahren durften. Dann entschied New Jerseys Oberstes Berufungsgericht: Die Gründungscharta der Gemeinde ist verfassungswidrig. »In Ocean Grove the church shall be the state and the state shall be the church«, hieß es darin – aber laut Verfassung der USA müssen Kirche und Staat grundsätzlich getrennt sein. So steht es in der *Bill of Rights,* jenen zehn Zusatzartikeln zur Verfassung, von denen der erste seit 1791 die Freiheit der Rede, der Presse und der Religion garantiert. 1981 wurden Polizeibehörden und Gericht in Ocean Grove aufgelöst. Für die Rechtssicherheit ist seitdem die übergeordnete Nachbargemeinde Neptune zuständig. Auch das Sonntagsfahrverbot fiel. Was verboten bleibt, ist der Verkauf und Ausschank alkoholischer Getränke – und das Strandleben am Sonntagmorgen.

Religionsfreiheit bedeutet, dass jeder nach seiner – oder eben auch nach keiner! – Religion leben kann. Für große Teile der späteren USA traf das schon während der Kolonialzeit zu; deshalb haben hier seit jeher besonders viele religiöse Gemeinschaften aus anderen Teilen der Welt Zuflucht gefunden. Zuerst waren dies vor allem protestantische Gruppen, die in Europa verfolgt wurden. Von Anfang an dominierte aber nicht eine Kirche; vielmehr mussten die unterschiedlichsten Glaubensgemeinschaften miteinander oder zumindest nebeneinander leben. Seit den großen Einwanderungswellen des 19. und 20. Jahrhunderts sind in Amerika fast alle Religionen der Welt vertreten. Auch neue Kirchen sind hier entstanden, zum Beispiel die Mormonen und die *Christian Scientists,* die Christliche Wissenschaftskirche – nicht zu verwechseln mit der Scientologen-Sekte. Es gilt die Faustregel: Solange sich die Anhänger einer Kirche oder

Glaubensgemeinschaft im Rahmen der säkularen Gesetze bewegen, werden sie in Ruhe gelassen. Das ging und geht selten ohne Interessenkonflikte, aber auch nie ohne ein Mindestmaß an Kompromissbereitschaft. Gerade im Alltag ist religiöse Toleranz den Amerikanern deshalb in aller Regel heilig.

Ein Resultat dieser Toleranz sind Nischenexistenzen, von denen einzelne die Jahrhunderte überdauert haben. So leben zum Beispiel die Amischen noch immer weitgehend abgeschieden von den »Englischen« in ländlichen Regionen. Es sind die rund 220 000 Nachfahren einer Glaubensgemeinschaft aus Südwestdeutschland und der Schweiz, die im 17. Jahrhundert nach Pennsylvania ausgewandert war. Sie sprechen Pennsylvania-Deutsch und fahren mit Pferdekutschen *(buggys)* statt Autos. Bei der Fahrt durch Lancaster County in Pennsylvania, wo derzeit etwa 25 000 Amische leben, fühlt man sich bisweilen wie auf einer Zeitreise in die Vergangenheit, wenn Frauen mit Hauben und langen Kleidern einen Pferdepflug über das Feld führen oder Männer mit Strohhüten in reiner Handwerksarbeit eine Scheune errichten.

Dass die Amischen moderne Technik ablehnen, stimmt aber nur noch bedingt: Wo technischer Fortschritt der Gemeinschaft nutzt, ist er sogar willkommen. So lehnt man Telefone und Rechner zwar als Privatbesitz ab. Doch Bürocomputer und Telefonhäuschen, die sich mehrere Familien teilen, sind durchaus üblich. Auch der Kontakt der Amischen zur Außenwelt ist zuletzt intensiver geworden, denn gerade die wachsenden Gemeinschaften im Lancaster County sind auf Handel und Tourismus angewiesen. Bislang geht es aber stets um graduelle Anpassungen und nicht darum, die religiös bedingte Eigenart grundsätzlich aufzugeben.

Ein Extrem ganz anderer Art ist Flushing, ein Viertel im New Yorker Stadtbezirk Queens. Hier finden sich auf engstem Raum so viele Kirchen, Moscheen und Tempel wie vielleicht nirgends sonst in den USA. Ein Spaziergang durch Flushing führt an etwa 150 christlichen Kirchen vorbei, außerdem an 30 buddhistischen und sieben Hindu-Tempeln, sechs Synagogen, vier Moscheen, an zwei religiösen Schulstätten der Sikhs, zwei Taoisten-Tempeln und einem Zentrum der Falun-Gong-Sekte. Dass sich die Glaubensstätten hier derart ballen, hat mehrere Gründe: Als

Wohngebiet mit guter Verkehrsanbindung an Manhattan lockte Flushing in der ersten Hälfte des 20. Jahrhunderts viele Einwanderer an. Zugleich war die Einrichtung von Gotteshäusern auch in Wohn- oder Geschäftsgebäuden hier zumindest nicht ausdrücklich verboten – eine Lücke im Bebauungsplan, die viele Glaubensgemeinschaften ausnutzten.

Im amerikanischen Alltag ist die Religion ganz selbstverständlich präsent. So schicken unsere jüdischen Nachbarn ihre Kinder am Wochenende zur *Hebrew School,* weil es in den öffentlichen Schulen keinen Religionsunterricht gibt. Als eine koreanische Freundin die Frauen aus ihrem Bekanntenkreis zu einem Sonntagsfrühstück einlud, sagten mehrere Amerikanerinnen mit dem Hinweis ab, sie gingen sonntags zur Kirche. Man macht aber keine große Sache daraus, und in geselliger Runde wird das Thema Religion sogar gemieden. Auf einer Party erzählte einmal eine Bekannte, die einer evangelikalen Gemeinde angehört, sie wolle ihre Tochter künftig zu Hause unterrichten. Die Schulen, ob staatlich oder privat, vermittelten die falschen Werte, begründete sie ihren Entschluss. Auch widersprächen Teile des Lehrstoffs ihrem Glauben. Sofort entspann sich eine lebhafte Diskussion über die praktischen Vor- und Nachteile des *home schooling.* Die Glaubensfrage wurde aber von niemandem mehr erwähnt.

Diese Diskretion im Privaten heißt allerdings nicht, dass in der Öffentlichkeit nicht oft und heftig über politische Positionen gestritten würde, die religiös motiviert sind. Jeder religiöse Fanatiker darf in den USA laut und ungestraft seine Meinung sagen – solange er niemand anderen daran hindert, dasselbe zu tun. Der Staat hingegen muss in Religionsdingen streng neutral bleiben. Nichts irritiert Amerikaner deshalb mehr als der Vorwurf, ihre Politik sei zu stark von religiösen Einflüssen geprägt. Und das sagen ausgerechnet die Deutschen, deren Staat als Handlanger der großen Kirchen von seinen Bürgern Kirchensteuern kassiert?, fragen sich die Amerikaner verwundert. In den Vereinigten Staaten wäre das undenkbar. Hier sind schon religiöse Symbole im öffentlichen Raum verpönt. Regelmäßig geben die Gerichte Klägern recht, die sich gegen Christbäume in Schulgebäuden oder Abschriften der Zehn Gebote an Rathauswänden wehren. Selbst mitten in der Mojave-Wüste musste auf einem Denkmal für Gefallene des Ersten Weltkriegs zuletzt ein großes Kreuz unter einem Holzverhau verborgen werden. Der *Supreme Court* soll nun klären, ob das Kreuz hier zu Recht als neutrales Symbol für Tod und Aufopferung steht, oder ob es als – unzulässiges – Emblem des christlichen Glaubens entfernt werden muss.

Offizielle Statistiken zur Religionszugehörigkeit werden in den USA nicht geführt. Auch das gehört zur Zurückhaltung des Staates in Glaubensdingen. Verlässliche Zahlen sind deshalb schwer zu bekommen. In Umfragen bezeichnen sich derzeit noch gut drei Viertel aller erwachsenen Amerikaner als Christen. Vor knapp 20 Jahren gaben das noch fast neun von zehn US-Bürgern an. Der Anteil der anderen Religionen hat sich dagegen leicht erhöht; er ist mit vier bis fünf Prozent aber immer noch relativ klein.

Zwei Faktoren haben die religiöse Landkarte zuletzt stark verändert: die Einwanderung – und ein Trend zum Religionswechsel. So hat die katholische Kirche durch Einwanderer aus Lateinamerika seit 1990 im Südwesten und in Florida Millionen Mitglieder dazugewonnen, gleichzeitig aber in anderen Regionen große Teile ihrer alten Klientel eingebüßt. Unter dem Strich verlieren alle traditionellen Konfessionen. Fast jeder zweite erwachsene Amerikaner hat im Laufe seines Lebens mindestens einmal die Religion gewechselt, oft von der Kirche seiner Eltern zu einer modernen evangelikalen Gemeinde. Ein anderer starker Trend führt ganz weg vom Glauben: 15 bis 16 Prozent bezeichnen sich in Umfragen inzwischen als nicht religiös. Das sind doppelt so viele wie noch 1990. Ausgerechnet im puritanischen Neuengland hat sich der Anteil derer, die sich keiner Religion zugehörig fühlen, mit 22 Prozent seit 1990 sogar fast verdreifacht. Dass die Entwicklung in den USA trotzdem nicht mit der Erosion des christlichen Glaubens in vielen europäischen Ländern zu vergleichen ist, liegt auch am Angebot: Auf dem Markt der Religionen haben die Amerikaner einfach die größere Auswahl. Und gerade in den letzten Jahrzehnten waren innovative Glaubens-Unternehmer auf diesem Markt extrem erfolgreich.

Lee McFarland zum Beispiel gibt 1996 seinen gut bezahlten Managerposten beim Software-Riesen Microsoft in Seattle auf, um als evangelikaler Pastor in Surprise, Arizona, eine neue Kirche aufzubauen. Das geistige Rüstzeug dafür stammt aus einem Seminar von Rick Warren, einem modernen Großmeister der evangelikalen Kirchengründung aus Kalifornien. Surprise hat damals 15 000 Einwohner und besteht fast ausschließlich aus Neubau-Wohngebieten. Junge Familien lassen sich dort wegen des guten Jobangebots in der Metropolregion um Phoenix nieder. Tiefe Wurzeln hat hier keiner. Auf das Wort Kirche reagieren die meisten ablehnend, wie McFarland bald feststellt. Die Leute verbinden Kirche mit dem Zwang zu feiner Kleidung, die sie nicht tragen wollen, mit lästigen Spendenaufrufen – und mit Predigten, die mit ihrem Leben nichts zu tun haben.

Im August 1997 verschickt McFarland Tausende Flugblätter, mit denen er zum ersten Gottesdienst einlädt. Seine Kirche nennt er Radiant, die Leuchtende. »Glauben Sie, dass Kirchen langweilig sind, Moralpredigten halten und nur Ihr Geld wollen?«, heißt es darin. »Bei Radiant hören Sie Rockmusik und eine positive, relevante Botschaft. Kommen Sie so, wie Sie sind. Wir wollen nicht Ihr Geld. Ihre Kinder werden begeistert sein!« 147 Neugierige finden sich ein. McFarland trägt ein Hawaiihemd über Jeans und Turnschuhen. Seine Predigt dreht sich darum, wie man ein besseres Verhältnis zu Freunden und Verwandten bekommt. Wenige Monate später kommen bereits 500 Gläubige zu seinen Gottesdiensten. Heute leben fast 100 000 Menschen in Surprise, und McFarland begrüßt an jedem Wochenende 5000 in seiner Kirche. Radiant ist eine *megachurch,* eine moderne Form der Erweckungsbewegung.

An die 2000 solcher Megakirchen mit jeweils mindestens 2000 Gottesdienst-Teilnehmern gibt es mittlerweile in den USA. Die meisten stehen an ähnlichen Orten wie Surprise. Sie haben keinen Kirchturm, keine ehrfurchteinflößenden Portale. Ihre nüchterne Architektur erinnert eher an Konsumtempel als an Gotteshäuser, und ebenso wie Shoppingmalls sind *megachurches* nur mit dem Auto zu erreichen. Drinnen gibt es Gratis-Donuts, Fastfood und Café Latte – bei Radiant sogar als Drive-Through. McFarlands Kirche lockt die Kinder mit Videospielkonsolen. Den Eltern bietet sie Workshops zur Kindererziehung an. Die Schwelle zwischen Alltag und Kirche soll so niedrig wie möglich sein. »McChurches«, Schnellimbisse für Fastfood-Religion, werden die Megakirchen oft genannt. »Der amerikanische Glaube ist auf die amerikanische Kultur gestoßen«, schreibt der Politologe Alan Wolfe in seinem 2003 erschienenen Buch *The Transformation of American Religion,* »und die amerikanische Kultur hat gewonnen.«

Entsprechend tritt das religiöse Angebot auf: Die Predigten sind Lebensberatung im Talkshow-Format, von Lichtorgeln und Popmusik begleitet. Betont wird, ganz in der evangelikalen Tradition, die individuelle Entscheidung für den Glauben. Niemand soll sich durch eine Institution oder ein formales Glaubensbekenntnis bedrängt fühlen. Und inzwischen will McFarland zwar doch das Geld der Gemeindemitglieder. Aber der vorgeschlagene Beitrag von zehn Prozent des eigenen Einkommens ist freiwillig. McFarlands Ziel ist, dass Radiant weiter wächst. Kirchen, die nicht wachsen, erklärte der Pastor einem Reporter des *New York Times Magazine,* »hören die Schreie der Verdammten nicht mehr, die in die Hölle geschickt werden.«

Nicht wenige sehen in der Bewegung der Evangelikalen und in den Megakirchen eine ernsthafte Gefahr für die US-Gesellschaft. Das gilt zumal in Europa, wo man dazu neigt, vor allem die abstoßenden Extreme dieser Form der Religiosität zu beachten: Wenn fanatische christliche Abtreibungsgegner Anschläge auf Kliniken und Ärzte verüben, die Schwangerschaftsabbrüche anbieten. Oder wenn Fernsehprediger gegen Homosexuelle hetzen wie der ehemalige Präsident der National Evangelical Association, Ted Haggard – ein Scheinheiliger, der 2006 zurücktreten musste, weil seine eigene Liaison mit einem homosexuellen Prostituierten aufflog. Solche Geschichten passen nur zu gut zum Klischee von den »bigotten« Amerikanern, die angeblich für religiösen Fundamentalismus besonders anfällig sind.

Vor allem in den 1980er und 1990er Jahren wuchs der Einfluss der sogenannten religiösen Rechten auf Gesellschaft und Politik. Nicht zufällig hat US-Präsident Ronald Reagan seine Rede über die Sowjetunion als »Reich des Bösen« 1983 vor Evangelikalen gehalten, und auch George W. Bush sprach mit seiner Kampfansage an die »Achse des Bösen« – Irak, Iran und Nordkorea – nach dem 11. September 2001 gezielt dieses Publikum an. Die Christian Coalition of America, der politische Dachverband der religiösen Eiferer, verhalf Bush und den Republikanern zweimal zur Macht in Washington. Die Allianz zwischen der Bush-Regierung und der religiösen Rechten ist ein Grund für die Entfremdung zwischen den USA und Europa während dieser Zeit.

Differenzierungen und Grautöne haben im Weltbild evangelikaler Fundamentalisten keinen Platz. Es geht um Gut und Böse, Schwarz oder Weiß, oft buchstäblich um Leben und Tod. Im Kampf gegen das Böse sind alle Mittel recht. Das zeigte sich zuletzt wieder in der Debatte um die Einführung einer allgemeinen Krankenversicherung: Präsident Obama wolle staatliche »Todeskomittees« einrichten, um Alten und Behinderten »lebensunwertes Leben« zu bescheinigen und ihnen die medizinische Versorgung zu verweigern, behaupteten Vertreter der religiösen Rechten. »Das Amerika, das ich kenne und liebe, ist kein Land, in dem meine Eltern oder mein Baby mit Down-Syndrom vor einem von Obamas ›Todeskomitees‹ stehen müssen«, schrieb die ehemalige Kandidatin der Republikaner für das Vizepräsidentenamt, Sarah Palin, auf ihrer Facebook-Seite.

Doch selbst wenn sich in Umfragen bis zu einem Drittel aller erwachsenen US-Bürger als evangelikale oder »wiedergeborene« Christen bezeichnen, heißt das noch nicht, dass sie durch die Bank der religiösen Rechten zuzuordnen sind. Das gilt ganz besonders für die jüngere Generation. Auch sie mag gegen Abtreibung und Homo-Ehe sein, aber die Neigung zum politischen Kreuzzug ist weniger ausgeprägt als bei älteren Evangelikalen. Manche engagieren sich inzwischen eher für Umwelt und Klimaschutz oder im Kampf gegen die Armut. In New York traf ich einmal eine 19-jährige Studentin aus Iowa, die ehrenamtlich bei einer Hilfsorganisation für Flüchtlinge arbeitete. »Christus will, dass ich meine Energie einsetze, um anderen zu helfen – und nicht, um andere zu verteufeln«, sagte sie. An ihrer Tasche steckten zwei Plaketten. Die eine verkündete: »Jesus loves you«. Die andere war ein Souvenir: »Obama 08« auf blau-weiß-rotem Grund.

Im 21. Jahrhundert sind auch die *megachurches* nicht mehr mit den Maßstäben der 1980er und 1990er Jahre zu messen. Sie sind längst nicht mehr nur für weiße, konservative Mittelklasse-Protestanten attraktiv. Die Lakewood Church in Houston, Texas zum Beispiel ist eine rassenübergreifende und multi-ethnische Kirche. Ihre Anhänger sind etwa zu gleichen Teilen Weiße,

Afroamerikaner und Latinos. Mittlerweile hat die bislang größte amerikanische Megakirche in einem ehemaligen Stadion des Basketballteams Houston Rockets ihren Sitz. Ihr führender Pastor Joel Osteen ist ein Medienstar. Jedes Wochenende predigt er vor 40 000 Besuchern. Fernsehen und Internet verbreiten seine Botschaft in aller Welt. Osteen hat mehrere Bücher geschrieben; eines heißt in der deutschen Übersetzung: *Lebe jetzt! Beginnen Sie heute Ihr bestes Leben.* Seine *megachurch* ist ein Konzern im Mega-Business der amerikanischen Popkulturindustrie.

Als Prototyp der modernen Riesenkirchen gilt Willow Creek in South Barrington, einem Vorort von Chicago. 1981 hielt der Kirchengründer, der evangelikale Pastor Bill Hybels, die erste Predigt in seinem neuen Gebäude mit gut 4500 Sitzplätzen. Heute hat Willow Creek mehr als 7000 Plätze und zählt im Schnitt 20 000 Besucher pro Woche. Im Auditorium ist Pastor Hybel auf Videoschirmen bis in den letzten Winkel gut zu sehen. Wenn die Kinder zur Sonntagsschule kommen, legen sie am Eingang ihren Zeigefinger auf einen Computerbildschirm: Einchecken per Fingerabdruck-Scanner. So werden endlose Warteschlangen vermieden, ohne dass die Sicherheit leidet, wie IT-Direktor Mike Gold im Magazin *CIO Inside* erläutert: »Es muss schnell gehen, wenn Sie es mit 3000 Kindern zu tun haben.« Sein Jahresbudget für Technologie in Willow Creek gibt er mit mehr als einer Million Dollar an.

Der jüngste Trend bei den *megachurches* heißt Satellitenbildung. Die Kirchen wachsen weiter, aber niemand kann Gotteshäuser für 100 000 Gläubige bauen. Deshalb werden nun Filialen gegründet. Vorreiter war hier die Seacoast Church aus einem Vorort von Charleston, Georgia. Mittlerweile hat sie mehr als ein Dutzend Ableger. Auch ein Internetcampus zählt dazu. Am Sonntag spielen die Seacoast-Pastoren über Videoleinwände die Predigt ein, die der leitende Pastor am Samstagabend in der Hauptkirche aufgezeichnet hat. Das Beispiel hat längst Schule gemacht. Auch unabhängige Kirchen bilden heute Netzwerke und teilen Ressourcen, um Kosten zu sparen. Wichtig aber ist den Megakirchen, dass sie eigenständig bleiben, überkonfessionell und offen für alle, die mitmachen wollen. »Doing church« statt »going to church«, heißt es hier. Auch das ist in Amerika nichts Neues: Vor allem im Westen zog es schon zu Zeiten der *Frontier* die Massen eher zu einem passionierten Prediger in der freien Prärie als zu dem studierten Theologen auf der Kanzel.

Die Megakirchen wenden sich an ein Publikum, das Großformate in allen Lebensbereichen gewohnt ist: Finanzkonzerne, Vorstadt-Highschools mit mehreren tausend Schülern, gigantische Shoppingmalls. Mit ihrer Technikaffinität und ihrem Netzwerkcharakter sprechen sie die Internetgeneration an. Und während ihre Prediger spirituelle Bedürfnisse bedienen, füllt ihr Dienstleistungsangebot von der Kinderbetreuung bis hin zur Schuldnerberatung jene Lücken, die der Staat heute an so vielen Orten lässt. Als der Hurrikan Katrina 2005 Teile der Golfküste im Südosten der USA verwüstete, nutzte zum Beispiel die Willow-Creek-*megachurch* das Netzwerk ihrer mehr als 11 000 Mitgliedskirchen für schnelle Hilfe. Per E-Mail und Internet-Telefonnetz koordinierte sie den Einsatz von Freiwilligen – und sammelte innerhalb kürzester Zeit Spenden in Höhe von 865 000 Dollar ein.

Ist diese Form der Religion die logische Endstation für den christlichen Glauben in den USA? Wohl kaum. Auch sie ist letztlich wohl nichts anderes als einer dieser ex-urbanen Orte, wo die meisten Megakirchen stehen: Eine Durchgangsstation auf der Suche nach der nächsten, noch besseren Gelegenheit. Darauf deutet schon das Ergebnis einer Umfrage hin, die das Washingtoner Pew Forum on Religion & Public Life Ende 2009 veröffentlicht hat. Demnach mischt sich mindestens jeder vierte Amerikaner seine Religion inzwischen selbst. Dabei ist man auch esoterischen Beigaben nicht abgeneigt. Man beschreibt sich selbst als Protestant, besucht aber ab und zu auch katholische Messen. Gleichzeitig lässt man sich Horoskope erstellen, glaubt an Wiedergeburt oder praktiziert Yoga auf spiritueller Ebene. Wenn es um Religion geht, hieß es im Frühjahr 2009 in *USA Today,* seien die USA heute das Land der freien Mitarbeiter. »Faith in Flux«, nennt es das Pew Forum – der Glaube ist im Fluss.

Steuben Parade: Deutsche in Amerika

»How German is American?« (Schulprojekt des Max-Kade-Instituts an der Universität Wisconsin-Madison, 2005)

»Und wo kommen Sie her?« ist im Einwanderungsland USA *die* Partyfrage. Antwortet man »aus Deutschland«, gibt es fast immer ein Echo – ganz egal, ob es sich um ein Nachbarschaftsfest in einem Washingtoner Vorort handelt, um eine Vernissage in San Francisco oder um eine Firmenparty in Cedar Rapids, Iowa. »Mein Urgroßvater war Deutscher!«, heißt es dann, »Die Familie meines Mannes ist aus Hamburg ausgewandert«, oder auch: »Ich war zwei Jahre in Frankfurt, bei der US-Armee. Ich wollte dahin, weil meine Oma aus Deutschland stammt.«

Keine andere ethnische Gruppe unter den Europäern ist in den USA so zahlreich vertreten wie die *German-Americans*. Davon zeugen schon die vielen lokalen Oktoberfeste – aber auch Ortsnamen wie Stuttgart (Arkansas), New Braunsfeld (Texas), Lennep (Montana) oder New Ulm (Minnesota). Jeder sechste US-Bürger gab beim Zensus 2000 an, deutscher Abstammung zu sein (eine hauptsächlich englische Abstammung nannte nicht einmal jeder Zehnte). In 23 Bundesstaaten von Alaska bis Florida sind die deutschstämmigen Amerikaner die größte Bevölkerungsgruppe.

1683 wird Germantown bei Philadelphia als erste deutsche Siedlung auf späterem US-Gebiet gegründet. Auch in den folgenden Jahren bleibt Pennsylvania neben New York das Hauptziel deutschsprachiger Auswanderer. Daher stammt die Bezeichnung *Pennsylvania Dutch* – denn »dutch« heißt hier nicht »niederländisch«, sondern leitet sich von dem Wort »deutsch« her. Die meisten kommen, weil sie in Europa wegen ihres Glaubens verfolgt werden. Die größte Einwanderungswelle in die USA rollt jedoch von 1848 bis zum Beginn des Ersten Weltkriegs. Nach der Märzrevolution in den Staaten des Deutschen Bundes fliehen Zehntausende nach Amerika. Viele engagieren sich auch hier politisch – zum Beispiel in der Bewegung der Abolitionisten, die für die Abschaffung der Sklaverei kämpft. Im amerikanischen Bürgerkrieg stellen *German-Americans* einen beträchtlichen Teil der Unionstruppen. Andere Deutsche treibt die wirtschaftliche Not nach Amerika. Nur noch ein Teil bleibt an der Ostküste. Viele ziehen weiter in den Mittleren Westen oder nach Texas.

Die Deutsch-Amerikaner assimilieren sich, aber das geht nicht von heute auf morgen. Viele wollen ihre Sprache und Kultur bewahren. Es entstehen deutsche Gemeinden, deutsche Schulen und *Germantowns* – deutsche Viertel – in den Städten. Ende des 19. Jahrhunderts erscheinen in den USA mehr als 800 deutschsprachige Zeitungen und Zeitschriften. 1917 bringt der Eintritt der USA in den Ersten Weltkrieg einen kräftigen Assimilationsschub. Deutschsprachiger Schulunterricht und Gottesdienst wird in vielen Staaten verboten. Die Deutsch-Amerikaner geraten politisch unter Druck, ihr Selbstverständnis als »Bindestrich-Amerikaner« (Theodore Roosevelt) aufzugeben und sich ganz als »Americans« zu bekennen. Im Verlauf des Ersten Weltkriegs werden Deutsch-Amerikaner an manchen Orten offen angefeindet. Es gibt Verbrennungen deutschsprachiger Bibliotheksbestände und vereinzelt sogar Lynchmorde. Solche Ausschreitungen sind während des Zweiten Weltkriegs nicht mehr zu befürchten. Wer in dieser Zeit allerdings in den Verdacht gerät, mit dem Hitler-Regime zu sympathisieren oder gar zusammenzuarbeiten, kann von den Behörden als »feindlicher Ausländer« verhaftet werden. Insgesamt sind zwischen 1941 und 1948 um die 11 000 Deutsch-Amerikaner und in den USA lebende Deutsche zeitweilig in Lagern interniert.

Aus Deutschland fliehen während der nationalsozialistischen Herrschaft Tausende Wissenschaftler, Intellektuelle und Künstler in die USA – als politische Gegner des Hitler-Regimes und/ oder weil sie als Juden verfolgt werden. Zu den Prominentesten zählen der Nobelpreisträger Albert Einstein, der Schriftsteller Thomas Mann, die Philosophin Hannah Arendt, der Maler Paul Klee, der Regisseur Fritz Lang und die Schauspielerin Marlene Dietrich. Doch der großen Mehrheit der in Deutschland Verfolgten bleiben die USA durch das Einwanderungsgesetz von 1924 als Zufluchtsort versperrt. Erst 1945, als der Holocaust in seinem ganzen Ausmaß ans Licht der Weltöffentlichkeit kommt, öffnet US-Präsident Harry Truman das Land für die Überlebenden der Konzentrationslager und andere *displaced persons*.

Ab 1945 holen die USA mit den Geheimoperationen *Over-*

cast und *Paperclip* außerdem herausragende deutsche Forscher und Techniker ins Land, die zuvor für die Nationalsozialisten gearbeitet haben. Sie sollen den Vereinigten Staaten einen Vorsprung im Wettrüsten mit der Sowjetunion verschaffen. Unter den ersten, die Anfang 1946 nach Amerika verschifft werden, ist der Raumfahrtpionier Wernher von Braun mit seinem Team von über 100 Raketentechnikern. Dass von Braun Mitglied der NSDAP und der SS war, wird im nationalen Interesse der USA großzügig übersehen. Wie andere *Paperclip Boys* entgeht er den Nürnberger Prozessen, weil seine Kenntnisse für die neue Supermacht schwerer wiegen. Zusammen mit der oben beschriebenen Auswanderung verlagert sich so in den 1930er und 1940er Jahren fast die gesamte deutsche Wissenschaftskultur nach Amerika.

Heute gehen Deutsche in erster Linie aus Karrieregründen in die Vereinigten Staaten. Wissenschaftler, Mediziner oder Ingenieure können hier mit besseren Arbeitsbedingungen und im Schnitt auch mit einer deutlich höheren Bezahlung rechnen. Allein an den amerikanischen Hochschulen und in deren Umfeld arbeiten derzeit rund 15 000 deutsche Akademiker, heißt es beim German Academic International Network (GAIN). Für einen großen Teil von ihnen sind die USA mit ihren international führenden Hochschulen und Forschungseinrichtungen allerdings eher Durchlauferhitzer als neue Heimat. Das gilt vor allem dann, wenn sie schon Familie haben.

Thomas, ein Neonatologe aus Berlin, steckte vor einigen Jahren beruflich in der Sackgasse. Er bekam an seiner Klinik nur Zeitverträge und hatte kaum Zeit für die Forschung. Mit einem Stipendium ging er an ein Forschungsinstitut in Washington, D. C. Ellen, seine Frau, hatte gerade das zweite Kind bekommen und nahm Erziehungsurlaub. Insgesamt 18 Monate blieb die Familie in den USA, dann entschied sie sich für die Rückkehr nach Deutschland. Ellen wollte ihre Stelle in Berlin nicht verlieren, und Thomas hatte inzwischen mehrere attraktive Angebote von deutschen Kliniken – unter anderem von seinem alten Arbeitgeber. »Jetzt habe ich eben den richtigen Stempel im Lebenslauf«, sagt er trocken: »IAG – In Amerika Gewesen.«

Auch deutsche Unternehmen entsenden jedes Jahr Tausende Mitarbeiter in die USA. In einer globalisierten Wirtschaft reicht es nicht mehr aus, Waren oder Dienstleistungen aus Deutschland zu exportieren. Die Firmen müssen auf den wichtigen Märkten selbst präsent sein und produzieren. Insgesamt zieht es derzeit jedes Jahr rund 14 000 Deutsche nach Amerika. Doch geschätzte zwei Drittel bis drei Viertel von ihnen kehren irgendwann wieder in die Heimat zurück.

Die Grenzen zwischen einem zeitlich begrenzten Aufenthalt und dauerhafter Einwanderung sind allerdings fließend. Anja und Ralf aus München zum Beipiel wollten maximal fünf Jahre in New Jersey bleiben, damit Ralf in der Forschungs- und Entwicklungsabteilung von Siemens USA Auslandserfahrung sammeln konnte. Schon als die ersten drei Jahre abgelaufen sind, gibt es für ihn aber in München keine passende Stelle mehr – der Siemens-Konzern hat in der Zwischenzeit viele Arbeitsplätze in der Region abgebaut. Seine Frau hat sich in Amerika eingelebt, der gemeinsame Sohn ist hier geboren. Statt in der deutschen Provinz noch einmal neu anzufangen, schließt Ralf einen neuen Vertrag mit Siemens USA und lässt die noch in München eingelagerten Familienmöbel nachkommen. Anja hat ihre Stelle als Stadtplanerin bei der Stadt München schweren Herzens aufgegeben, inzwischen aber auch erste Kontakte für einen beruflichen Neustart in den USA geknüpft. Ob sie tatsächlich Deutsch-Amerikaner werden, bleibt offen.

Obwohl Familien mit deutschen Vorfahren in Amerika so zahlreich sind, spielt die deutsche Sprache hier kaum noch eine Rolle. Muttersprache ist sie als Pennsylvaniadeutsch nur noch dort, wo sich deutschstämmige Religionsgemeinschaften auch mit Hilfe ihrer eigenen Sprache vom Rest der Gesellschaft abgrenzen. Das gilt zum Beispiel für die Amischen in Pennsylvania, Ohio und anderen Staaten, für einige Hutterer im Nordwesten der USA und für die Amana-Kolonie in Iowa. Wer da einmal hinfährt – sehr zu empfehlen! – wird allerdings nicht viel verstehen: Mit modernem Hochdeutsch hat diese Sprache wenig gemein. Sie ist eine Mischung aus Englisch und süddeutschen Dialekten vergangener Zeiten.

Insgesamt sprechen heute nur noch knapp 1,4 Millionen Amerikaner Deutsch. An den Schulen ist es zwar immer noch die drittpopulärste Fremdsprache nach Spanisch und Französisch. Doch die Abstände zwischen den ersten drei Plätzen sind enorm:

Fast alle *middle schools* und Highschools (6. bis 12. Klasse) der USA bieten Spanisch als Fremdsprache an, und Französisch steht immerhin noch fast auf jeder zweiten Schule auf dem Lehrplan. Doch nur in 14 von 100 dieser Schulen konnte man zuletzt noch Deutsch lernen. Schon bald werden wohl mehr amerikanische Schüler und Studenten Chinesisch lernen als Deutsch – der Prozentsatz der Chinesisch-Angebote hat sich binnen zwölf Jahren vervierfacht.

Hartnäckig hält sich die Legende, wonach Deutsch im 18. Jahrhundert um ein Haar offizielle Sprache der USA geworden wäre. Die Muhlenberg-Legende ist aber gleich doppelt falsch. Erstens gibt es in den Vereinigten Staaten keine Amtssprache; das Englische hat diese Funktion nur de facto, aus seiner Tradition als überwiegend gebrauchte Sprache. Zweitens hat eine offizielle Abstimmung darüber nie stattgefunden. Die Muhlenberg-Legende entstand im 19. Jahrhundert und besagt, 1794 habe der Kontinentalkongress die Einführung des Deutschen als Amtssprache mit einer Mehrheit von nur einer einzigen Stimme abgelehnt. Den Ausschlag soll das Nein des Deutsch-Amerikaners Frederick Muhlenberg gegeben haben. Tatsächlich stimmte der Kongress damals aber nur über den Antrag einer Immigrantengruppe aus Virginia ab, die mit Rücksicht auf die geringen Englischkenntnisse von Neueinwanderern einige Gesetze ins Deutsche übersetzen lassen wollte. Muhlenberg selbst war bei dieser Sitzung gar nicht anwesend. Doch wurde ihm später der Kommentar zugeschrieben: »Je schneller die Deutschen zu Amerikanern werden, desto besser.«

Muhlenbergs Kalkül ist aufgegangen. Aus den Deutschen in Amerika sind Amerikaner geworden, und in der amerikanischen Umgangssprache sind nur eine Handvoll deutscher Lehnwörter übriggeblieben: *kindergarten* (für das Vorschuljahr der Fünfjährigen), *angst* (wie in der Schlagzeile »Democrats feeling angst over 2010 election«), und *fest* als Synonym für *party* (wie eben in *Oktoberfest* – aber mit einem Schuss Ironie wird auch eine große öffentliche Grippeimpfung oft als *flu fest* bezeichnet). Auch *zeitgeist, schadenfreude* und *weltschmerz* hört man vereinzelt. Darüber hinaus haben eigentlich nur Lebensmittel deutsche Namen: *sauerkraut, bratwurst, pretzel* – und die zählen irgendwie nicht, weil sie ja selbst deutschstämmig sind.

Das heißt aber nicht, dass die Amerikaner deutscher Abstammung mit der Sprache auch das Interesse an ihren Vorfahren verloren hätten. Nach drei oder vier Generationen geht man oft wieder auf die Suche nach den Wurzeln der Familie. Als ich vor einigen Jahren im Nationalarchiv in Washington forschte, war ich fast jeden Tag als Übersetzerin gefragt: Bei den *German-Americans,* die auf den Passagierlisten der Einwandererschiffe nach ihren Vorfahren suchten, hatte sich herumgesprochen, dass die deutsche Historikerin im Mikrofilm-Lesesaal Sütterlinschrift lesen konnte. Einige hatten zu Hause in den Familienpapieren deutschsprachige Briefe und Dokumente entdeckt. Eine Rentnerin aus Milwaukee war sogar nach München geflogen, um in einem bayerischen Dorfkirchenarchiv nach den Geburtsurkunden ihrer Urgroßeltern zu suchen.

Auch in Princeton bringen mir ab und zu amerikanische Bekannte Schriftstücke zum Übersetzen: eine Entlassungsurkunde aus der preußischen Staatsbürgerschaft, vergilbte Porträtfotos mit handschriftlichen Vermerken oder den Brief einer jungen Frau namens Mathilde vom Februar 1902, die ihren nach New York ausgewanderten Bruder bittet, ihr bei seinem Besuch in Deutschland doch ein Seidenkleid aus Amerika mitzubringen – und einen Ehemann: »Wie ich von Lina höre, sollst du, lieber Nathan, so einen schönen Schwager haben. Bringe denselben mit nach Deutschland, gefällt er mir, so verlobe ich mich mit ihm, dann gehe ich mit nach Amerika, will er dann aber in Deutschland bleiben, so kann er bei uns auch leben.« Ob Mathilde ihr amerikanisches Liebesglück gefunden hat, ist nicht überliefert. Doch mit Hilfe ihrer Briefe und anderer Dokumente hat meine Nachbarin Judi (Mathilde war die Urgroßtante ihres Mannes) 100 Jahre später eine verwandte Familie im Schwarzwald aufgespürt. Judi hat daraufhin einen Deutschkurs an der hiesigen Volkshochschule belegt und ist mit ihrer Tochter nach Deutschland gereist, um die neue Verwandtschaft zu besuchen.

Fast jeder Amerikaner stammt von neuzeitlichen Einwanderern und/oder von Menschen ab, die einst als Sklaven in die Neue Welt verschleppt wurden. Familienstammbäume sind deshalb gefragt. Eine ganze Industrie bietet professionelle Hilfe bei der Ahnenforschung an, zum Beispiel genetische Abstammungsgutachten. Test-Kits für die erforderlichen Speichelproben kann man schon ab 100 Dollar im Internet bestellen. Auch Judi und die von ihr gefundene deutsche Familie machten einen solchen DNA-Test – um sicherzugehen, dass sie nicht doch nur Namensvettern waren.

Über solche persönlichen Verbindungen hinaus ist das Interesse der Amerikaner an Deutschland gering. Selbst eine überregionale Zeitung mit großem Auslandsteil wie die *New York Times* berichtet nur sporadisch darüber. Deutschland ist hier nur eines von vielen Ländern in Europa. Als Vorbild für Mode, Esskultur oder Lebensart kann es mit Italien und Frankreich nicht mithalten. Auch der Ruf seiner Bewohner ist nicht gerade spritzig: Meine Freundin Debbi glaubt felsenfest, man könne mich an der ordentlich zusammengelegten Wäsche im Schrank als Deutsche erkennen (eine Einschätzung, die meine Mutter nicht teilt). Laut Umfragen gelten »wir« immer noch als besonders fleißig und zuverlässig, wenn auch ein bisschen steif, pedantisch und rechthaberisch. Dass ausgerechnet die einst von den Amerikanern und ihren Bündnispartnern befreiten Deutschen heute so vehement gegen militärische Interventionen der USA in anderen Teilen der Welt protestieren, wird zwar mit einer gewissen Irritation registriert. Doch sieht man schon an dem geringen Umfang, in dem die US-Medien das Thema überhaupt behandeln, wie wenig Deutschland aus Sicht der USA in weltpolitischen Fragen zählt. Auf der Rangliste der beliebtesten Länder wird Deutschland von den Amerikanern trotzdem zuverlässig unter den ersten Fünf platziert.

Vor allem aber ist *made in Germany* noch immer ein Qualitätsausweis. Das gilt für Industriemaschinen, für Autos von Volkswagen bis Porsche, für Miele-Staubsauger und andere Haushaltsgeräte, mittlerweile aber auch für Solaranlagen und Umwelttechnik. *German engineering* ist ohnehin hoch angesehen, seit der in Preußen geborene Bauingenieur und Architekt John – vormals Johann – August Roebling im 19. Jahrhundert die Brooklyn Bridge entwarf. Bereits 100 Jahre zuvor hatte ein Offizier Friedrichs des Großen für die Bewunderung preußischen Organisationstalents gesorgt: General Friedrich Wilhelm von Steuben baute aus der Kolonistentruppe George Washingtons jenes schlagkräftige Heer auf, das die Engländer im Unabhängigkeitskrieg besiegte. Mit der *Steuben Parade,* einem großen

Festumzug auf Manhattans Fifth Avenue, wird jedes Jahr im September in seinem Namen das deutsch-amerikanische Erbe gefeiert. Kleinere Varianten dieses Festumzugs mit Trachtengruppen und Blasmusik gibt es auch in Philadelphia und Chicago.

Das war so, ist so – doch ob es auch immer so sein wird, ist bei Amerikas demographischer Dynamik zumindest nicht garantiert. Das wissen auch die Organisatoren. In New York versucht ein neues, jüngeres Team seit einigen Jahren, die Parade von ihrem Lederhosen-Image wegzuführen. Lars Halter, ein deutsch-amerikanischer Fernsehjournalist, wurde 2006 mit 33 Jahren ihr neuer Chef. Er integrierte deutschen Elektro-Pop und zeitgenössische Künstler in den Festzug, um ein aktuelleres Bild von Deutschland und seiner Kultur zu vermitteln. »Dieses Jahr mischen wir das Alte mit dem Neuen«, sagte er vor der 50. *Steuben Parade* 2007 in einem Zeitungsinterview. »Danach soll die Feier jedes Jahr ein bisschen moderner werden.«

Der Gegner ist die Marginalisierung – das haben schon die Organisatoren des *Von Steuben Day* in Chicago erfahren. Dort musste die Parade aus der Innenstadt weichen. Statt unter der Loop-Hochbahn findet der Festzug seit einigen Jahren in einem traditionell deutsch-amerikanischen Viertel im Norden Chicagos statt – obwohl, wie das Magazin *Time Out Chicago* notierte, »the German flavor of this North Side neighborhood is harder to spot these days«. Das gilt übrigens auch für das neue deutsch-amerikanische Einwanderungsmuseum in Washington, D. C. Es steht in einem Viertel der Hauptstadt, wo im 19. Jahrhundert rund 4000 deutsche Einwanderer wohnten. Doch Washingtons Germantown ist Vergangenheit. Seine Deutsch-Amerikaner haben sich längst im großen Schmelztiegel der USA verloren. Neue Immigranten sind nachgerückt. Und deshalb findet man das Museum der deutschen Einwanderer heute mitten in – Chinatown.

Stadt, Land, Suburb:
Bauen, Wohnen und Mobilität

»Home ownership has long held a place in the American pantheon, right up there with baseball and apple pie.« (Vincent J. Cannato, A Home of One's Own, *National Affairs*, Frühjahr 2010)

Es heißt, dass eine einzige Unterschrift von Dwight D. Eisenhower für die moderne Lebensweise der Amerikaner folgenreicher war als alle Entwürfe von Architekten und Stadtplanern zusammen: Als der 34. US-Präsident 1956 den *Federal-Aid Highway Act* unterzeichnete, machte er den Weg frei für den Bau von 66 000 Autobahn-Kilometern kreuz und quer durch die USA. Das neue Netz der *Interstates* sollte Industrie und Handel unterstützen. Es sollte auch eine schnelle Evakuierung der Großstädte möglich machen – in den Zeiten des atomaren Wettrüstens rechnete man damit, dass jederzeit sowjetische Nuklearsprengköpfe in Amerikas Stadtzentren detonieren könnten.

Doch am Ende haben die neuen Autobahnen eine Evakuierung ganz anderer Art begünstigt: Auf ihnen verließ die weiße Mittelklasse in ihren Chryslers, Fords und Dodges die Großstädte und zog in die Suburbs. Einzelhandel, Serviceunternehmen, Jobs und öffentliche Einrichtungen folgten ihr. Was in den USA explodierte, waren keine Interkontinentalraketen. Es war *the sprawl*.

Die Initialzündung lieferte vermutlich eine Präsentation mit dem Titel *Highways and Horizons* auf der Weltausstellung 1939/40 in New York. »Come, let's travel into the future!« – mit diesem Slogan lockte der Autokonzern General Motors Millionen Amerikaner in seinen Pavillon. Dort war das *Futurama* aufgebaut, ein Modell des modernen Lebens im Jahr 1960, so groß wie ein Fußballfeld. Auf bequem gepolsterten Sesseln glitten die Besucher automatisch daran vorbei. Sie sahen Städte mit fantastischen Wolkenkratzern, vollautomatisierte Farmen, gigantische

Industriegebiete, Flughäfen mit drehbarer Startbahn, ausgedehnte Freizeit- und Erholungsanlagen. Auch das Modell des *suburban life* wurde hier vorgestellt: breite Straßen, geräumige Einfamilienhäuser mit großzügigen Gärten und Garagen – und ein Auto für jeden Einzelnen. Eisenbahnen waren passé. Statt Schienenwegen vernetzten 14-spurige *express highways* Stadt und Land. Vorbei die Zeiten der drangvollen Enge in Amerikas Städten, die Zukunft gehört der Vorstadt – und dem Automobil!

Die Amerikaner hatten die Große Depression noch in den Knochen. Das *Futurama* ließ die Herzen höher schlagen. Jeder zehnte US-Bürger soll die Show gesehen haben. »Ich wollte nicht wieder aufwachen«, schwärmte ein Reporter im *Harper's Magazine*.

Statistisch ist die darauf folgende Zersiedelung Amerikas gut vermessen. Zwischen 1950 und 1990 verdoppelte sich die Einwohnerzahl der Großstadtregionen. Im selben Zeitraum aber wuchs die Fläche, auf der diese urbane Bevölkerung lebte, fast um das Fünffache. Und jedes Jahr schlucken neue Stripmalls, Wohn- und Gewerbegebiete seitdem weitere 800 000 Hektar Äcker und Weiden, Wald und anderes ungenutztes Land. Das Netz der öffentlichen Verkehrsmittel hält fast nirgends mit dem *urban sprawl* Schritt. Deshalb sitzt man immer länger am Steuer: Die durchschnittliche amerikanische Vorstadt-Familie bringt es heute auf zehn Autofahrten pro Tag.

Der Trend zum Wohnen im Grünen ist nicht mehr ungebrochen. Aber er ist auch längst nicht vorbei. Das hat verschiedene Gründe. Erstens liegt es sozusagen in den amerikanischen Genen, dicht besiedelte Gebiete immer wieder hinter sich zu lassen. Zweitens war die Stadtflucht eine sich selbst verstärkende Bewegung. Je weiter die Innenstädte verarmten und in Ghettos zerfielen, desto mehr galt: Wer immer es sich leisten konnte, versuchte sich mit einem Haus in den Suburbs mehr Sicherheit, bessere Schulen und eine saubere Umwelt zu erkaufen. Dort können – drittens – die monatlichen Raten für ein Eigenheim günstiger sein als eine Miete. Mieten ist in den USA ohnehin so eine Sache: Meist bekommt man jeweils nur einen Jahresvertrag; die Kündigungsfristen sind kurz.

Doch anders als viele deutsche Häuslebauer hängen Amerikaner selten mit Leib und Seele an einem bestimmten Eigenheim. Denn die eigene Immobilie ist für sie weit mehr als ein *home*. Sie dient vor allem der finanziellen Absicherung – und zugleich der sozialen Mobilität. Dieses Prinzip hat für einen großen Teil der US-Bevölkerung so lange funktioniert, bis seine Überreizung den Amerikanern die schwerste Rezession seit dem Zweiten Weltkrieg, ja seit 1929 beschert hat.

Homestead: Häuser als Sozialversicherung

»Save Your Rent Money. Get Close to Nature. Give the Kiddies a Chance. Be Independent in Old Age. Own Your Own Home.« (Werbung des Versandhauses Sears, Roebuck & Co. für seine Fertighaus-Modelle der Marke Honor Bilt, 1926)

Ben ist Internist und meistens ziemlich geschafft, wenn er von der Arbeit in seiner Arztpraxis nach Hause kommt. Nach dem Abendessen, sobald die Kinder im Bett sind, zieht er sich dann gern zurück und holt sich aus dem Internet verlockende Objekte auf den Bildschirm. Sie sind mit Attributen wie *desirable, sleek, stunning* und *breathtaking* beschrieben: Traumhäuser in Parklandschaften mit Swimmingpool; Landsitze mit Säulenhalle und geschwungener Treppe, mit Chef-Küche *made in Germany* und fünfeinhalb Badezimmern. Nicht, dass Ben derzeit wirklich ein neues Domizil suchte – schon gar nicht eins für drei, vier Millionen Dollar. Gerade erst hat er mit seiner Frau ein größeres Haus gekauft. Aber der kleine Kick kostet ja nichts. Und wer weiß, eines Tages ... Ben nennt es: *real estate porn*.

Der Traum vom eigenen Haus auf dem eigenen Stück Land ist seit jeher Bestandteil des *American Dream*. Was mit der Familienfarm an der *Frontier* begann, wurde nach und nach zum Häuschen im Grünen und zuletzt zum *trophy home* am künstlichen See gleich neben dem Golfplatz. Heute sitzen Amerikas Hausbesitzer so wie Ben regelmäßig vor den Datenbanken der Maklerfirmen, die nicht nur über das Angebot, sondern auch über die tatsächlichen Preise informieren. Man beobachtet

Märkte, verfolgt die Entwicklung in der eigenen Gegend. Steht ein Haus zum Verkauf, fiebern alle Nachbarn mit: Bekommt der Verkäufer, was er verlangt? Treibt vielleicht sogar ein Bietergefecht den Preis noch höher? In einem Land mit spärlicher sozialer Absicherung durch den Staat ist die Investition ins Eigenheim eine Existenzfrage.

Das Prinzip der Heimstätte als Instrument der finanziellen Absicherung und des sozialen Aufstiegs geht zurück auf das Ideal des englischen Freibauern. Der konnte ein Stück Land in seinen Besitz bringen, indem er es urbar machte. Als Landbesitzer erwarb sich ein solcher *Yeoman* schon im Mittelalter Freiheiten und politische Rechte. In den USA unterzeichnete Präsident Abraham Lincoln 1862 ein Gesetz, das die Besiedelung des amerikanischen Westens vorantreiben sollte: Der *Homestead Act* versprach jedem Siedler einen Besitz von 160 *acres* (knapp 650 000 Quadratmetern), wenn er das Land innerhalb von fünf Jahren landwirtschaftlich nutzbar machte. Allzu wirksam gegen die grassierende Bodenspekulation an der *Frontier* war es zwar letztlich nicht, aber als Ideal lebt das Gesetz fort: *Homesteading* gilt als ehrbarer, demokratischer Weg zu Wohlstand und Unabhängigkeit. Mit Erweiterungen blieb das Gesetz bis 1976, für Alaska sogar bis 1986 in Kraft. Insgesamt vergab man mehr als anderthalb Millionen solcher Heimstätten; das ist nicht weniger als ein Zehntel des US-Territoriums.

Doch *homesteading* hieß schon im 19. Jahrhundert nicht unbedingt, dass man auf der einmal aufgebauten Familienfarm Wurzeln schlug. Das ist zum Beispiel in Laura Ingalls Wilders Kinderbuchklassiker *Little House on the Prairie* aus dem Jahr 1935 und den übrigen Bänden ihrer *Little-House*-Reihe nachzulesen. (Die Bücher waren Vorlage für eine gleichnamige Fernsehserie, die in Deutschland von 1974 bis 1983 unter dem Titel »Unsere kleine Farm« ausgestrahlt wurde.) Wilder beschreibt darin die Geschichte ihrer Familie als Pionierfarmer im Mittleren Westen. Das kleine Haus in der Prärie ist dabei nur eines von vielen: Das erste steht in den Wäldern Wisconsins. Von dort aus ziehen die Wilders zunächst nach Kansas, dann nach einer kurzen Rückkehr zu ihrem *Little House in the Big Woods* weiter nach Minnesota, nach Iowa und schließlich nach South Dakota. *Homesteading* und Mobilität gehören schon damals zusammen.

Weiter im Westen wartet immer noch eine neue, womöglich bessere Gelegenheit.

Im Amerika des 20. Jahrhunderts wird aus dem kleinen Haus in der Prärie ein *starter home* in der Vorstadt. Junge Familien kaufen ihr erstes Haus, ein kleineres mit zwei Schlafzimmern (die Größe der Häuser wird hier in der Zahl der *bedrooms* angegeben). Einige Jahre später, wenn die Familie und auch das Einkommen gewachsen sind, wird das erste Eigenheim verkauft. Mit dem Erlös erwirbt man das nächstgrößere, meist auch in einer besseren Gegend. Dass man im Laufe seines Lebens eine ganze Reihe von Häusern kauft und wieder verkauft, ist hier nichts Besonderes. Häufige Ortswechsel sind schon berufsbedingt eher die Regel als die Ausnahme. Im Ruhestand schließlich, wenn die Kinder längst aus dem Haus sind, verkleinert man sich wieder. Durch den Verkauf des letzten großen *family home* kann man im Idealfall sein Alterseinkommen kräftig aufbessern.

Das ging lange gut. Die Häuserpreise stiegen, wann immer die Wirtschaft wuchs. Die Bevölkerung wuchs ohnehin. Ein Eigenheim kostete im Schnitt zwei- bis dreimal soviel wie das durchschnittliche Jahreseinkommen einer Familie. Doch um die Jahrtausendwende begannen sich die Immobilienpreise von allen ökonomisch soliden Fundamenten abzulösen. Nach der Deregulierung der Finanzmärkte und in einer Phase extrem niedriger Zinsen rückte das Traumhaus für jeden in greifbare Nähe. Sogenannte *Subprime*-Kredite konnte nun sogar bekommen, wer keinerlei finanzielle Sicherheiten zu bieten hatte. Amerikas Verbraucher griffen zu.

Warum auch nicht? Jahrelang waren die Immobilienpreise mit zweistelligen Wachstumsraten gestiegen, und Pessimismus ist gerade in Boomzeiten ein ganz und gar unamerikanisches Gefühl. Durch harte Arbeit und Sparen allein schafften es nur die wenigsten noch zu echtem Wohlstand. Das Vertrauen in den Aktienmarkt hatte die Dotcom-Blase erschüttert. Was den Durchschnittsamerikanern Joe und Jane Average blieb, war die Investition in Immobilien. Selbst die politische Linke und soziale Organisationen hielten die *Subprime*-Kredite in der Regel für eine gute Sache: Hier schien endlich wieder ein Weg zum sozialen Aufstieg für alle frei. In den 1990er Jahren sorgte die Clinton-Regierung dafür, dass mehr Amerikaner mit geringem Einkommen in den Genuss von Krediten der staatlich geförderten Hypothekenbanken Fannie Mae und Freddie Mac kamen. Anfang 2005 schwärmte Ben Bernanke, der Chef der US-Notenbank, von der Überlegenheit und innovativen Raffinesse der amerikanischen Finanzmärkte, die auch Familien ohne Kapital den Zugang zu Wohlstand durch Wohneigentum verschafft hätten.

Als wir auf dem Höhepunkt des Immobilienbooms zum ersten Mal ein Haus in Princeton suchten, waren wir geschockt von den Preisen. Mäßig große Einfamilienhäuser, deren letzte Renovierung Jahrzehnte zurücklag, sollten rund eine Million Dollar kosten. Aber es kommt halt immer auf die Perspektive an: Eine amerikanische Freundin, die frisch aus Kalifornien hierher zog, fand das Preisniveau nicht weiter beunruhigend. Sie hatte innerhalb der vorausgegangenen zehn Jahre bereits zweimal ein Haus gekauft – und beim Verkauf jedes Mal einen sechsstelligen Gewinn gemacht.

Indes verbuchten die Unternehmen des FIRE-Sektors (kurz für *Finance, Insurance, Real Estate*) fantastische Zuwächse auf dem Papier. Als die Sache wackelig wurde, verbrieften sie die faulen *Subprime*-Kredite und mixten sie mit anderen Anlageformen. Man »verteilte« das Risiko wie ein Chemiekonzern, der seine giftigen Abwässer ins Meer leitet – in der Hoffnung, das Gift werde seine Wirkung in der Weite des Ozeans verlieren. Mit tatkräftiger Unterstützung von Ratingagenturen und Aufsichtsbehörden entstanden aus Hochrisikopapieren über Nacht angeblich erstklassige Wertanlagen. Die Folgen sind bekannt. 2006 kostete ein amerikanisches Eigenheim im Schnitt viermal so viel wie das durchschnittliche Jahreseinkommen einer US-Familie, in Kalifornien sogar achtmal so viel. Die Immobilienpreise stagnierten und begannen bald darauf zu fallen. 2007 platzte die Blase endgültig und riss zuerst die Finanzmärkte, dann auch die übrige Wirtschaft mit in die Rezession. Besonders hart traf es Florida, Kalifornien und andere Boomregionen des Sonnengürtels. Ende 2008 waren in Las Vegas acht von zehn Häusern weniger wert als die Hypothek, mit der sie belastet waren. In Los Angeles entdeckten Jugendliche das Pool-Surfen als neuen Freizeitsport: Mit Skateboards sausten sie durch die ausgetrockneten Schwimmbecken verlassener Vorstadtvillen, deren Besitzer die Kreditraten nicht mehr bezahlen konnten.

Skyscrapers: **Bauen im Höhenrausch**

»Only the Skyscraper offers business the wide-open spaces of a man-made Wild West, a frontier in the sky.«
(Rem Koolhaas, *Delirious New York*, 1978)

Zu Beginn des 20. Jahrhunderts wachsen Amerikas Städte dramatisch in die Höhe. Schon im ausgehenden 19. Jahrhundert ist zwischen Chicago und New York ein Wettstreit der Wolkenkratzer entbrannt: Wer baut das höchste Gebäude der Welt? Nur der Himmel ist die Grenze für die neuartigen Bauten mit Stahlskelett und elektrischen Aufzügen, von denen sich die Bauherren doppelten Gewinn versprechen: Geld und Prestige. Für den einfachen Mann, für den Arbeiter aus den Schlachthöfen und den Einwanderer im New Yorker Hafen, sind sie Hinweis und Ansporn, dass es aus dem Dreck der Straße einen Ausweg gibt: nach oben.

Trotz seiner ungleich berühmteren Skyline ist jedoch nicht New York die Wiege des *skyscrapers,* sondern Chicago. Hier wirken akuter Platzmangel und eine Katastrophe zusammen, um dem modernen Hochhausbau buchstäblich den Boden zu bereiten: 1871 bricht in der *Windy City* ein Großfeuer aus, das drei Tage lang wütet. Mehr als 200 Menschen sterben, und mehr als 17 000 Gebäude – ein Großteil davon im Stadtzentrum – brennen nieder. Statt die rauchenden Trümmer aufzugeben und anderswo neu anzufangen, entscheiden sich die Geschäftsleute der Stadt für den Wiederaufbau. Kurz darauf verdoppelt sich Chicagos Einwohnerzahl. Die Grundstückspreise explodieren. Was scheint also sinnvoller, als mit Hilfe der modernen Technik platzsparend in die Höhe zu bauen? Chicagos Home Insurance Building von 1885 gilt als erster Wolkenkratzer der Welt. Es hat die für die damalige Zeit enorme Höhe von zehn Stockwerken.

Auf der Jagd nach Höhenrekorden geht bald New York in Führung – sein Reichtum und baulicher Ehrgeiz zieht um die Jahrhundertwende Architekten an wie ein Magnet. Seit Fertigstellung des 94 Meter hohen New York World Building im Jahr 1890 überbieten sich Manhattans Bauherren gegenseitig mit immer höheren Wolkenkratzern. Die meisten können sich nur kurz mit dem Titel des höchsten Gebäudes der Welt schmücken.

Die Rekordjagd findet einen vorläufigen Höhepunkt mit dem berühmten Wettbau zwischen dem Bank of Manhattan Company Building (heute: 40 Wall Street) an der Südspitze Manhattans und dem Chrysler Building an der East Side. Willem van Alen, Architekt des Chrysler Building, scheut dabei keine Tricks: Um die Bank of Manhattan in Sicherheit zu wiegen, gibt er als geplante Höhe seines Wolkenkratzers offiziell 282 Meter an – genau einen Meter weniger als der Konkurrent. Klammheimlich lässt van Alen aber im 65. Stockwerk seines Art-Déco-Turms noch eine gut 50 Meter hohe Stahlspitze zusammenschrauben. Die New Yorker staunen nicht schlecht, als die dekorative Spitze im Oktober 1929 mit Hilfe eines Krans in kaum anderthalb Stunden montiert wird – und das Chrysler Building auf 319 Meter Rekordhöhe bringt.

Es mag die Ausgetricksten beruhigt haben, dass auch das Chrysler Building nicht einmal ein Jahr lang das höchste Gebäude der Welt bleiben sollte: 1931 wurde mit dem – ohne Antenne – 381 Meter und 102 Stockwerke hohen Empire State Building jener Wolkenkratzer eingeweiht, der diesen Titel mehr als 40 Jahre lang innehatte und wie kaum ein anderer zum Wahrzeichen New Yorks geworden ist. Erst 1974 wurde er von den Türmen des World Trade Center überrundet. Zwei Jahre später holte dann mit dem 442 Meter hohen Sears Tower (heute: Willis Tower) noch einmal ein Wolkenkratzer in Chicago den Weltrekord, bevor eine neue Generation ehrgeiziger Bauherren in Asien die Amerikaner um die Jahrtausendwende überflügelte. Dem Empire State Building ist nach den Terroranschlägen vom 11. September 2001 erneut der nunmehr überschattete Rang des höchsten Gebäudes in New York zugefallen.

Es waren der Börsenkrach von 1929 und der Beginn der Großen Depression, die dem Höhenrausch der Bauherren den ersten kräftigen Dämpfer versetzten. Selbst das prachtvolle Empire State Building blieb jahrelang ein Verlustgeschäft. Es heißt, dass die Mieteinnahmen anfangs niedriger waren als der Erlös aus dem Eintritt, den Millionen Besucher für den Zugang zur Aussichtsplattform des Gebäudes zahlten. Doch auch wenn die New Yorker das halbleere Gebäude in jenen Jahren als *Empty State*

Building verspotteten, liebten sie es zugleich als Symbol für die Unbeugsamkeit ihrer Stadt und ihrer Nation, für ihren Optimismus, sich selbst in schwierigen Zeiten hoch gesteckte Ziele zu setzen – und für die Fähigkeit, diese dann auch zu erreichen. »It was nobody's fault but my own«, sagt Deborah Kerr 1957 in dem Liebesfilm »An Affair To Remember« (Die große Liebe meines Lebens), als sie zum Rendezvous mit Cary Grant auf der Aussichtsplattform des Empire State Building eilt und auf dem Weg dorthin von einem Auto angefahren wird. »I was looking up. It was the nearest thing to heaven.«

Der Großen Depression trotzt in New York noch ein weiteres gigantisches Bauprojekt, das kaum weniger berühmt geworden ist als das Empire State Building: Das Rockefeller Center. Bauherr ist John D. Rockefeller Jr., einziger Sohn des gleichnamigen Ölmagnaten. Mr. Junior, wie man ihn nennt, hat kurz vor dem Börsenkrach von der Columbia University einige Grundstücke in Midtown gepachtet, um darauf ein neues Gebäude für die Metropolitan Opera zu errichten. Als die Oper angesichts der Finanzkrise dann aber einen Rückzieher macht und Rockefeller auf den teuren Grundstücken sitzenbleibt, entscheidet er sich für die Flucht nach vorn. Er nimmt einen Großkredit auf, verkauft eine Menge Standard-Oil-Aktien und lässt auf dem Gelände 14 Hochhäuser im modischen Art-Déco-Stil errichten.

Was im Grunde als Notlösung geboren wurde, wird zum größten privaten Bauvorhaben der modernen Geschichte – und zum Paradebeispiel für das unternehmerische Talent Amerikas. Auch städtebaulich setzt Rockefeller neue Maßstäbe: Wolkenkratzer haben vor ihm schon viele gebaut. Aber noch nie zuvor hat jemand einen ganzen, architektonisch einheitlich gestalteten Gebäudekomplex mitten in die Stadt gesetzt. Mr. Junior hat beherzt investiert, seine Idee professionell vermarktet – und dann gleich mehrfach gepunktet. Er macht nämlich erstens ein gutes Geschäft, setzt sich zweitens selbst ein Denkmal und tut drittens auch noch der Allgemeinheit etwas Gutes.

Eine lohnende Investition ist das Rockefeller Center schon deshalb, weil es die gesamte Gegend aufwertet – und damit die zahlreichen Grundstücke, die der Familie Rockefeller dort auch noch gehören. Durch seine Geschäftskontakte kann der Großunternehmer zahlungskräftige Mieter für seine Gebäude anlocken: Der Elektronikkonzern RCA zieht dort ein, auch General Electric und die Chase Manhattan Bank, der Fernsehsender NBC und weitere Medienunternehmen wie die Nachrichtenagentur Associated Press.

Bei der Ausstattung scheut Mr. Junior keine Kosten. Hier werden schließlich keine reinen Bürotürme hochgezogen. Die New Yorker sollen zugleich ein neues, attraktives Ausgeh- und Einkaufsziel bekommen. Schon Ende 1932 wird im Rockefeller Center die Radio City Music Hall eröffnet, das größte und prächtigste Revuetheater seiner Zeit mit 6000 Plätzen. Rockefeller und sein Sohn Nelson engagieren zahlreiche Künstler, darunter den mexikanischen Maler und überzeugten Kommunisten Diego Rivera, um den gesamten Komplex mit Skulpturen, Friesen, Decken- und Wandgemälden auszustatten (Nelson Rockefeller fragt auch bei Picasso und Matisse an, allerdings vergeblich). Als die Luxusboutiquen im Tiefgeschoss während der Wirtschaftskrise über Kundenmangel klagen, wird die Lower Plaza mit ihrer goldenen Prometheus-Statue kurzerhand zum Mehrzweckplatz umgebaut. Im Winter lässt der sich nun in eine Eisbahn verwandeln. Der Ort wird zum Treffpunkt für die Bürger der Stadt – und zur Ikone des *American Dream, made in New York*.

Heute ist die Lower Plaza, auf der New Yorks Bürgermeister jedes Jahr feierlich die Lichter an Amerikas höchstem Christbaum anknipst, ein Touristenmagnet der Sonderklasse. Wer es schafft, sich im Weihnachtsgedränge bis dorthin vorzuarbeiten, wird mit einiger Sicherheit mindestens einen romantischen Kniefall zu sehen bekommen: Der Heiratsantrag auf dem Rockefeller-Eis hat Tradition. Es versteht sich fast von selbst, dass auch der Top of the Rock dafür ein beliebter Ort ist – nennen Amerikanerinnen doch den Diamanten auf ihrem Verlobungsring stolz *the rock*. Die 2005 wiedereröffnete Aussichtsplattform auf dem General Electric Building, dem höchsten Gebäude des Rockefeller Center, ist mein persönlicher Lieblingsausguck in New York. Schaut man nach Norden, liegt einem der Central Park zu Füßen. Und auch wenn man hier bei weitem nicht so hoch steht wie auf dem zwölf Blocks entfernten Empire State Building, so ist doch gerade der Blick *auf* diesen Solitär vor der Südspitze Manhattans einzigartig. An einem sonnigen Nachmittag kann man Stunden auf den Terrassen des schmalen, langgestreckten Wolkenkratzers verbringen, die ursprünglich einmal wie das Deck eines Luxusdampfers gestaltet waren, hoch über dem Häusermeer. Letzteres scheint sich bei guter Fernsicht inzwischen endlos hinzustrecken, belebt nur von kleineren grünen Inseln, begrenzt nur auf einer Seite durch den – echten – Ozean.

Häuser für alle: Frank Lloyd Wright und Levittown

»When every man, woman, and child may be born to put his feet on his own acres ... – then democracy will have been realized.« (Frank Lloyd Wright, *The Living City*, 1958)

Während in den Stadtzentren die Wolkenkratzer in die Höhe wachsen, stellt sich ein amerikanischer Architekt gegen das Konzept der hoch verdichteten Stadt. Er will weg von der kulturellen Abhängigkeit der USA von Europa und seinen Baustilen. Frank Lloyd Wright ist 1867 in Wisconsin geboren, in Amerikas *Heartland*. Mit einem Team gleichgesinnter Architekten und Designer will er auf dem Boden der Prärie eine neue *Frontier* der unabhängigen, originär amerikanischen Architektur begründen. Warum, um alles in der Welt, sollte man in Amerika die Menschen ebenso zusammenpferchen wie in der drangvollen Enge Europas? Waren die Vereinigten Staaten nicht das Land der weiten Ebenen und der grenzenlosen Natur?

Wrights *prairie houses* stellen zu Beginn des 20. Jahrhunderts die Prinzipien des viktorianischen Baustils auf den Kopf, der damals insbesondere im Westen der USA dominiert. Statt in die Höhe, baut Wright hauptsächlich in die Breite. Statt winzige Zimmer hinter pompösen Fassaden zu verstecken, schafft er schlichte Bauten mit großzügigen, offenen Innenräumen und Veranden unter ausladenden, flachen Dächern. Wie bei den Grundrissen dominiert auch bei Dächern und Fenstern die Horizontale – ein Verweis auf die weite Ebene der Prärie. Das Zentrum seiner Häuser bildet stets ein großer Kamin, die Feuerstelle, um die sich die Familie versammelt. Amerika steht für Demokratie, Pioniergeist und Zusammenhalt, und das muss sich nach Wrights Überzeugung auch in der Architektur ausdrücken.

Zugleich plädiert er für eine »organische« Bauweise: Die Gebäude sollen sich ganz in ihre natürliche Umgebung einfügen. Der Architekt soll Steine und Hölzer verwenden, die er dort vorfindet. So entstehen nicht nur die Präriehäuser, sondern auch andere einzigartige Bauten wie die Villa Fallingwater, die sich an einen Wasserfall in den Bergen Pennsylvanias schmiegt. Wright gilt heute als ein wichtiger Wegbereiter der Architektur der Moderne. Aus Europa, dem Zentrum dieser Bewegung, gelangte die moderne Architektur später in anderen Formen wieder nach Amerika – vor allem durch Architekten wie Ludwig Mies van der Rohe und den Bauhaus-Gründer Walter Gropius, die aus dem nationalsozialistischen Deutschland fliehen mussten.

Amerikas berühmtestem Architekten verdankt auch die Stadt New York eines ihrer bemerkenswertesten Gebäude: Das Guggenheim-Museum an der Fifth Avenue. Doch Wright hasst die überfüllten Großstädte, und das Guggenheim hätte er lieber woanders gebaut. New York City nennt er mit Blick auf das dortige Wettrennen um immer höhere Bauten und Mieten »ein einziges, großes Denkmal für die Macht des Geldes und der Gier«. Auf die Frage, wie man die Industriestadt Pittsburgh architektonisch verbessern könnte, hat Wright nur eine kurze, lakonische Antwort: »Geben Sie sie auf.« Für den modernen Städtebau im Internationalen Stil hat er ebensowenig übrig wie für Le Corbusiers *Plan Voisin* einer Stadt als kompakte, hoch rationalisierte Maschine.

Für seine eigene Version der amerikanischen Stadt der Zukunft wählt Wright dasselbe Grundkonzept wie für seine Präriehäuser: Sie soll in die Breite wachsen, nicht in die Höhe. »Broadacre City« nennt er konsequent diese Stadt, die er in den Büchern *The Disappearing City* (1932) und *When Democracy Builds* (1945) beschreibt. Sein utopischer Masterplan für die Neue Welt, die er »Usonia« statt Amerika nennt, teilt jeder Familie einen *acre*, also gut 4000 Quadratmeter Land, aus Bundesbesitz zu. In der Weiten Stadt gibt es kein Zentrum und keine Peripherie. Es gibt nur das gleichberechtigte Nebeneinander der Häuser und Menschen in ihrer »wahren Individualität«, aus dem eine neue Gemeinschaft entsteht. Hauptfortbewegungsmittel in Broadacre City ist das Automobil, weil es die höchste Autonomie verspricht. Dafür entwirft Wright einen schlichten Unterstand an der Seite der Häuser: den Carport.

Es sollte so kommen – und doch ganz anders. Zwar wachsen Amerikas Städte nach dem Zweiten Weltkrieg tatsächlich mehr in die Breite statt in die Höhe, als 16 Millionen GIs nach Hause zurückkehren, Familien gründen und neuen Wohnraum brauchen. Doch es sind keine organischen Häuser aus regionalen Baustoffen, die im neuen, suburbanen Amerika gebaut werden. Es ist industriell produzierte Massenware im Einheitsdesign. Und so ganz demokratisch geht es dabei auch nicht zu.

Zum Prototyp für Suburbia, USA wird Levittown auf Long Island im Staat New York. Der Ort ist benannt nach dem Familienunternehmen Levitt & Sons. Während eine typische amerikanische Baufirma bis dahin vielleicht fünf Häuser pro Jahr hochgezogen hat, kann Levitt & Sons 1948 bereits 30 Häuser pro Tag kostengünstig produzieren – das Modell *Cape Cod*, eine schlichte Wohnschachtel aus fertig zugeschnittenem Holz auf einer Betonplatte, 75 Quadratmeter groß, mit Wohnzimmer, Küche, Bad, zwei Schlafzimmern und einem ausbaufähigen Dachboden. Familienvater Abraham Levitt finanziert die Bauprojekte. Alfred Levitt ist der Architekt, sein Bruder William ist für Produktion und Verkauf zuständig. Er vor allem drängt darauf, die Prinzipien der industriellen Massenfertigung in das Baugeschäft einzuführen. Deshalb gilt William Levitt heute als »father of American suburbia«.

Die komplett am Reißbrett entworfene Vorstadt entsteht von 1947 bis 1951 auf einem ehemaligen Kartoffelacker. Die Straßen sind kurvig, oft als Sackgassen angelegt – im Kontrast zu dem rigiden Straßengitter amerikanischer Städte. Schon nach wenigen Tagen sind die ersten 2000 Häuser vorab vermietet. Die Nachfrage ist so groß, dass die Levitts ihre Planung schnell um 4000 Einheiten erweitern. Sobald der Staat Programme zur Eigenheimfinanzierung für Weltkriegsveteranen auflegt, bieten sie ein etwas größeres Ranch-Hausmodell auch zum Kauf an. Es kostet 7990 Dollar, die monatliche Rate ist mit 58 Dollar nicht teurer als die Miete. Obendrauf gibt es Schwimmbäder – eines für je 1000 Häuser. Für Schulen fühlen sich Levitt & Sons bei ihrem privaten Städtebauvorhaben indes nicht zuständig. Es bleibt den umliegenden Gemeinden überlassen, in ihren Schulen Platz für die Kinder der Levittown-Familien zu schaffen. Und das sind nicht wenige: 1951 hat das Unternehmen in der Region bereits mehr als 17 000 Neubauten fertiggestellt.

Die kostensparenden Baumethoden der Levitts ebnen erstmals auch Amerikanern mit kleinem Einkommen den Weg zum Eigenheim – und damit zum Aufstieg in die Mittelklasse. Doch der günstige Wohnraum im Grünen steht nicht allen US-Bürgern offen. Farbige sind in Levittown bis weit in die 1950er Jahre hinein weder als Mieter noch als Käufer zugelassen. Amerikas erste Suburb sollte nach dem Willen seiner Planer ein rein weißer Ort bleiben. In den ersten Mietverträgen heißt es, dass die Häuser an »niemand außer Angehörige der kaukasischen Rasse« weiter- oder untervermietet werden dürften. Er habe aber nicht aus Rassismus, sondern aus rein ökonomischem Kalkül gehandelt, erklärt Levitt Jahre später einem Reporter: »Es war die alte Geschichte – hätten wir Schwarze akzeptiert, hätten die Weißen nicht gekauft.«

Nur wenige Vorstadt-Pioniere wagen es damals, sich gegen die Rassentrennung zu stemmen. Keine zehn Kilometer Luftlinie von Levittown entfernt wirbt Thomas Romano 1950 mit dem Slogan »No restrictions! No discrimination!« für sein Neubaugebiet Ronek Park: Hier sollen Familien aller Religionen und Hautfarben willkommen sein. Waren nicht alle Menschen gleich geschaffen? »Undemokratisch und unamerikanisch« nennt Romano die in seiner Branche üblichen, rassistischen Praktiken. Doch der idealistische Bauunternehmer findet kaum weiße Interessenten. Ronek Park ist eine überwiegend von Afroamerikanern bewohnte Gegend geworden und geblieben – ebenso wie in Levittown noch heute fast neun von zehn Einwohnern Weiße sind.

Auf Levittown (New York) folgen Levittown (Pennsylvania), Levittown (New Jersey), Levittown (Puerto Rico) – und unzählige weitere *developments* auf der grünen Wiese. Die Baustile wechseln, aber das Prinzip des Eigenheims vom Fließband bleibt. Millionen solcher Häuser, aufgereiht wie Ausstechplätzchen auf dem Backblech, stehen in den Küstenregionen, Berglandschaften und in der Prärie. Frank Lloyd Wrights Präriehäuser und *Uso-*

nian homes hingegen sind Solitäre geblieben, begehrt bei Architekturfans und erschwinglich nur für Leute mit viel Geld.

Mit gut 60 Jahren zählen aber auch die Häuser von Levittown nach US-Standards längst zu den »alten Gemäuern«. Und so wie man in den 1950er Jahren nach Long Island pilgerte, um die damals modernste Variante des amerikanischen Lebensstils zu besichtigen, so steht Levittown heute als historisches Monument auf manchen Sightseeing-Listen. Doch wer es besucht, findet einen durchaus lebendigen Ort: Aus den Einheitsschachteln sind – durch komplette Umbauten, Anbauten, Aufbauten oder Gartenpavillons – im Laufe der Zeit ganz individuelle Eigenheime geworden. Sie zeugen nicht immer von architektonischer Größe, aber von der pragmatischen Anpassung an andere Zeiten und neue Verhältnisse. Anders als Wrights denkmalgeschützte Bauten sind die Industriefabrikate von Levitt & Sons im Originalzustand heute fast nur noch auf den Fotos im Levittown Historical Museum zu sehen.

McMansions: **Bauen im Größenwahn**

»Supersize My House!« (Titel eines Fotoessays
im Online-Magazin *Slate,* Januar 2006)

Nach mehreren Jahren an Amerikas Ostküste kehrte eine deutsche Bekannte vor kurzem nach Europa zurück. Aus ihrer neuen Heimat Wien berichtete sie, am schwersten sei der ganzen Familie die Umstellung auf europäische Wohnverhältnisse gefallen: »Wir sind es einfach nicht mehr gewöhnt, mit so wenig Platz auszukommen.« In New Jersey hatte die Familie ein Haus mit mehr als 250 Quadratmetern Wohnfläche, großem Garten und Zugang zum Gemeinschaftspool des Neubaugebiets bewohnt. Etwas Vergleichbares in Deutschland oder Österreich wäre für sie unerschwinglich.

»Bigger is better«: Dieser Wahlspruch galt während der letzten 30 Jahre nirgends mehr als bei den Eigenheimen. Vor allem seit den 1990er Jahren wuchsen in den *developments* der Metropolregionen immer größere Eigenheime in die Höhe. Auch in älteren Suburbs und Wohnvierteln mussten viele kleinere Häuser im klassischen Kolonial- oder Ranch-Stil nun mächtigen Neubauten weichen. »Monstrosities!«, murrten alteingesessene Nachbarn, wenn *McMansions* aus schmalen Grundstücken herausquollen wie eine üppige Diva aus einem zu engen Kleid – und die anderen Häuser buchstäblich in den Schatten stellten. 1978 hatte ein neu gebautes Einfamilienhaus in den USA im Schnitt rund 150 Quadratmeter; 2008 waren es knapp 230. Das ist fast doppelt so viel Wohnfläche wie in einem deutschen Durchschnitts-Eigenheim.

Das lag nicht daran, dass größere Familien mehr Raum gebraucht hätten. Die durchschnittliche US-Familie ist heute kleiner als 1970. Gewachsen war aber der verfügbare Reichtum der Amerikaner. Vor allem die jüngere Generation beanspruchte nun mehr Luxus und Wohnkomfort für sich und ihre Kinder, als sie es aus dem eigenen Elternhaus kannte. Die Bauunternehmen bedienten diesen neuen Markt mit Modellen wie »Grand Michelangelo« und »The Hampton« – Varianten industriell vorgefertigter Häuser ab 400 Quadratmetern Wohnfläche aufwärts.

Man betritt sie durch eine grandiose Eingangshalle, die über zwei Stockwerke nach oben reicht, oder direkt von der integrierten Dreifachgarage aus. Die gefühlte Entfernung zwischen der Gourmetküche mit Kücheninsel und dem tiefergelegten *media room*, wo die Bewohner vor einem wandfüllenden HD-Fernsehschirm in die Sofalandschaft sinken, beträgt ungefähr 500 Meter. Zum *master bedroom* für den Hausherrn und seine Frau gehören ein Luxus-Whirlpool, *his and hers toilet* und begehbare Kleiderschränke, in denen man Radschlagen kann. Kommunikation geht hier nur noch über das Haustelefon.

Von außen sollen solche Eigenheime an prächtige Villen und Landhäuser erinnern – zumindest von vorn. Doch kaum biegt man um die Ecke, erscheinen hinter der pompösen Fassade mit Giebeln, Säulen und Kapitellen nur schmucklose Seiten- und Rückwände mit Vinylverkleidung. Entsprechende Spitznamen hatten die Wohngiganten von der Stange bald weg: *faux chateau, starter castle, garage mahal* und vor allem: *McMansion.* Sie seien nicht einfach groß, so wie ihre Namensgeber, die Big

Mäcs, hieß es Anfang 2006 im Online-Magazin *Slate:* »They celebrated bigness.«

Nun ist das Größer-Bauen in Amerika insofern günstig, als nur die wenigsten Eigenheime aus Steinen gemauert werden. Auch ältere Häuser mit Verputz oder Klinkerverkleidung sind in aller Regel Holzständerbauten: Ein Grundgerüst aus zusammengenagelten Holzlatten wird mit Sperrholz und Rigipsplatten verkleidet, in die Zwischenräume kommt Isoliermaterial, fertig. Das dauert selten länger als drei Monate. Diese Leichtbauweise, die oft auch ohne Keller und nennenswerte Fundamente auskommt, finden die meisten Amerikaner absolut ausreichend. Auch um eine gute Isolierung und dichte Fenster macht man sich meist nicht allzu viele Gedanken, zumal es dafür kaum gesetzliche Vorschriften gibt. Gegen Hitze wirkt schließlich die Klimaanlage, gegen Kälte kann man heizen. Und warum Platz sparen – den hat es in Amerika schon immer mehr als genug gegeben. So bekommt man hier zumindest quantitativ vergleichsweise viel Haus und Grundstück fürs Geld.

Geht das nun immer so weiter, wie vor 100 Jahren beim Wolkenkratzerbau – immer mehr, immer größer? Im Moment sieht es nicht so aus. Schon seit einigen Jahren ist in den Medien von einer *McMansion*-Schwemme die Rede. Im Loudoun County, nordwestlich der Hauptstadt Washington, standen laut *Wall Street Journal* schon Mitte 2006 fast 5000 *McMansions* gleichzeitig zum Verkauf. Die Eigentümer warfen Kunstwerke, Fitnessgeräte und Luxus-Eisschränke mit in den Topf, um potentielle Käufer selbst bei stark reduzierten Preisen zum Vertragsabschluss zu bewegen. 2008 ist die Durchschnittsgröße amerikanischer Einfamilien-Neubauten erstmals seit mehr als einem Dutzend Jahren wieder gesunken.

Was ist geschehen? Gewiss hat die Rezession für Ernüchterung gesorgt. Das Kalkül, durch den Kauf und Wiederverkauf möglichst großer Häuser reich zu werden, geht vorerst nicht mehr auf. Auch höhere Zinsen, steigende Energiekosten und Grundsteuern sprechen gegen die *McMansions*. Die jährlichen Grundsteuern sind in vielen US-Staaten deutlich höher als in Deutschland; für größere Häuser belaufen sie sich schnell auf hohe fünfstellige Summen. Doch es ist auch ein neuer Zeitgeist im Spiel, und der heißt: *downsizing*. Das passt besonders gut in wirtschaftlichen Krisenzeiten, wo man den Gürtel ohnehin enger schnallen muss. Es hängt aber auch mit der Demographie zusammen: Die Babyboomer-Generation kommt in die Jahre. Das sind fast 80 Millionen Amerikaner, und viele von ihnen wollen ihre halbleeren *family homes* nun gegen kleinere Häuser oder Wohnungen eintauschen. Jüngere Familien haben heute oft von vornherein andere Prioritäten als die Generation ihrer Eltern. Teenager bringen Diskussionsstoff über Klimaschutz und Nachhaltigkeit aus der Schule mit, Hausfrauen veranstalten Tupper-Parties für grüne Waschmittel und Vorratsdosen aus recyceltem Kunststoff. Da passt ein riesiges, energiefressendes *McMansion* nicht ins Bild.

Amerikaner sind mutig in solchen Dingen. Anders als wir Deutschen probieren sie gern etwas aus – auch wenn es riskant ist. Gerade ist in den USA ein Buch erschienen, in dem eine Familie aus Atlanta ihre (zugegebenermaßen extreme) Variante des *downsizing* beschreibt. Alles begann demnach mit der Feststellung der 14-jährigen Tochter Hannah, dass der Reichtum in der Welt allzu ungleich verteilt sei. Als sie beim Halt an einer roten Ampel auf der einen Seite ein schwarzes Mercedes-Coupé und auf der anderen einen Obdachlosen beobachtet, sagt sie: »Dad, wenn der Typ neben uns ein weniger teures Auto hätte, könnte sich der Mann da vorn etwas zu essen kaufen!« Der Teenager löchert seine Eltern so lange, bis die Mutter schließlich zurückfragt: »Und was willst du tun? Unser Haus verkaufen?«

Was als rhetorische Frage gemeint war, wird zur ernsthaften Diskussion und schließlich zum Familienbeschluss. Die Salwens verkaufen ihr Haus und spenden die Hälfte des Erlöses an die Hungerhilfe in Afrika. (Die Käufer waren von diesem Plan derart beeindruckt, dass sie spontan 100 000 Dollar zu dem Spendenbetrag dazugaben.) Für den Rest kaufen sie ein kleineres Domizil. Heute finden sie, dass sie damit sogar einen überraschend guten Tausch gemacht hätten: Das kleinere Haus ist familienfreundlicher. »Wir haben viel weniger Kram, aber dafür verbringen wir viel mehr Zeit miteinander«, sagt Joan Salwen, die Familienmutter. »Wer würde das nicht wollen?!« Das Buch, das Vater Kevin und Tochter Hannah geschrieben haben, heißt *The Power of Half*. Mit meiner Freundin Debbi habe ich gewettet, dass es ein Bestseller wird.

Urban Frontiers: **Städte der Zukunft**

»The last half of the 20th Century was dominated by suburbia. … This last decade was the start of a new urban half-century.« (Robert Steuteville, The First Urban Decade, *New Urban News*, Januar/Februar 2010)

Drei Dinge seien für den Wert einer Immobilie entscheidend, lautet das Mantra amerikanischer Makler: »Location, location, location«. Eine gepflegte Umgebung, gute Schulen und eine niedrige Verbrechensrate sind seit langem das A und O beim Hauskauf. Doch mittlerweile ist sogar in der Autonation USA ein vierter Faktor wieder wichtig geworden: *walkability* – die Frage, ob man Geschäfte, Restaurants, Bibliotheken und Schulen auch zu Fuß erreichen kann. Das ist bequem, spart Benzin – und wo viele Fußgänger unterwegs sind, fühlt man sich auch sicher.

Dafür haben unsere Nachbarn Diana und Ken ihren geräumigen Neubau auf der grünen Wiese aufgegeben. Ken erzählt jedem, der es hören will, dass er sein Büro in Princetons Innenstadt jetzt zu Fuß schneller erreicht als früher mit dem Auto. Diana hat die überschüssigen Möbel fürs erste in einem Mietcontainer untergestellt. Ihr *McMansion* vermisst sie nicht. »Da draußen war eine soziale Wüste«, sagt sie. »Manchmal habe ich tagelang keinen Menschen auf der Straße gesehen – nur Autos.« Das *downsizing,* stellt man in Amerika gerade fest, funktioniert im Großen wie im Kleinen: Zusammenrücken fördert die Gemeinschaft, sei es im Haus oder im Wohnort.

Dafür wirbt der *New Urbanism* bereits seit den 1960er Jahren. Städte- und Verkehrsplaner, Architekten, Naturschützer und umweltorientierte Unternehmer predigen unter diesem Begriff die urbane Verdichtung als Mittel gegen den *sprawl*. Seit den 1990er Jahren finden sie damit auch im Mainstream Gehör. Nostalgie für die idealisierte amerikanische Kleinstadt vergangener Zeiten ist hier ebenso im Spiel wie ein neues Interesse für Umwelt- und Klimaschutz. Auch Energiesparen ist nicht mehr nur ein Thema für Öko-Aktivisten, seit Staaten, Städte *und* Bürger knapp bei Kasse sind.

Der *New Urbanism* hat viele Varianten. Eine davon sind grüne Wolkenkratzer. So entwarf der britische Architekt Norman Foster in New York den Hearst Tower mit seiner Fassade aus großflächigen, stahlgerahmten Glasdreiecken; der wurde zu einem hohen Anteil aus recyceltem Stahl gebaut. Das Empire State Building soll bis 2013 derart umgerüstet werden, dass sich sein Energieverbrauch um mehr als ein Drittel reduziert.

Dass das urbane Leben in den Großstadtzentren wieder sexy geworden ist, zeigt der Erfolg von TV-Serien wie »Sex and the City«. Doch obwohl New York als einzige US-Metropole gilt, wo man tatsächlich zu Fuß geht, liegt Amerikas *green capital* am anderen Ende des Kontinents: Oregons größte Stadt Portland gilt vielen als *das* Vorbild für das urbane Leben der Zukunft. Nur der Dauerregen im Pazifischen Nordwesten halte den Rest des Landes noch davon ab, geschlossen nach Portland zu ziehen – so heißt es schwärmerisch beim Umweltforum *Sustain Lane,* das Portland schon mehrfach auf den ersten Platz seiner Rangliste der nachhaltigsten US-Städte gewählt hat.

Ein Grund dafür fällt sofort ins Auge. Selbst in Portlands Zentrum sieht man Radfahrer: Hausfrauen mit Einkaufs-Packtaschen, Geschäftsleute in Anzug und Krawatte. Für eine amerikanische Stadt erstaunlich. Straßenbahnen und ein 400 Kilometer langes Radwegenetz machen ein Leben ohne Auto möglich. Angeblich pendelt inzwischen einer von vier Portlanders entweder mit dem Rad, mit Bus und Bahn oder per Fahrgemeinschaft zur Arbeit. Gern zeigt man auch die vielen Startup-Unternehmen her, die rund um die Fahrradkultur und andere grüne Branchen wie Recycling oder Erneuerbare Energien entstanden sind. Mia Birk zum Beispiel war früher Angestellte der Stadt Portland und berät heute andere Kommunen bei der Planung fahrradfreundlicher Innenstädte. »Das ist der *American Way* – wir sind immer auf der Suche nach einer guten Geschäftsidee«, sagt sie. Allerdings ist die Quote der *green jobs* bislang marginal: Knapp 20 000 waren es 2007 in ganz Oregon – gerade mal gut ein Prozent aller Arbeitsplätze im Staat.

Taugt das Modell Portland als Geschäftsidee für andere amerikanische Großstädte? Der Stadthistoriker Joel Kotkin ist skeptisch. Nach seiner Ansicht funktioniert das nur für wenige, gewachsene Metropolen wie Philadelphia, New York und Washington. Die hätten in den letzten 20 Jahren zwar ein enormes Comeback erlebt, sich aber zugleich zu exklusiven »Lifestyle-Nischen für die Jungen, die Kinderlosen und die Reichen« entwickelt. Amerika mit seiner wachsenden und multi-ethnischen Bevölkerung brauche hingegen vor allem *opportunity cities* mit möglichst wenig politischer Regulierung, wo die Wirtschaft ebenso dynamisch wachsen könne wie die Städte selbst.

Als Erfolgsmodell für eine solche »Stadt der unbegrenzten Möglichkeiten« gilt Houston in Texas. Hier leben knapp sechs Millionen Menschen auf einem Gebiet, das größer ist als Chicago, Detroit, Philadelphia und Baltimore zusammen. »In Houston können Sie erfahren, was passiert, wenn eine Million Menschen bei Ihnen zu Hause vorbeischauen – und bleiben«, hieß es in einer National-Public-Radio-Sendung vom September 2009. Die Zuwanderer kamen von überall: Immigranten aus Lateinamerika, Asien und Afrika; Kalifornier auf Arbeitssuche; Flüchtlinge aus New Orleans, deren Stadt der Hurrikan Katrina verwüstet hatte. Gut 150 Jahre lang war Houston eine klassische Südstaaten-Metropole mit dominanter weißer Mehrheit und afroamerikanischer Minderheit. Heute ist es eine *global city,* wo nur noch gut jeder dritte Einwohner ein nicht-hispanischer Weißer ist. Jeder Fünfte ist im Ausland geboren.

Die Stadt, bekannt als Sitz des NASA-Kontrollzentrums und ein Hauptstandort der Ölindustrie, setzt seit den 1980er Jahren auf ökonomische Vielfalt. Sie gilt heute als erste Adresse für Biotechnologie und Medizin: Das Texas Medical Center mit 73 000 Beschäftigten hat sich hier angesiedelt. Auch Solartechnik und Windenergie zählen inzwischen zu Houstons Wachstumsbranchen. Sein Hafen, den ein Kanal mit dem rund 60 Kilometer entfernten Golf von Mexiko verbindet, ist der sechstgrößte der Welt.

Um sich als attraktiver Wohn- und Wirtschaftsstandort zu profilieren, investiert Houston massiv in Infrastruktur. In den ausgedehnten Vorstädten gibt es auch für Zuzügler mit kleinem Einkommen Häuser und Wohnungen. Der Wirtschaft macht die Stadt kaum Umweltauflagen oder Bauvorschriften. Hinzu kommt, dass Texas von seinen Bürgern und Unternehmen keine eigene Einkommenssteuer verlangt. Die Kombination scheint zu wirken: 2007, als die US-Wirtschaft bereits in die Rezession glitt, entstanden in Houston 100 000 neue Jobs.

Der Journalist John Gunther beschrieb Houston bereits 1947 als einen Ort, »wo kaum jemand etwas anderes im Sinn hat als Geld«. Das klingt erst einmal nicht gerade sympathisch. Doch ähnlich wie im New York des 17. Jahrhunderts hat dieses allgemeine Interesse am Geldverdienen in einer ehemaligen Stadt der Sklavenhalter ein Klima der Toleranz geschaffen, von dem sie auch im Sozialen profitiert. So nahm Houston nach dem Hurrikan Katrina ohne großes Aufheben auf einen Schlag 150 000 verarmte, überwiegend schwarze Flüchtlinge aus New Orleans auf. Außerdem haben Houstons Bürger gerade die lesbische Politikerin Annise Parker zur Bürgermeisterin gewählt. Noch nie zuvor hatte in einer Millionenstadt der USA jemand dieses höchste Amt bekleidet, der – oder die – sich offen zur Homosexualität bekannte.

Was Houstons PR-Spezialisten als reine Erfolgsstory vermarkten, hat natürlich eine Kehrseite. Für *New Urbanists* ist Houston schon deshalb ein rotes Tuch, weil es in seiner immensen Ausdehnung den denkbar größten ökologischen Fußabdruck hinterlässt. Es ist die Metropole der SUV-Vielfahrer und der Klimaanlagen im Dauerbetrieb. In New York und sogar in Los Angeles wird pro Kopf deutlich weniger Energie verbraucht als in Houston. In New York fährt jeder Zweite mit Bus oder Bahn zur Arbeit, in Los Angeles immerhin noch jeder Zehnte. In Houston benutzt nur gut jeder zwanzigste Berufspendler öffentliche Verkehrsmittel. Doch solange das Leben in New York City doppelt so teuer ist und Immobilien in Portland fast doppelt so viel kosten wie in Houston, können sich selbst umweltbewusste Amerikaner häufig gar nichts anderes leisten als das Modell der *opportunity city*.

Wer die täglichen Blechlawinen in den Metropolregionen sieht, wird ohnehin kaum den Eindruck haben, dass die USA bereits ernsthaft auf dem Weg von der Autonation zum Land der urbanen Fußgänger, Rad- und Bahnfahrer sind. Für Kotkin ist der *sprawl* denn auch eine Tatsache, die sich nicht mehr wegwünschen lässt. »Wir mögen uns in Fernsehserien wie »Desperate Housewives« über das Leben in der Vorstadt lustig machen«, schrieb er 2005 unter dem Titel »Rule, Suburbia« in der *Washington Post*. »Aber die meisten von uns wohnen dort – und das wird auch in Zukunft so bleiben.«

Shopping: Die Konsumenten-Kultur

»We have become a nation of consumers. Our primary identity has become that of being consumers. Not mothers, teachers, farmers, but consumers.« (Annie Leonard, *The Story of Stuff*, 2007)

Der Drogist John Pemberton aus Georgia ist morphiumsüchtig. Ihm geht es wie vielen Bürgerkriegsveteranen: Im Kampf gegen die Nordstaaten wurde er verwundet und kommt seitdem nicht mehr von dem Schmerzmittel los. Deshalb braut er in den 1880er Jahren in Atlanta eine Medizin aus Wein, Cocablättern und Kolanüssen zusammen. Sie soll gegen Drogensucht, Alkoholismus und eine ganze Reihe weiterer Leiden helfen: schwache Nerven, Kopfschmerzen, Impotenz. Als in Georgia die ersten Alkoholverbote der Prohibitions-Ära beschlossen werden, rührt Pemberton mit derselben Formel einen alkoholfreien Sirup an. Der wird in Apotheken oder in den populären Soda-Bars mit Sprudel vermischt und für fünf Cent verkauft. Pembertons Buchhalter Frank Robinson schlägt für die braune Brause einen Namen vor, der wie ein aufmunternder Ohrwurm klingt: Coca-Cola.

Vielleicht hätten allein dieser Name, klassische Werbung und das Suchtpotential der Zutaten ausgereicht, um Coca-Cola zur bekanntesten Marke der Welt zu machen. Doch wahrscheinlich hat erst eine weitere Erfindung dem Getränk so richtig zum Durchbruch verholfen: der Coupon. Diese neue Werbestrategie denkt sich Asa Candler aus, der bis Ende der 1880er Jahre auf etwas fragwürdige Weise sowohl die Coca-Cola-Formel als auch die Rechte daran in seinen Besitz gebracht hat. Er lässt Gutscheine drucken, für die man an jeder Soda-Bar eine Cola gratis bekommt. Die Coupons werden in Zeitungen abgedruckt, auf der Straße verteilt und per Post verschickt. Den Sirup für die Freigetränke liefert die Coca-Cola Company den Soda-Bars kostenlos. Es heißt, dass Candler innerhalb von zehn Jahren achteinhalb Millionen Coupons in Umlauf brachte – und so in etwa jedem neunten Amerikaner eine Cola spendiert hat.

Wie macht man ein Produkt populär, wie wird eine Ware unwiderstehlich? In keinem Land der Welt versteht man sich besser auf die Kunst des Verkaufens als in Amerika – ganz gleich, ob das Produkt Coca-Cola, iPhone oder Barack Obama heißt. Was immer die Konsumwelt revolutioniert, es stammt aus den USA. Das zumindest behaupten die Amerikaner, und meistens haben sie recht. So wie der Coupon wurden viele Innovationen hier entweder erfunden oder zumindest erstmals im großen Stil eingesetzt: die Plakatwand, der Versandkatalog, der Einkaufswagen, der Barcode, Marktforschung, Drive-Thrus, Outlet Stores, Branding, E-Commerce. Und umgekehrt gilt: Wohl nirgendwo auf der Welt geht man mit mehr Inbrunst einkaufen als in Amerika.

Shopping ist Volkssport, Passion und Bürgerpflicht. Knapp 33 000 Dollar hat jeder US-Bürger 2008 im Schnitt für den privaten Konsum ausgegeben – fast doppelt so viel wie der Durchschnittseuropäer, und fast ein Drittel mehr als der Durchschnittsdeutsche. Das scheint in aller Regel auch ganz im nationalen Interesse: In den USA entfallen 70 Prozent der gesamten Wirtschaftsleistung auf den Privatkonsum. Sobald der Verbraucher spart, stottert der Konjunkturmotor. In Krisenzeiten kommt es regelmäßig vor, dass der Präsident höchstpersönlich die Bürger zu mehr Konsum aufruft. So war es nur konsequent, dass auch der New Yorker Bürgermeister Rudolph Giuliani seinen Landsleuten unmittelbar nach den Terroranschlägen auf das World Trade Center im September 2001 zurief: »Go shopping!« Es galt, ein Zeichen der Unbeugsamkeit zu setzen. Wären die Amerikaner den Malls ferngeblieben, hätten die Terroristen gewonnen. Entsprechend selbstbewusst pflegen die US-Bürger ihr Image als Nation der *shopaholics* – und leben dabei über ihre Verhältnisse, solange es eben geht.

Convenience: **Einkaufen im Alltag**

»Buy Two, Get One Free!«
(Werbeslogan im US-Einzelhandel)

Shopping ist demokratisch, denn einkaufen geht jeder. Es befriedigt Bedürfnisse, dient der Unterhaltung und dem Zeitvertreib – ob man nun Ein-Dollar-Artikel bei Walmart ersteht oder 600-Dollar-Pumps in einer Luxusboutique auf der Fifth Avenue. »Democracy = Shopping«, hieß das einmal im US-Magazin *Newsweek*.

Wenn aus Bürgern reine Konsumenten werden wie im modernen amerikanischen Kapitalismus, sei die Demokratie am Ende, warnt dagegen der US-Politologe Benjamin Barber in seinem 2007 erschienenen Bestseller *Consumed! Wie der Markt Kinder verführt, Erwachsene infantilisiert und die Demokratie untergräbt*. Und so kommt es auch in den USA durchaus vor, dass sich jemand dem allgemeinen Dauerkaufrausch entzieht – die Anti-Konsumbewegung der *freegans* etwa. Sie decken ihren Bedarf an materiellen Gütern so weit wie möglich aus dem, was andere Leute auf den Müll werfen. Dass Konsumverzicht sogar lukrativ sein kann, zeigt das Beispiel der New Yorkerin Judith Levine: Erstens hatte sie nach einem Jahr immerhin genug gespart, um ihre zuvor angehäuften Kreditkartenschulden von 7000 Dollar zu begleichen. Zweitens konnte sie über ihre Erfahrungen (und Entzugserscheinungen) ein Buch schreiben. Ihr Titel *Not Buying It: My Year Without Shopping* hat sich gut verkauft.

Doch im Großen und Ganzen steht das Einkaufszentrum auf der Liste der beliebtesten Familienausflugsziele in Amerika immer noch weit oben. Vor allem an langen Feiertagswochenenden locken *holiday sales* und andere Vergnügungen ins Shoppingcenter. Gelegenheiten gibt es genug, vom *Presidents' Day Sale* im Frühjahr bis zum *Labor Day Sale* im Herbst. Doch Hauptsaison ist im Winter von der Vorweihnachtszeit bis zum Jahreswechsel. *Black Friday,* der Schwarze Freitag, ist im Branchenjargon kein Börsencrash, sondern der Freitag nach Thanksgiving, der Ende November traditionell die *holiday shopping season* einläutet. An diesem Tag kaufen die Amerikaner mehr ein als an jedem anderen – und der Einzelhandel schreibt von diesem Tag an in seiner Jahresbilanz endlich schwarze Zahlen. Vor einigen Jahren hat die Branche noch den *Cyber Monday* dazuerfunden: Der Montag nach dem Schwarzen Freitag ist der Spitzentag im Online-Geschäft. Dann nimmt der Handel die Restposten seiner besten Angebote aus dem Ladenregal und stellt sie ins Internet.

Auch im Alltag wird das Shoppen leicht gemacht. Kaufhäuser und Supermärkte öffnen morgens früh und schließen abends spät, meist an allen sieben Tagen der Woche. Unser Drogeriemarkt im Stadtzentrum verkündet schon auf einem Schild am Eingang, mit Ausnahme des 25. Dezembers an jedem einzelnen Tag des Jahres geöffnet zu haben, und das bis elf Uhr abends – sei es für die Schokoladen-Heißhungerattacke oder für den plötzlichen Schnupfen, der nach Aspirin und Fiebermittel verlangt. Übertroffen wird das nur noch von dem 24-Stunden-Markt am Bahnhof, der auf gut einem Dutzend Wärmeplatten immer ausreichend Kaffee in runden Kannen brodeln lässt und so Princetons Studenten das nächtliche Durchhalten sichert.

Solche Minimärkte, Nachbarschaftsläden und Tankstellen-Shops, die man als *convenience stores* bezeichnet, haben oft alle sieben Wochentage rund um die Uhr auf – *twenty-four/seven,* wie es hier heißt. *Convenience,* das für den Kunden Bequeme und Angenehme, ist natürlich relativ. Manche dieser Läden bieten nicht mehr als Kaffee, Zigaretten, Dosendrinks und Junkfood an. In anderen aber ist von Milch über frisches Obst bis zum Wegwerfrasierer alles zu haben, was man schnell noch besorgen muss. In vielen New Yorker Wohnvierteln etwa ist das Leben ohne die Nachbarschaftsläden gar nicht denkbar. Für Fachgeschäfte sind lange Öffnungszeiten hingegen selbst in der Großstadt nicht selbstverständlich: Wer abends nach Fünf noch durch Designerläden in SoHo bummeln will, wird meist vor verschlossenen Türen stehen.

Wie ein wahrer Kunden-König kann man sich in den meisten Supermärkten fühlen. Personalknappheit ist ein Fremdwort in diesem Land, wo die Sozialleistungen nicht gerade üppig ausfallen und deshalb auch Jobs mit geringer Bezahlung begehrt sind. So steht man selten irgendwo länger als 15 Sekunden hilflos herum, bevor jemand zur Rettung herbeieilt. Als ich in der Gemüseabteilung meinen ersten Suppenkürbis unschlüssig in der Hand hielt, fragte sofort ein Verkäufer, ob er das Ungetüm für mich kochfertig machen solle. Er verschwand mit dem Kürbis in einem Nebenraum. Keine fünf Minuten später überreichte er mir mit einer kleinen Verbeugung einen Beutel voll adrett geschnittener Würfel. Für die Kassiererin steckte noch ein Zettel darin, damit sie mir nur Kürbis am Stück berechnete, und nicht etwa den höheren Preis für Kürbiswürfel. Die gab es nämlich auch, fertig abgepackt im Regal – ich hatte sie nur nicht gesehen.

An den Kassen werden die Einkäufe für die Kunden eingepackt. Dafür nimmt man in Kauf, dass bisweilen die Weintrauben ganz unten in der Einkaufstüte landen und die schweren Kartoffeln obendrauf. Wann immer ich in die alte deutsche Gewohnheit zurückfalle und meine Einkäufe selbst verstaue, kommt vom Kassierer ein höfliches »Thank you for bagging!« Wer Bargeld braucht, kann das gebührenfrei an der Supermarktkasse bekommen, als wäre es ein Bankautomat. »Would you like some cash back?«, lautet die Frage dazu – und das fühlt sich tatsächlich beinahe so an, als habe man gerade nicht nur Waren eingekauft, sondern zur Belohnung auch noch bares Geld *zurück*bekommen. Tragetaschen gibt es gratis, so viele man will. Doch wer seine eigenen Einkaufstüten mitbringt, dem werden pro Stück vier, fünf Cent von der Rechnung gestrichen. Auch hier soll sich der Kunde belohnt, aber nicht erzogen fühlen. Die Umtausch- und Rückgabebedingungen sind oft derart liberal, dass man selbst nach Wochen für reichlich abgenutzte Waren noch den Neupreis erstattet bekommt. Das gelang sogar einem Familienvater, der Mitte Januar einen ganzen Einkaufswagen voller Weihnachtsartikel zum Kundenservice eines Kaufhauses in New Jersey schob und sein Geld zurückverlangte.

Ebensoviel Ehrgeiz wie bei Sales und Kundenservice zeigt der amerikanische Einzelhandel beim Erfinden immer neuer Rabattsysteme. In manchen Läden gelten die besten Sonderangebote nur für Kunden, die eine Kundenkarte besitzen. Man erhält solche Karten im Austausch gegen einige persönliche Daten und kann sie häufig auch als Kreditkarten nutzen. Wenn Sie an der Supermarktkasse stehen und der Kunde vor Ihnen der Kassiererin seine Telefonnummer gibt, dann will er mit ziemlicher Sicherheit nicht mit ihr ausgehen, sondern hat ganz einfach seine Kundenkarte vergessen. Die Nummer dient dann als Ersatzausweis, um sich die Sonderangebote trotzdem zu sichern.

Und erst die Coupons! Ausgeschnitten aus Lokalzeitungen und Postwurfsendungen, versprechen sie fünf Dollar Rabatt, wenn man für mindestens 50 Dollar einkauft, oder beim Kauf von vier Päckchen Klopapier eines gratis obendrauf. An die 3,5 Milliarden Coupons haben die Amerikaner 2009 eingelöst. Weil jüngere Verbraucher das Ausschneiden von Rabattmarken zumindest in guten Zeiten uncool fanden, ködert man sie inzwischen mit virtuellen, per Mobiltelefon oder E-Mail zugesendeten Coupons. Websites wie coupons.com sammeln täglich Hunderte elektronische Rabattmarken zum Ausdrucken, und *coupon queens* geben ihre Tipps im Internet weiter. US-weit wurden laut coupons.com 2009 bereits digitale Coupons im Gesamtwert von 860 Millionen Dollar aufgelegt.

Fast die Hälfte des durchschnittlichen Haushaltsgeldes ließe sich bei konsequenter Nutzung von Sonderangeboten und Rabatten einsparen, haben US-Marktforscher einmal ausgerechnet. Die Sache hat natürlich einen Haken: Der Zeitaufwand entspricht mindestens einem Halbtagsjob. Deshalb schöpfen Amerikas Verbraucher ihr großes Rabattpotential in der Regel nicht mal ansatzweise aus. Das dürfte sich freilich ändern, wenn erst in jeder Einkaufstasche ein Smartphone steckt, dessen *apps* auch unterwegs jederzeit den passenden Coupon ausfindig machen. Zuletzt ging schon jeder fünfte US-Shopper damit auf Schnäppchenjagd, etwa beim vorweihnachtlichen Geschenkekauf.

Zu den weniger schönen Seiten der amerikanischen Konsumwelt zählt, dass man eigentlich nirgends vor ihr sicher ist. Nicht am Strand, wo Propellermaschinen mit Werbebannern über der Brandung Parade fliegen. Und nicht einmal zu Hause. Denn vor allem Anbieter von Versicherungen und Kreditkarten decken ihre potentiellen Kunden nicht nur mit gedruckter Reklame ein. Sie bombardieren sie auch mit Anrufen. Gegen lästige Telefonwerbung schützt allerdings eine Sperrliste der US-Regierung: Wer seine Telefonnummern auf der Website www.donotcall.gov in dieses nationale *Do-Not-Call*-Register einträgt, hat nach wenigen Tagen Ruhe.

Im Inneren der Warenwelt verliert man leicht die Orientierung. Oft überwältigt die schiere Masse des Angebots. Vor dem Supermarktregal mit mehreren Dutzend Sorten Zahnpasta wünsche ich mir jedes Mal bessere Entscheidungshilfen als den Hinweis, für ein bestimmtes Produkt werde im Fernsehen geworben – als ob das ein Zeichen besonderer Qualität sei. Aufgedruckte Listen der Inhaltsstoffe, sofern überhaupt vorhanden, helfen nicht unbedingt weiter, weil nichts und niemand die Hersteller zur Ehrlichkeit zwingt. Ein Gütesiegel, dem alle vertrauen (vergleichbar mit dem der deutschen Stiftung Warentest), gibt es in Amerika nicht. Durch die vielen Sonderangebote à la *Buy two, get one free* wird man zudem systematisch dazu verführt, mehr zu kaufen, als man eigentlich braucht.

Das mag einer der Gründe sein, warum hier besonders viel weggeworfen wird, nämlich laut OECD 750 Kilo pro Jahr und Einwohner (in Deutschland sind es 600 Kilo). Dazu kommt die im Schnitt schlechtere Qualität der Massenprodukte. Der Marketing-Chef eines deutschen Unternehmens erzählte einmal, dass seine und andere europäische Technologiefirmen ihre neuesten, technisch noch nicht ausgereiften Produkte zuerst auf dem US-Markt testen, bevor sie sich damit etwa nach Deutschland oder in die Schweiz wagen: Amerikanische Kunden gelten als weitgehend anspruchslos.

Der Kontrast zwischen Hightech und Lowtech im amerikanischen Alltag fasziniert mich immer wieder. Da ist stets das neueste technologische Spielzeug im Haus, von den *gadgets* von Radio Shack bis hin zu den hippsten Geräten aus dem Apple-Store – aber der Ventilator im Heißluftherd macht mehr Lärm als ein Düsentriebwerk, die Waschmaschine rührt die Wäsche nur um, statt sie zu waschen, und die Verlängerung des Regenrohrs ist mit *duct tape* befestigt. (*Duct tape* ist ein silbrig-graues Kunststoffklebeband, das in Amerika so ziemlich alles zusammenhält, was sich nicht festtackern lässt.) Bis heute spielt auch Energieeffizienz beim Kauf eines neuen Kühlschranks oder anderer Haushaltsgeräte zumindest auf dem Massenmarkt kaum eine Rolle.

Immerhin ist Nachhaltigkeit mittlerweile aber auch in den USA ein Thema. In diesem Zusammenhang sorgt der polemische Lehrfilm »The Story of Stuff« seit 2007 für hitzige Debatten.

Die ehemalige Greenpeace-Mitarbeiterin Annie Leonard kritisiert darin die Verschwendungssucht der amerikanischen Konsumgesellschaft. Über zehn Millionen Mal sei der Film bereits im Internet abgerufen worden, behauptet Leonard. Weil er mit schlichter Zeichentrick-Technik und einfachen, verständlichen Erklärungen arbeitet, wird er auch in einigen US-Schulen verwendet. Das bringt wiederum Konservative und Verfechter der freien Marktwirtschaft auf die Palme, die Leonard eine »marxistische Indoktrinierung amerikanischer Schulkinder« ankreiden. Alles Unfug, das Gerede von der Ausbeutung der Arbeiter, von giftigen Chemikalien und der Endlichkeit der natürlichen Ressourcen, wie es der Kritiker Jeff Schreiber auf seiner Website *America's Right* formulierte: »Nur der Kapitalismus ist nachhaltig!«

Auf Kredit: Ruinöse Kaufkraft

»All she ever wanted was a little credit ...«
(Untertitel des Films »Confessions of a Shopaholic« –
Die Schnäppchenjägerin, USA 2009)

Als ich zum ersten Mal für längere Zeit nach Washington kam und eine Wohnung suchte, winkten die ersten vier, fünf Vermieter gleich ab. Ebensowenig gelang es mir, ein Konto bei einer US-Bank zu eröffnen. Nicht weil ich Ausländerin war, oder weil ich zu wenig Geld hatte. Eher war das Gegenteil der Grund. Ich hatte keine Schulden. In Amerika gilt: Wer keine Kreditgeschichte hat, also nicht bereits nachweislich zuvor Schulden gemacht hat, ist in Finanzdingen suspekt. Dass ich zuletzt doch ein Konto und einen Mietvertrag bekam, verdankte ich einem als kreditwürdig etablierten Bekannten, der bei seiner Bank und meinem Vermieter für mich bürgte.

Teil dieser Logik ist es, dass man zum Nachweis der Kreditwürdigkeit in seiner persönlichen Finanzgeschichte nicht nur das Schuldenmachen, sondern auch das Zurückzahlen nachweisen muss. Doch scheint dieser Teil zumindest zeitweise in Vergessenheit geraten zu sein: Bis zur jüngsten Finanzkrise lebte man in Amerika weitgehend sorglos auf Pump. Sowohl der Staat als auch seine Bürger konsumierten, was das Zeug hielt, und alles auf Kredit. Von 2000 bis 2008 legten die privaten Konsumausgaben in den USA um fast 50 Prozent zu; in Deutschland waren es im selben Zeitraum nur gut 15 Prozent. Obwohl die Realeinkommen der meisten Amerikaner von 1980 bis heute entweder stagnierten oder sogar sanken, ist die Privatverschuldung im selben Zeitraum steil angestiegen. Allein an Kreditkartenschulden brachte es statistisch gesehen zuletzt jeder US-Bürger vom Säugling bis zum Greis auf gut 3000 Dollar.

Die Sparquote der Amerikaner sank hingegen in den Jahren vor der Krise auf beinahe Null. Warum auch warten und Geld zurücklegen, wenn man selbst große Einkäufe ganz ohne Eigenkapital tätigen konnte? So wurde es gängige Praxis, Neuwagen komplett durch Kredite zu finanzieren – zumal sich die schlingernden US-Autokonzerne auf dem hart umkämpften Markt mit Lockangeboten gegenseitig überboten. Möglich wurde der sorglose Umgang mit geliehenem Geld durch die Immobilienblase: Man belastete sein Eigenheim nicht nur mit der Hypothek, sondern zusätzlich noch mit Konsumkrediten – alles in der Hoffnung, durch den wachsenden Wiederverkaufswert der Immobilie die Schulden schon meistern zu können. Und wem die eine Kreditkarte gesperrt wurde, der ließ sich beim nächsten Anbieter einfach eine neue geben. Sechs und mehr Kreditkarten pro Haushalt waren die Regel.

Politisch wurden die Weichen für diese Fahrt ins trügerische Schuldenparadies in den 1980er Jahren gestellt. Unter der Regierung des republikanischen Präsidenten Ronald Reagan brach man mit dem Erbe des *New Deal,* der nach den Erfahrungen der Weltwirtschaftskrise in den 1930er Jahren dem Schuldenmachen Grenzen gesetzt hatte. Die *Reaganites* glaubten an die Theorie einer angebotsorientierten Wirtschaftspolitik. Darin fiel dem Staat in erster Linie die Rolle zu, gute Investitionsbedingungen für die Wirtschaft zu schaffen. Politische Einschränkungen für den Markt galten als Teufelszeug. So befreite man die Finanzmärkte von ihren Fesseln – und wo Reagan und die Republikaner aufhörten, da machte später der demokratische Präsident Bill Clinton mit seiner Partei weiter. »Wir waren nicht immer eine Nation von schlechten Sparern und großen Schuldenmachern«, schrieb der Wirtschafts-Nobelpreisträger Paul Krugman im Juni 2009. Erst seit der Deregulierung sei die Sparsamkeit nach und nach aus dem *American Way of Life* verschwunden.

Die Finanzkrise vom Herbst 2008 erschütterte das Vertrauen in die Selbstkontrolle des freien Marktes kurzfristig. So konnte die Regierung Obama bald nach Amtsantritt ein Verbraucherschutzgesetz durch den Kongress bringen, das den Banken bei der Formulierung von Kreditkartenverträgen engere Grenzen setzt und mehr Transparenz vorschreibt. Es trat im Frühjahr 2010 in Kraft und sollte nach Obamas Worten nur der erste Schritt zur »ehrgeizigsten Reform des Finanzsystems seit der Großen Depression« sein. Im Juli 2010 hat der US-Kongress nach langem Tauziehen tatsächlich einem neuen Gesetz zur Regulierung der Finanzwirtschaft zugestimmt. Seine Wirkung dürfte jedoch weit hinter dem zurückbleiben, was man sich in Europa erhofft hat. Nicht nur, weil sich rechte Hardliner weiter dagegenstemmen oder weil die Bankenlobby nichts unversucht lassen wird, das neue Gesetz in der praktischen Umsetzung wenigstens zu verwässern. Auch in der Bevölkerung ist die Abneigung gegen *big government* unverändert stärker ausgeprägt als die Furcht vor *big finance*.

Ein Amerikaner mag seine Bank vor Gericht verklagen, weil sie ihn nicht ausreichend vor den Risiken ihrer Produkte gewarnt hat. Dass der Staat ihm beim Schuldenmachen hineinregiert, will er deshalb noch lange nicht. Man ist das *Boom-and-Bust*-Prinzip eben gewöhnt. Krisen kommen immer mal vor, aber darauf folgen auch wieder bessere Zeiten. Das werde auch diesmal nicht anders sein, wie mir der Fondsmanager einer großen Kapitalbeteiligungsgesellschaft versicherte: »Zuletzt hat noch immer der Optimismus der amerikanischen Verbraucher gesiegt.« – Also: Auf in die Shoppingmall!

Malls: Ohne Uhren, ohne Fenster

»I love shopping.« (Brianna Bergmann, 19-jährige Braut, nach ihrer Hochzeit in der Mall of America)

Chuck Brand kam nicht zum Shopping in die Mall of America. »Wenn man 72 ist, dann hat man in seinem Leben genug eingekauft«, erzählte er einem Reporter, wenige Monate nachdem der größte Konsumtempel der USA in Bloomington, Minnesota, 1992 seine Pforten geöffnet hatte. »Aber die Sicherheitsleute kennen mich schon und lassen mich in Frieden, auch wenn ich hier nur rumsitze und nichts kaufe.«

Seit dem ersten Tag saß der ehemalige Immobilienmakler immer auf derselben Bank im Camp Snoopy, wie der Vergnügungspark der Mall mit seinen zwei Dutzend Fahrgeschäften damals hieß. Jeden Morgen um Zehn setzte ihn seine Frau mit dem Auto vor dem Haupteingang ab und holte ihn abends um Sechs wieder ab. In der Zwischenzeit beobachtete Mr. Brand das Treiben um ihn herum. »Ich kann doch nicht einfach zu Hause sitzen und nichts tun«, erklärte er dem Zeitungsmann. Wo er wohnte, gab es keine Läden und kein Café. Wohin also sonst, zumal im Winter? Als der Reporter weiterging, bedankte sich der alte Herr für das Gespräch: »Seit vier Monaten sitze ich auf dieser Bank, aber vor Ihnen hat sich noch nie jemand mit mir unterhalten.«

Die Mall ist eine amerikanische Erfindung. Im Gefolge seiner kaufkräftigen Kundschaft zog seit den 1940er Jahren auch der Einzelhandel aus den Stadtzentren in die Suburbs. Als reine Wohnstädte boten die aber keinen Platz für Kaufhäuser oder Geschäfte. Deshalb entstanden an allen Pendlerstraßen der Nation, als Reihe oder im Karree, Zweckbauten mit ausreichend Parkplätzen und Ladenflächen: Die Stripmall und das Shoppingcenter waren geboren. Als weltweit erstes Shoppingcenter gilt die Country Club Plaza bei Kansas City, Missouri, aus dem Jahr 1923. Ihre Architekten schufen eine Kopie der spanischen Stadt Sevilla, komplett mit Giralda und Neptunbrunnen.

Southdale Center, die erste voll überdachte Mall, liegt nur wenige Autobahnminuten von der Mall of America (MoA) entfernt in einem Vorort von Minneapolis – ein Zwerg neben dem MoA-Moloch. Sie wurde 1956 eröffnet, und ihr Schöpfer Victor Gruen hatte sie auch als sozialen Treffpunkt entworfen: Die Mall sollte zum Zentrum des modernen suburbanen Lebens werden – autogerecht, wetterunabhängig, sicher. Ihr Atrium erinnerte zeitgenössische Kritiker an öffentliche Plätze in Europa, wo man beim Kaffee beisammensaß. Southdale sei »more like downtown than downtown itself«, hieß es in der Fachzeitschrift *Architectural Record*. Das Konzept war so erfolgreich, dass es die *Main Street* das Leben kostete. Jede neue Mall auf der grünen Wiese bedeutete weitere zugenagelte Schaufenster in den Stadtzentren. Der Preis für den Siegeszug der Shoppingmalls war der Verfall von Amerikas Innenstädten.

In den 1970er und 1980er Jahren schossen neue Malls wie Pilze aus dem Boden. Von außen glichen sie sich wie ein Ei dem anderen: fenster- und gesichtslose Kästen im Blechmeer der parkenden Autos. Auch im Inneren waren sie anfangs reine Zweckbauten mit Rigipswänden und nackten Versorgungsleitungen.

Doch je mehr die echten Einkaufsstraßen aus Amerikas Städten verschwanden, desto mehr wandten sich die Mall-Designer einem nostalgisch-idealisierenden Vorbild zu: Disneyland und seiner Main Street, USA. Dort hatte Walt Disney »The Happiest Place on Earth« geschaffen, inspiriert von seiner Heimatstadt Marceline, Missouri, und von den Kinos, Cafés und *candy stores* seiner Kindheit. Mit dieser erfolgreichen Mischung aus Nostalgie, Kommerz und Entertainment gingen nun auch die Malls auf Kundenfang. Zugleich wurden sie zu Giganten: Die Ghermezian-Brüder, Tycoons der Branche, setzten Anfang der 1980er Jahre mit der West Edmonton Mall im kanadischen Alberta neue Maßstäbe. Hier gab es nicht nur über 800 Läden, Kaufhäuser und Restaurants, sondern auch einen Vergnügungspark mit Fahrgeschäften, ein Eisstadion, eine Wasserrutsche und einen künstlichen See. Hier machte der Einzelhandel auf Anhieb doppelt so viel Umsatz wie in herkömmlichen Malls. Und die Kundschaft kam aus aller Welt: Die Mall war zur Touristenattraktion geworden.

Nach demselben Muster entstand die Mall of America. Vom Flughafen Minneapolis/St. Paul sind die zugehörigen 12 550 Parkplätze in fünf Fahrminuten zu erreichen. Die Temperatur im Inneren beträgt zu jeder Jahreszeit konstant 21 Grad Celsius, und im Erlebnisaquarium tummeln sich mehrere hundert Haie. Nur eines ist in der Mall of America nicht vorgesehen: Besorgungen für den täglichen Bedarf. Man kann Smokings für Zweijährige kaufen oder Hundekuchen, die wie Hydranten geformt sind. Man kann aber keinen Brief aufgeben und kein rezeptpflichtiges Medikament bekommen. In dem ganzen riesigen Komplex mit seinen über 500 Läden gibt es weder Apotheke noch Postamt. Die Mall handelt mit dem Überraschenden und Überwältigenden. Das Nützliche und Lebensnotwendige ist nicht ihr Geschäft.

Die MoA-Betreiber zählen 40 Millionen Besucher pro Jahr, darunter mehr als 5000 Brautpaare, die sich seit Eröffnung der Chapel of Love vor zehn Jahren dort das Ja-Wort gegeben haben. Neue Attraktionen kommen immer mal wieder dazu. So kann man seit einiger Zeit im Amazing Mirror Maze durch ein Labyrinth aus Spiegeln irren. Außerhalb des Spiegelkabinetts ist der Orientierungsverlust der Besucher subtiler arrangiert. Die Mall hat mehr als 30 000 Quadratmeter Skylight-Fläche, aber kein einziges Fenster. 250 Überwachungskameras sind installiert, aber keine einzige Uhr. Nichts soll den Besucher an Raum und Zeit, an den Alltag außerhalb des Mall-Universums erinnern. Er soll endlos bummeln, shoppen, sich amüsieren – und im Idealfall eben auch den Überblick verlieren, wie viel Geld er dabei ausgibt.

Doch es scheint, als hätten die Malls ihre besten Zeiten hinter sich. Deckten die Amerikaner Mitte der 1990er Jahre noch fast 40 Prozent ihres Einkaufsbedarfs in der Mall, waren es 2002 nur noch knapp 20 Prozent. Seit 2006 ist laut Branchenverband ICSC in den USA keine einzige geschlossene Mall mehr neu eröffnet worden. Und auf der Website deadmalls.com häufen sich die Nachrufe auf verlassene Malls, die von ihren treuesten Kunden beweint werden wie der letzte aufgegebene Tante-Emma-Laden in der Stadt.

Als Geistermall könnte auch Xanadu Meadowlands bald enden – und das, bevor nur ein einziger Kunde hier seine Runden gedreht hat. Amerikas jüngste und zugleich gigantischste Mall wird seit einigen Jahren in East Rutherford (New Jersey) gebaut, unweit von Manhattan. In der 2,3 Milliarden Dollar teuren Rekordmall soll es unter anderem das größte Kino der Nation geben, einen vertikalen Windtunnel zum Skydiving und die erste Indoor-Skipiste der USA. 2007 hätte sie eröffnet werden sollen. Doch die Einweihungsparty wurde immer wieder verschoben, zuletzt auf unbestimmte Zeit. Geldgeber und Mieter sind abgesprungen.

Die Investoren von Xanadu Meadowlands haben sich gleich doppelt verkalkuliert. Erstens kam ihnen die Rezession dazwischen. Und zweitens hat sich inzwischen der Trend gedreht. In letzter Zeit kommt beim Shopping in Amerika ein Klassiker wieder in Mode: Die gute, alte *Main Street*. In manchen Städten wie etwa in Winter Park, Florida, und Amarillo, Texas, hat man sie buchstäblich wieder ausgegraben – dort ließen die Stadtväter den Asphalt aufreißen, um die darunter verborgenen, historischen Pflasterstraßen aus roten Ziegeln freizulegen. Der Begriff des *New Urbanism,* die Rückbesinnung auf das urbane Leben mit seiner Mischkultur aus Wohnen, Arbeiten und Einkaufen, ist in aller Munde.

Nimmt die *Main Street* also späte Rache an der Mall? Zieht sie die Konsumenten wieder in die Stadt zurück? Zum Teil mag das so kommen. Denn ironischerweise sind die Probleme der Innenstädte längst auch in den Suburbs und ihren Malls angekommen: Verarmung, Obdachlosigkeit, Kriminalität, ethnische Spannungen. Das US-Frauenmagazin *Good Housekeeping* brachte 1998 eine Geschichte mit dem Titel »Danger at the Mall«. Dieselbe kaufkräftige Kundschaft, die bis in die 1990er Jahre aus den Städten geflohen war, zieht es nun just dorthin zurück. Umgekehrt verdrängt die Gentrification die sozial Schwächeren aus den Innenstädten in die Suburbs. Amerikas Vorstadtmalls seien nicht länger Schutzgebiete für die weiße Mittelklasse, befand die britische Zeitschrift *The Economist* Ende 2007.

Doch so leicht geben Amerikas *developer* nicht auf. Sie setzen Disneys Konzept der Main Street jetzt nur noch konsequenter um. In den 1980er Jahren galt ein Glasdach als letzte Rettung für veraltete Einkaufszentren. Heute ist es umgekehrt: Geschlossene Malls werden geöffnet. Neue Shoppingcenter baut man wieder unter freiem Himmel, *brick streets* und Kolonialstil-Fassaden inklusive, und vermarktet sie als *town-* oder *lifestyle centers*. Hier gibt es Konzerte und Restaurants mit Kellnern statt Fastfood mit Musik vom Band. In manchen dieser neuen Gebilde auf der grünen Wiese kann man sogar wieder wohnen und arbeiten. Für Bauherren und Betreiber ist das die perfekte Lösung. Sie haben wieder etwas Neues zu bieten und sparen zugleich eine Menge Geld. Denn offene Malls sind nicht nur schneller und billiger zu bauen, sie sind auch günstiger im Unterhalt.

Wenn Sie nun aber Tom fragen, einen Dozenten, der mit Frau und zwei Kindern in Manhattan wohnt, dann winkt der beim Thema Mall gleich ab – egal ob geschlossen oder *lifestyle*. Auch Anne, Unternehmensberaterin aus Iowa mit großer Familie, zieht nichts mehr in die Welt der Fressmeilen und Ladenpassagen. Beide würden Ihnen sagen, dass sie ihre Zeit besser nutzen können, als in Malls herumzuirren, und dass sie generell nur noch selten einen Laden betreten. Meistens wählen sie ein anderes Einkaufskonzept *made in USA,* das den Einzelhandel längst nicht mehr nur in Amerika aufmischt: Amazon.

Der ehemals reine Online-Buchversand aus Seattle ist zum virtuellen *big box store* der Nation geworden, der fast alles unter einem Dach anbietet. Andere E-Commerce-Unternehmen ziehen nach. Hier ist der Einkauf bequemer als im Eckladen. Hier findet man schneller als in jedem Fachgeschäft heraus, wie andere Käufer ein Produkt oder dessen Anbieter bewerten. Man kann, wie Anne, sämtliche Weihnachtsgeschenke samt Verpackung in einer einzigen Mittagspause ordern. Man kann sich, wie Tom, mit einem einzigen Mausklick die Babywindeln fortan frei Haus liefern lassen, statt sie durch die Stadt zu schleppen – Windeln per Dauerauftrag, und Tom bekommt noch einen Discount dafür. Noch ist der Anteil des elektronischen Handels am gesamten US-Branchenumsatz mit knapp vier Prozent gering, doch er wächst seit Jahren deutlich schneller als der übrige Einzelhandel.

Aber wem erzähle ich das alles – Sie kennen das längst aus Deutschland und auch aus anderen Ländern. Amazon, Shoppingmalls, Outlet Stores: Ist das überhaupt noch typisch amerikanisch? Gibt es im Zeitalter der Globalisierung gar kein »echtes« USA-Einkaufserlebnis mehr? Ich denke schon. Es ist zwar nicht besonders spektakulär, kann aber unterhaltsamer sein als jeder Mallbesuch. Die Rede ist vom *garage sale*.

Amerikaner bewahren in ihren Garagen meistens alles Mögliche auf, nur nicht ihre Autos. Die stehen in der Einfahrt, denn erstens muss man sowieso dauernd irgendwohin fahren, und zweitens sind die meisten älteren Garagen für moderne SUVs oder Minivans zu klein. Drittens und in erster Linie aber braucht man die Garage als Abstellraum für Ausgemustertes, vor allem, wenn das Haus keinen Keller hat. »Und weil wir noch lieber etwas Neues kaufen, als etwas Altes zu horten«, wie es meine Nachbarin Irene formuliert, ist irgendwann ein *garage sale* fällig – spätestens dann, wenn das Garagentor nicht mehr zugeht.

Fast überall in den USA gibt es diese Institution, auch *yard sale* oder *moving sale* genannt. Wenn Amerikaner umziehen oder einfach nur ausmisten, veranstalten sie in der Garage, im Vorgarten oder im Hof einen privaten Flohmarkt. Verkauft werden Möbel und sonstiger Hausrat, Garten- und Sportgeräte, Kleidung, Spielzeug und Bücher; ab und zu ist sogar ein Auto dabei. Häufig tun sich mehrere Familien oder die Nachbarn einer ganzen Straße zusammen. Wer für sein altes Sofa oder für zehn Jahrgänge *National Geographic* keinen Käufer mehr findet, lässt zum Schluss einfach alles am Straßenrand stehen. Oft nimmt noch jemand das eine oder andere als Gratisware mit. Den Rest entsorgt die Müllabfuhr.

Uns hat Irene gleich am Tag unseres Einzugs auf die richtige Spur gebracht. Wir waren mit dem Flugzeug gekommen, aber unser Hausrat steckte in Schiffscontainern und würde erst Wochen später eintreffen. Nach einem Blick durch die leeren Räume drückte Irene uns das lokale Wochenblatt und den Stadtplan in die Hand. Es war ein Freitag im August, und fürs Wochenende waren per Kleinanzeige ein Dutzend *garage sales* angekündigt.

Bis Samstagmittag hatten wir einige Stadtteile Princetons und eine Menge Leute kennengelernt. Wir hatten festgestellt, dass auch Amerikaner gern um Preise feilschen. Wir wussten deutlich mehr über die besten Elektro-Kleingeräte und Pilates-Kurse auf DVD. Vor allem aber hatten wir eine Grundausstattung für unser neues Haus beisammen, darunter einen Gartentisch mit vier Klappstühlen, einen feuerroten Blechbollerwagen und einen Föhn für 50 Cents. Alles zusammen hatte vielleicht 50 Dollar gekostet.

Unsere Möbel aus Deutschland kamen vier Wochen später,

und inzwischen ist auch unsere Garage schon ziemlich voll. Doch wann immer wir auf einem Ausflug an einem Baum oder Laternenpfahl so ein typisches Hinweisschild sehen (»Multi-Family Yard Sale, Second Right«), biegen wir rechts ab. Oft finden wir nichts Besonderes, aber fast nie fahren wir ohne irgendeinen kleinen Fund weiter – und mit dem (amerikanischen?) Gefühl: Das war ein guter Deal!

Diets: **Die Esskultur**

»A nation's diet can be more revealing than its art or literature.« (Eric Schlosser, *Fast Food Nation: The Dark Side of the All-American Meal,* 2001)

Ein Kilo pro Monat – das nahm ich im Schnitt in Amerika zu. Damals war ich Mitte Zwanzig. Morgens ging ich zu Fuß zur Arbeit, abends regelmäßig laufen oder ins Fitness-Studio. Fritten, Burger und Hotdogs mochte ich schon damals nicht besonders, Cola und andere Softdrinks auch nicht. *American breakfast* mit Pfannkuchen, Ahornsirup, Eiern und Speck gab es nur am Wochenende. Trotzdem zeigte die Waage nach sechs Monaten sechs Kilo mehr an.

Das war nun weit entfernt von jenem Rekord, den der Dokumentarfilmer Morgan Spurlock durch Dauerfuttern in Amerikas bekanntestem Fastfood-Restaurant aufstellte: Nur ein Monat lang täglich extragroßes Frühstück, Lunch und Dinner bei McDonald's machten ihn um gut elf Kilo dicker – ein Selbstversuch, den Spurlock 2004 in seinem preisgekrönten Film »Super Size Me« aufgezeichnet hat. Doch das Prinzip des *supersizing* funktioniert auch in kleineren Schritten über längere Zeit. Es funktioniert sogar ohne McDonald's, Burger King, Pizza Hut, Taco Bell und wie die Fastfood-Ketten sonst noch heißen, obwohl das Wort und das Konzept dort erfunden wurden. (Die Fastfood-Firmen hatten herausgefunden, dass fast niemand zwei Portionen kauft, dass aber bei *einer* »extragroßen« Portion die Hemmschwelle deutlich niedriger liegt.)

Es erwischt zuverlässig jeden, der sich von dem überreichen Angebot industriell hergestellter Lebensmittel *made in USA* überwältigen lässt. Meine sechs Kilo »Übergepäck« auf dem Rückflug stammten in erster Linie von extra-kalorienreichen Salatsoßen, von besonders großen Portionen besonders sahniger

Eiscreme und von abgepacktem Brot, das sich wie ein Schwamm zusammenpressen lässt und ungefähr genauso nahrhaft ist – weiß, weich und mit Maissirup angereichert. In Deutschland dauerte es mehrere Wochen, bis ich mich wieder an die kleineren Portionen und an die weniger intensive Süße der meisten Lebensmittel gewöhnt hatte.

All das findet man in Amerika auch heute: zu große Portionen, zu viel Zucker, zu viel Salz, zu viel Fett, zu viele Extras, zu viele Aromen und Farbstoffe. Das Prinzip »Mehr ist besser« funktioniert noch immer. »Einen Kaffee, bitte« – das ist eine Bestellung, die man im Coffeeshop nur selten hört. Eher wird so etwas wie »One double skim iced caramel cap« (ein doppelter, geeister Karamel-Cappucchino mit fettarmer Milch) verlangt. Am Kiosk im New Yorker Bryant Park gibt es Kakao in sechs verschiedenen Geschmacksrichtungen, aber keinen Kakao *ohne* Zusatzaroma. Eine »kleine Portion« Eis entspricht drei, vier Kugeln einer durchschnittlichen Eisdiele in Deutschland, und selten wird sie ohne *toppings* – m&ms, Zuckerstreusel oder karamelisierte Walnüsse – geordert.

Ein ähnlicher Overkill droht in amerikanischen Supermärkten. Die mit Abstand größte Auswahl hat man bei Softdrinks und Snacks – *chips* und *crackers, cakes* und *cookies, dips* und *donuts*. Der Anreiz, mehr zu kaufen, ist überall präsent: Wer gleich drei Tiefkühlpizzas oder die extragroße Familienpackung Hotdog-Würstchen nimmt, kriegt mehr für sein Geld. Meistens wird das Zeug nicht einmal schlecht. Industriell verarbeitete Lebensmittel sind in den USA extrem lange haltbar, und wenn man Ernährungsfachleuten glaubt, die nicht von der Lebensmittelindustrie bezahlt werden, ist das kein gutes Zeichen. Dass konventionelle Milch neben Kalzium und Vitaminen auch Antibiotika und Wachstumshormone enthält, muss man wissen – es steht nämlich nicht drauf. Nur umgekehrt wirbt die Bio-Milch damit, dass sie hormon*frei* ist.

Doch mit diesen Regalkilometern voll Junkfood und genetisch manipulierter Nahrung ist Amerikas Lebensmittel-Landschaft nicht mehr vollständig beschrieben. Zwar bestehen solche Monokulturen in manchen Regionen weiter: So kam meine Nachbarin Kathy kürzlich von einer Reise ins ländliche Indiana zurück und hatte dort im Supermarkt zwar eine reiche Auswahl an Pudding, aber keinen einzigen Joghurt gefunden. An den Küsten und in anderen urbanen Ballungsgebieten ist inzwischen aber auch das Angebot an frischen Lebensmitteln geradezu überwältigend. Neben Fertig-Burgern und Chicken Nuggets für die Mikrowelle wird Hackfleisch von Weiderindern aus Montana und Freilandgeflügel in bester Qualität verkauft. Obst und Gemüse aus der Region werden angeboten; *to buy local* ist wieder populär. Auch *farmers markets,* in denen man Waren direkt vom Bauern kaufen kann, haben Konjunktur. Unser örtlicher Supermarkt bietet *heirloom tomatoes* – traditionelle Sorten – in rustikalen Bauernkörben an. Alle paar Minuten ertönt dezentes Donnergrollen vom Band, während ein künstlicher Frischhalte-Sprühregen auf Salate und Kräuterbündel niedergeht. Und auch hier ist längst zu haben, was vor 30 Jahren noch ein Nischendasein in Bioläden oder *food co-ops* fristete: *organic food,* Lebensmittel aus biologischem Anbau.

Ende der 1970er Jahre gab es in den ganzen USA vielleicht ein halbes Dutzend Öko-Supermärkte. Zu diesem Zeitpunkt liehen sich in Austin, Texas, zwei Studienabbrecher 45 000 Dollar von Familien und Freunden. Sie gründeten einen Bioladen, den sie, in Verballhornung des kalifornischen Einzelhandelskonzerns Safeway, SaferWay tauften. Zusammen mit zwei weiteren jungen Geschäftsleuten eröffneten sie 1980 den ersten Whole-Foods-Supermarkt. Bald expandierte das Unternehmen nach New Orleans und Palo Alto, Kalifornien. Heute ist Whole Foods die größte Öko-Supermarktkette der Welt mit knapp 280 Filialen. Zuletzt hat der Konzern die Nummer zwei der Branche, Wild Oats, geschluckt.

Nun wird der Gehalt der Bezeichnung *organic* in Amerika ebenso angezweifelt wie der von Bio in Deutschland, und Puristen halten das von Whole Foods propagierte Lebensmittel-Idyll für nicht viel mehr als eine clevere Geschäftsidee – immerhin verkauft auch dieser Konzern jede Menge industriell produzierter Waren. Zudem war Whole Foods sofort als *Whole Paycheck* verschrien, weil sich nur Leute mit großem Gehalt den Einkauf dort leisten konnten. Doch mittlerweile haben Einzelhandelsriesen wie Walmart und ShopRite ebenfalls *organic food* im Angebot – ein deutliches Zeichen für eine breitere Nachfrage. Und mag der Anteil von Whole Foods am Lebensmittelmarkt auch weniger als ein Prozent betragen: Dass in Amerika heute insgesamt anders eingekauft und gegessen wird als vor 30 Jahren, ist nicht zuletzt ein Verdienst dieses Unternehmens. Sein Name steht für eine *food revolution,* wie es im *New Yorker* hieß.

Nicht nur Fernsehköche wie Rachel Ray und Christopher Kimball, sondern auch die *food journalists* Eric Schlosser und Michael Pollan zählen heute zu den erfolgreichsten amerikanischen Autoren. Bestseller wie Schlossers *Fast Food Nation* (2001) und Pollans *The Omnivore's Dilemma* (2006) decken die ungesunden Praktiken der Junkfood-Industrie auf und werben für eine neue Esskultur. Dabei impliziert der Ruf nach einer neuen Ernährungsethik weit mehr als nur das Verlangen nach gesünderem Essen: Hier wird eine Kultur (wieder) entdeckt, in der Qualität statt Masse zählt, in der Lebensmittel umweltgerecht produziert und fair gehandelt werden.

Die Sehnsucht nach Erdung, nach einer direkten Verbindung zwischen Mensch und Land kann dabei ebenso eine Rolle spielen wie der unverwüstliche amerikanische Glaube an ewige Jugend – diesmal nicht durch Fortschritte der Pharmaforschung, sondern durch natürlich-optimale Ernährung. »I'm quite religious about food«, fasst es eine Vegetarierin aus meinem Bekanntenkreis zusammen. Sie hat sich zuerst das Fleisch-, dann das Geflügel- und zuletzt auch das Fischessen abtrainiert. Ihre beste Freundin ist Veganerin und *animal lover,* die in ihrem Haus kein einziges Tierprodukt duldet, nicht einmal Wollsocken. Das mag nicht gerade die Regel sein, ist aber längst nicht mehr so exotisch, dass man sich nicht bei der Planung einer Dinnerparty auf diverse Sonderwünsche einstellen müsste. Jeder hat seine eigenen Vorstellungen von der optimalen *diet.* »Früher gab es den großen, traditionellen Weihnachtsbraten«, sagt Betty, die jedes Jahr ihre Kinder und Enkel zum *Christmas dinner* einlädt. »Aber in den letzten Jahren habe ich mich schon beim Einkaufen gefragt, was eigentlich in uns gefahren ist. Der eine ist Vegetarier. Der andere isst Meeresfrüchte, aber keinen Fisch, und für den nächsten sind Kohlehydrate das reinste Gift. Inzwischen muss ich fast für jeden etwas anderes kochen.«

Sind die USA also auf dem Weg von der *Fast Food Nation*

zum Land der Gourmets und Gesundheitsapostel? Jede Fahrt durch Amerikas Stripmalls mit ihren *Drive-Thrus* und *pizza parlours* rückt solche Vorstellungen schnell wieder in die richtige Perspektive. Ja, gesunde Ernährung ist *ein* Trend in den USA. Doch für viele Amerikaner zählt in erster Linie noch immer etwas anderes, wenn es ums Essen und Trinken geht: Ist es preiswert? Ist es bequem? Und vor allem: Geht es schnell?

Super Size Me: Fastfood

»Americans want their food to be quick, convenient, and cheap.« (John Ikerd, The New American Food Culture, *Field Notes,* Frühjahr 2005)

Amerikaner haben wenig Zeit. Sie haben mehr Kinder, längere Arbeitszeiten und legen im Alltag weitere Entfernungen zurück als der Durchschnittseuropäer. Deshalb haben traditionelle Familienmahlzeiten in den USA laut Umfragen heute Seltenheitswert. Im Alltag zählt es schon als Kochen, wenn man eine Fertigportion Käse-Makkaroni in der Mikrowelle heißmacht. »Did you make that from scratch?«, Ist das wirklich selbst gemacht? – Diese Frage wird hier fast immer mit erstauntem Unterton gestellt, egal ob es um Geburtstagstorte oder Gemüseeintopf geht. All dies trifft in gewissem Maße heute sicher für viele Länder zu. Doch die Fastfood-Kultur ist nicht nur deshalb besonders typisch für Amerika, weil sie hier erfunden wurde. Sie hat sich außerdem in diesem Einwanderungsland ohne ausgeprägte Regionalküchen besonders nachhaltig durchsetzen können – angeschoben von einem hoch dynamischen Industriekapitalismus, gefördert von einer industriefreundlichen Politik und angenommen von einer fortschrittsgläubigen Konsumgesellschaft.

Paradoxerweise sollte einer der größten Dickmacher der *All-American diet* ursprünglich sogar für gesündere Ernährung sorgen. Ende des 19. Jahrhunderts konnte das amerikanische Frühstück aus Schinken, Würsten, Austern, Eiern oder Schweinsfüßen bestehen – nicht das Richtige, um den Körper für die Rückkehr Christi rein zu halten, wie Ellen G. White, die Mitbegründerin und Prophetin der Siebten-Tages-Adventisten befand: Gott verlange eine fleischlose Diät. Diesen Befehl von ganz oben versuchte John Harvey Kellog, der Leiter einer Mormonenklinik in Michigan, nun umzusetzen. Zum Frühstück ließ er gekochtes Getreide servieren. Doch die Zubereitung war aufwendig, und die Patienten mochten den zähen Brei nicht. Gemeinsam mit seinem Bruder Kevin experimentierte Kellog deshalb mit den Körnern, bis sie eher durch Zufall eine gute Methode fanden: Gekochte, gepresste und wärmegetrocknete Getreideflocken, die man einfach mit Milch übergießen konnte. Die Cornflakes waren geboren.

Zum Streit kam es zwischen den Brüdern, als sie die Frühstücksflocken auf den Markt bringen wollten. John hielt Zucker für Teufelszeug. Kevin hielt ihn für notwendig, um den Amerikanern das neue Produkt schmackhaft zu machen. Wie wir alle wissen, hat Kevin sich durchgesetzt. Kellog's Cornflakes wurden ein Riesenhit – zuerst in Amerika, dann in der ganzen Welt. Trotz eines Zuckeranteils von bis zu 55 Prozent werden die Flakes, Frosties und Crispies noch immer – erfolgreich – als gesundes Getreidefrühstück vermarktet. Dabei wäre es in manchen Fällen »gesünder, den Karton zu essen«, wie es die Ernährungswissenschaftlerin Marion Nestlé ausdrückt.

Nach dem Frühstück steht die nächste Fastfood-Station für die meisten amerikanischen Kinder schon fest: Das Mittagessen in der Schule. Das wöchentliche Lunch-Menü meines Sohnes in der staatlichen Grundschule las sich wie die Speisekarte eines Schnellrestaurants: montags French Toast, dienstags Chicken Nuggets, mittwochs Hoagies (Riesen-Sandwiches), donnerstags »Macho Nachos«, freitags Tony's Pizza. Gemüse und Salat waren Nebensache. Das hat einen einfachen Grund, wie Michael Pollan schreibt: »Unsere Kinder werden als menschliche Müllhalden für all die ungesunden Kalorien missbraucht, die unsere Farmer mit tatkräftiger Unterstützung der Agrarpolitik im Übermaß produzieren.«

Das nationale *school-lunch*-Programm ist ein Erbe der Nachkriegszeit. Zum Zeitpunkt seiner Einführung war es etwas, von dem scheinbar alle profitierten – was man in Amerika eine *win-win*-Strategie nennt: Die Bauern begannen dank moderner Anbaumethoden, Düngemittel und Subventionen mehr zu produzieren, als der Markt noch aufnehmen konnte. Das galt insbesondere für Weizen, Mais und Soja. Auf der anderen Seite war Unterernährung noch ein verbreitetes Problem. Was lag also näher, als den Schulkindern einmal täglich eine kalorienreiche Mahlzeit zu verabreichen?

Heute droht amerikanischen Kindern nicht mehr Unterernährung, sondern Fettleibigkeit. Trotzdem bestehen die staatlich bezuschussten *school lunches* nach wie vor zu einem großen Teil aus Fetten und Kohlehydraten, die aus Weizen, Mais und Soja gewonnen werden. Denn weder Agrarpolitik noch Lunchprogramm haben sich den veränderten Verhältnissen angepasst. Bietet eine Schulcafeteria Hähnchenbrust und Gemüse an, riskiert sie, dass ihr die Inspektoren des Agrarministeriums die Zuschüsse streichen – zu wenig Kalorien. Eine Mahlzeit aus dick panierten Chicken Nuggets und *Tater Tots* (frittierten Kartoffelresten) findet dagegen den Beifall der Behörden.

Nach so viel systematischer Vorbereitung von Kindesbeinen an ist es kein Wunder, dass der Durchschnittsamerikaner jede Woche drei Hamburger und vier Portionen Pommes Frites vertilgt. Alle US-Bürger zusammen verzehren Fastfood für mehr als 100 Milliarden Dollar. Nicht einmal für neue Autos oder für das Studium ihrer Kinder geben die Amerikaner so viel Geld aus wie für Doppel-Whopper und Happy Meals. Was Ende des 19. Jahrhunderts mit einer Handvoll Hotdog-Stände auf der Weltausstellung von Chicago begann, ist heute eine Industrie mit 250 000 Fastfood-Filialen und dreieinhalb Millionen Beschäftigten.

Vieles ist für die steile Karriere des Fastfood verantwortlich gemacht worden, unter anderem die Autofahrer-Gesellschaft und die wachsende Beschäftigungsquote der amerikanischen Frauen. Doch es war und ist wohl auch die Macht dieses industriell perfektionierten Produkts selbst, die das Land erobert hat. Konsistenz und Geschmack des Fastfoods werden von Laborchemikern ständig weiter optimiert. Wer seinen Geschmack einmal darauf eingestellt hat, kommt schwer wieder davon los. Die Zutaten werden maschinell verarbeitet, frittierfertig verpackt und tiefgefroren an die Kettenrestaurants geliefert. Dort wird das Essen nicht gekocht und serviert, sondern wie am Fließband einer Fabrik zusammengestellt, verpackt und geliefert. Dieses Prinzip hat Ray Kroc, der McDonald's zum Weltkonzern machte, von der Autoindustrie abgeguckt. Das Einheitsdesign sorgt dafür, dass die Konsumenten, wo immer sie auch sein mögen, ihre Marke mit der überschaubaren Palette immer gleicher Mahlzeiten sofort wiedererkennen.

Für kein anderes Produkt wird in Amerika so massiv geworben wie für Fastfood. McDonald's, seit jeher Branchenvorreiter, gibt mehr Geld für Werbung und Marketing aus als jede andere Marke. Entsprechend sind die *Golden Arches* und Ronald McDonald in Amerika heute bekannter als Coca Cola und Donald Duck. Keine andere Firma in den USA kauft mehr Rindfleisch, Schweinefleisch oder Kartoffeln als McDonald's. Der Konzern ist der größte private Spielplatzbetreiber der USA und einer der größten Arbeitgeber: Einer von acht amerikanischen Arbeitern hat irgendwann in seinem Leben einen Job bei McDonald's.

Das Marken-Franchise-System von McDonald's war ökonomisch dermaßen erfolgreich, dass es tausendfach kopiert wurde – von anderen Fastfood-Unternehmen, aber auch vom Einzelhandel und weiteren Branchen. Der Agraraktivist Jim Hightower warnte schon 1975 in seinem Buch *Eat Your Heart Out* vor der »McDonaldisierung« Amerikas: Er sah die wachsende Marktmacht der Fastfood-Industrie als Bedrohung für unabhängige Bauern und Unternehmer. Gleichzeitig warnte er vor einer standardisierten Einkaufs- und Esskultur. Tatsächlich hat Amerika heute mehr Gefängnisinsassen als unabhängige Vollzeitbauern. Auch die immer gleichen Stripmalls mit ihrem immer gleichen Ketten-Mix geben Hightower Recht: In Amerikas uniformen Einkaufszentren und *food courts* ist kaum mehr zu erkennen, ob man sich in Florida befindet oder in Idaho.

Und noch einen hohen Preis zahlt das Land für den Erfolg der Fastfood-Industrie und ihrer Geschäftsmethoden: Mit McDonald's kamen die *McJobs*. Von den Großfarmen und Schlachthöfen bis zu den Kettenrestaurants kommt die gesamte Branche heute weitgehend mit ungelernten Arbeitern aus. Einige wenige schaffen es in die Ränge des Managements. Der große Rest wird schlecht bezahlt, ist weder alters- noch krankenversichert und zieht meist schon nach einigen Monaten weiter – auf der Suche nach dem nächsten Job, der kaum einen allein und erst recht keine Familie ernährt. Mindestlöhne und bessere Sozialstandards hat die Branchenlobby ebenso verhindert wie wirksame Gesetze für die Lebensmittelsicherheit. »Die Fastfood-Industrie verkörpert die besten und die dunkelsten Seiten des amerikanischen Kapitalismus«, schreibt Eric Schlosser. »Sie steht für immer neue Produkte und Innovationen, aber auch für die ständig wachsende Kluft zwischen Arm und Reich.«

Unter Druck steht die Branche aber hauptsächlich aus einem anderen Grund. Sie wird für die verbreitete Fettleibigkeit, für Herzkrankheiten, Diabetes und explodierende Kosten im Gesundheitswesen verantwortlich gemacht. Vor allem der Protest gegen Fastfood in den Schulen wird lauter; an manchen Orten sorgen bereits Hilfsorganisationen oder Elterninitiativen für gesündere Schulmahlzeiten. Selbst Ansätze zu staatlicher Regulierung sind zu sehen: So darf an kalifornischen Schulen seit einigen Jahren kein allzu zucker- oder fetthaltiges Junkfood mehr verkauft werden; auch Softdrinks wurden aus den Schulcafeterias verbannt.

Die Fastfood-Industrie gibt für den Kampf gegen die staatliche Regulierung ihrer Branche Milliarden aus. Doch Bücher wie *Fast Food Nation* und Filme wie »Super Size Me« haben Wirkung gezeigt. Die Verbraucher begannen ihren Burgern zu misstrauen. Die Umsätze gingen zurück. Die Konzerne mussten reagieren. Deshalb kann man in den meisten Kettenrestaurants nun einen Salat statt einem Cheeseburger bestellen, gegrilltes Huhn statt frittierter Chicken Nuggets essen und Mineralwasser statt Cola trinken.

Womöglich könnte es den Hotdogs und Fritten in Amerika sogar ähnlich ergehen wie einst den Zigaretten: In den 1960er Jahren rauchte noch fast die halbe Nation. Bedenken wegen der Gesundheitsschädlichkeit wurden abgewiegelt. Auf wissenschaftliche Studien reagierte die Tabakindustrie zunächst mit Gegengutachten, dann mit angeblich gesünderen Light-Zigaretten. 1971 verhängte der US-Kongress ein Tabak-Werbeverbot in Rundfunk und Fernsehen. Erfolgreiche Prozesse gegen Tabakkonzerne machten Schlagzeilen. Heute ist Rauchen fast überall in den USA verboten und in vielen Gesellschaftskreisen verpönt.

Nur noch einer von fünf Amerikanern greift zur Zigarette – eine Generation zuvor waren es gut doppelt so viele.

Folgt man dieser Analogie, dann wäre die amerikanische Fastfood-Debatte soeben in der Phase des Light-Fastfoods (Salat bei McDonald's) und des Kampfes gegen das Passivrauchen angelangt: Wissenschaftler der Universität Michigan haben verschiedene Wohngegenden in Texas miteinander verglichen und festgestellt, dass die Zahl der Herzinfarkte um so höher lag, je mehr Fastfood-Restaurants sich in dem betreffenden Bezirk befanden. Zwar warnten die Autoren der Studie vor voreiligen Schlüssen: Noch sei nicht bekannt, ob Burger und Fritten per se für das höhere Infarktrisiko verantwortlich sind. Womöglich machten die Schnellrestaurants einfach dort das beste Geschäft, wo man, sei es aus Armut oder Ignoranz, insgesamt kein gesundes Leben führt. Doch für Fastfood-Gegner steht ohnehin längst fest: Schon die Nähe von McDonald's & Co. gefährdet die Gesundheit.

Zur Zeit setzen zumindest die Behörden noch auf kleine Schritte: Werbung für *healthy snacks,* Aufklärungskampagnen, in manchen Staaten auch Extra-Mehrwertsteuern auf Softdrinks oder Junkfood. Doch selbst wenn man Fastfood tatsächlich eines Tages ebenso mit Warnschildern bedruckte, mit gesetzlichen Werbe- und Verzehrverboten belegte wie Zigaretten: Ganz aus dem *American Way of Life* ist es nicht wegzudenken. Dass es vor allem für Leute mit geringem Einkommen weiterhin oft auf dem Speisezettel stehen wird, ist auch eine Frage der Verfügbarkeit – und des Preises. In den USA hat sich Obst und Gemüse in den letzten 25 Jahren um real 50 Prozent verteuert. Fastfood hingegen ist im gleichen Zeitraum, nicht zuletzt dank einseitiger Agrarsubventionen, inflationsbereinigt sogar billiger geworden. In Amerikas sozialen Ghettos ist Fastfood deshalb allgegenwärtig, und frische Lebensmittel sind eine Mangelware.

Einen besonders kreativen Weg, den Fastfood-Konsum gerade in den ärmeren Vierteln einzudämmen, hat man sich in New York ausgedacht. Als Vehikel dienen dabei ausgerechnet jene Imbisskarren, die normalerweise billiges Junkfood unters Volk bringen. Die *street carts* gehören zum Stadtbild New Yorks wie die gelben Taxis. Seit 2008 bietet das Gesundheitsamt nun 1000 Sonderlizenzen für mobile Snackverkäufer an, wenn diese statt Hotdogs mit Honigsenf Obst und Gemüse verkaufen. Einen grünen Schirm bekommen die *green-cart*-Betreiber dazu – als Markenzeichen der neuen Oasen in *food deserts,* also in Stadtvierteln, wo es schon lange keine herkömmlichen Lebensmittelläden mehr gibt. Mit den *green carts* will man dort wieder eine leicht zugängliche Alternative zum allgegenwärtigen Fastfood schaffen. Sein Geschäft laufe gut, erzählte ein *green-cart*-Verkäufer in der Bronx – und eigentlich sei das ja auch kein Wunder: »Oder können Sie sich bequemeres Fastfood vorstellen als eine Banane?«

Statussache: Slowfood

»No longer is America the developed world's worst food nation; in fact, it's perhaps the best.« (Jerry Weinberger, America's Food Revolution, *City Journal,* Sommer 2009)

In New York trafen wir neulich Pavel, einen Künstler aus der Schweiz. Wir gingen in ein Bistro in Midtown und teilten dort mit vielen anderen Gästen einen großen, rustikalen Holztisch. An einem Ende saßen junge Afroamerikanerinnen. Sie arbeiteten in der Modebranche, hatten sich länger nicht gesehen und baten einen Tischnachbarn, Gruppenfotos zu machen. Schräg gegenüber bestellte eine Familie mit zwei kleinen Kindern einen *organic baker's basket* mit traditionellem Landbrot. Die großen, runden Laibe werden in der zugehörigen Bäckerei gebacken und auch verkauft. Es wurde viel geredet und Zeitung gelesen. Besonders eilig hatte es niemand, obwohl sich vor dem Schild mit der Aufschrift »Please wait to be seated« schon eine Warteschlange gebildet hatte.

Pavel kannte die USA noch aus einer Zeit, als der Kellner die Rechnung schon auf den Tisch knallte, bevor die Teller leer waren. »Ich staune darüber«, sagte er, »wie sehr die Amerikaner in den letzten 20, 30 Jahren das Leben entdeckt haben.«

Das Lokal, von dem hier die Rede ist, ist weder amerikanisch noch einzigartig. Es ist eine von US-weit mittlerweile an die

50 Filialen der ursprünglich belgischen Kette Le Pain Quotidien. Auch in vielen anderen Städten der Welt von Düsseldorf bis Dubai ist sie inzwischen vertreten. Doch die USA waren das zweite Land, in dem Unternehmenschef Alain Coumont die Marke 1997 einführte – und das ist kein Zufall. Die Lokale mit dem betont schlichten Design eines Landgasthofs sind in Amerika extrem erfolgreich, weil sie einen starken Trend bedienen. »Freunde und Fremde kommen an unserem Gemeinschaftstisch zusammen, um ihr Brot miteinander zu teilen und um zu verweilen«, heißt es etwas salbungsvoll in der Werbung. Es wird betont, dass man überwiegend Lebensmittel aus nachhaltiger Landwirtschaft verwendet, dass die Einrichtung aus recyceltem Material besteht und mit umweltfreundlichen Mitteln geputzt wird. Le Pain Quotidien, mittlerweile mit Hauptquartier in New York, ist die erste Slowfood-Kette Amerikas.

Die Revolution begann in Berkeley, Kalifornien. Hier eröffnete Alice Waters 1971 gemeinsam mit dem frankophilen Literaturprofessor Paul Aratow das Restaurant Chez Panisse. Ihre Kochkunst hat französische Wurzeln – aber weniger in der Pariser *haute cuisine* als vielmehr in der mediterranen Küche der Provence, wo man Olivenöl statt Butter verwendet und Fleisch oder Fisch, Kräuter und Saisongemüse täglich frisch auf dem örtlichen Markt kauft. Das Prinzip der *cuisine du marché* hatte Waters auf ihren kulinarischen Reisen durch Südfrankreich und die Bretagne kennengelernt. Bei Chez Panisse in Berkeley wurde nun nach Rezepten aus Frankreich, aber nur mit Lebensmitteln aus der Region gekocht. Waters' Frischepostulat setzte einen Kontrapunkt zum industriell fabrizierten Einerlei in Amerikas Küchen: Kochen wie in (idealen) alten Zeiten – bevor es TV-Dinners, Erbsen aus der Dose und Erdbeeren von Januar bis Dezember gab.

Vor Chez Panisse kannte man in den gesamten USA nur eine Handvoll erstklassiger Restaurants, das Four Seasons in New York etwa und Le Triannon in San Francisco. Für gute Regionalküche stand allenfalls der amerikanische Süden. Im Großen und Ganzen war gutes Essen aber schlicht kein Thema. Für die Nahrungsaufnahme galt dieselbe Devise, die europäische Besucher schon in den frühen Tagen der amerikanischen Republik notierten: »gobble, gulp, and go«. Koch war ein ordentlicher

Beruf wie Klempner oder Lastwagenfahrer, aber von Starpotential konnte keine Rede sein.

Entsprechend konnte ein amerikanisches Gourmet-Dinner in den 1950er und 1960er Jahren zum Beispiel aus Aspiksalat und Austern Rockefeller bestehen. Aspiksalat war ein dunkelroter, auf Salatblättern angerichteter Wackelpudding aus Gelatine und pürierten Dosentomaten. Die Austern waren mit Käse und Paniermehl überbacken. Zum Dessert gab es Cherries Jubilee (flambierte Kirschen aus dem Glas) oder Holiday Divinity – eine Süßspeise aus geschlagenem Eiweiß, Gelatine mit Fruchtaroma, geschmolzenem Zucker und Maissirup.

In Alice Waters' Restaurant wurde Anfang der 1970er Jahre Beerentorte zum Dessert gereicht. Die soll den gelernten Architekten und enthusiastischen Hobbykoch Jeremiah Tower derart begeistert haben, dass er 1972 als Küchenchef bei Chez Panisse anheuerte. Aus der kleinen Küche in Berkeley zog der Duft der *California Cuisine* bald weit über die Grenzen der Universtitätsstadt hinaus. Etwa zur gleichen Zeit schufen kalifornische Winzer im Napa Valley ein neues Mekka für Weinliebhaber aus aller Welt.

Heute finden sich fast überall in Amerika zwischen den vielen Fastfood-Filialen immer wieder Restaurants, in denen experimentierfreudige Küchenchefs ihre eigenen Ideen von guter Küche umsetzen. In Großstädten wie New York und Chicago werden ständig neue Fusion-Restaurants oder Ethno-Foodbars zuerst als Geheimtipps gehandelt und dann in den Lokalmedien gerühmt, bis man, um dort zu essen, schon Wochen im Voraus einen Tisch reservieren muss.

In Los Angeles konsultiert, wer kulinarisch auf dem Laufenden sein will, die Kolumnen von Jonathan Gold. Er bekam 2007 als erster Restaurantkritiker den Pulitzerpreis, die höchste Auszeichnung für Journalisten. Gold schreibt über usbekische oder eritreische Startup-Restaurants, über Imbisswagen und Lückenfüller in Shoppingmalls. Er kostet das unverfälscht Exotische von frittierten Schafshoden bis zu gekochten Seidenraupen-Kokons, hat aber auch seine Freude an den Kombinationen des kulinarischen Schmelztiegels – wenn zum Beispiel Vietnamesen aus Texas in L. A. ein Restaurant für karibische Meeresspezialitäten aufmachen, in dem besonders gern Chinesen essen.

Alice Waters' Konzept für Chez Panisse hat ebenfalls Nachahmer im ganzen Land gefunden. Für gebildete Amerikaner ist kulinarisches Savoir-vivre heute eine Klassenfrage. Man schafft sich Zugang zu einer Welt des echten Luxus – und unterscheidet sich zugleich von den »Neureichen«, denen man jeden Geschmack abspricht, auch wenn sie die angesagten Luxusrestaurants bevölkern. Neben der Selbsterziehung zum Feinschmecker und Weinkenner ist dabei auch ambitioniertes Kochen in Mode gekommen. Einmal waren wir bei einem Wirtschaftsprofessor eingeladen, der alte Weine sammelt und eine Zeitschrift zur Ökonomie des Weins herausgibt. Zum Dinner servierte er vegetarische Gerichte nach eigenem Rezept. Gekocht hatte er mit Gemüse und Kräutern, die er im Biogarten hinter seinem Haus zog. Und als wäre es das Selbstverständlichste auf der Welt, wurden beim Essen nicht weniger als drei Flaschen äußerst seltener Weine geöffnet – darunter ein deutscher Weißwein, Jahrgang 1964.

Celebrity chefs werden in den USA heute wie Hollywood-Stars verehrt. Das verdanken sie neben Alice Waters einer weiteren Pionierin der kulinarischen Revolution in Amerika: Julia Child. Bereits in den 1960er Jahren demokratisierte sie die *haute cuisine* im Massenmedium Fernsehen. Ihre Live-Kochsendung *The French Chef* machte der amerikanischen Hausfrau Mut zu Boeuf Bourguignon und Ente à l'Orange. Die große, etwas ungeschlachte Julia mit ihrem dunklen Wuschelkopf war kein Ehrfurcht gebietender Meisterkoch. In ihrer TV-Küche wurde auch nur mit Wasser gekocht – oder vielmehr mit dem, was ein US-Supermarkt zu bieten hatte. Auch sie ließ schon mal ein Ei fallen, und auch ihr brannte schon mal die Sauce an. Als Child 1966 auf dem Titelblatt des *Time Magazine* als »Our Lady With The Ladle« gefeiert wurde, stand *Mastering The Art Of French Cooking,* das Kochbuch der Lady mit der Suppenkelle, längst in jedem amerikanischen Haushalt, der etwas auf sich hielt.

Kochkunst ist mittlerweile ein Riesengeschäft. Sogar Kindergeburtstage kann man schon in Restaurants feiern, wo die *kids* erste Kunstgriffe des Kochens oder Backens lernen. Doch auch wenn die Kochbücher der Starköche heute Bestseller sind: Hier geht es nicht vorrangig ums Kochen. Es geht um Brot und Spiele.

Gewiss, ein Teil Amerikas kocht selbst. Die große Mehrheit aber steht nicht in der Küche. Sie sitzt auf dem Sofa, das TV-Dinner neben sich, und schaut beim Kochen zu.

Seit 1993 sorgt ein ganzer Kochkanal im Kabelfernsehen dafür, dass auch Amerikas Ottonormalverbraucher kulinarisch auf dem Laufenden bleiben. Das *Food Network* ist heute in rund 100 Millionen Haushalten zu sehen. An einem gewöhnlichen Abend (wenn nicht gerade der Golfer Tiger Woods die eigene Legende an einen Baum fährt) zieht der Kochkanal mehr Zuschauer an als die Nachrichtenkanäle des Kabelfernsehens.

Aber »die Leute gucken nicht fern, um etwas zu lernen«, sagt Erica Gruen, Chefin des *Food Network* von 1995 bis 1998. Unter ihrer Regie verlagerte der Sender seine Hauptzielgruppe von Leuten, die gern kochen, auf Leute, die gern essen – eine deutlich größere Gruppe mit deutlich mehr Männern. Und weil Männer es sportlich mögen, gibt es am Abend nun Shows wie *Iron Chef America:* Die Küche wird zum Stadion. Hier wetteifern Köche miteinander, wer innerhalb einer Stunde aus einer bis zuletzt geheimgehaltenen Grundzutat – etwa einem Tintenfisch – das spektakulärste Menü zusammenbrutzelt. Den professionellen Kommentar dazu liefert Moderator-Küchenchef Alton Brown; die Virtuosität der Wettkämpfer beim Möhrenschnippeln wird in Zeitlupe gezeigt. Seit 2005 kämpfen außerdem Tausende junger Amerikaner um einen Platz in der Reality-Show *The Next Food Network Star,* um selbst *celebrity chef* zu werden.

Den Star- und Hobbyköchen auf dem TV-Bildschirm werden indes immer weniger aktive Familienköche gegenübersitzen. Davon ist Harry Balzer, ein alter Hase im Geschäft des Lebensmittel-Marketing, überzeugt: »Ein Huhn zum Dinner – das hieß vor 100 Jahren: Man fing das Huhn draußen auf dem Hof und drehte ihm den Hals um. Vor dem Braten musste es gerupft und ausgenommen werden. Kennen Sie irgendjemanden, der das heute noch tut? Er würde glatt für verrückt erklärt. Genauso wird Ihren Enkeln das Kochen vorkommen: Als etwas, das die Leute früher tun mussten, weil sie keine andere Wahl hatten.« Die Zeiten änderten sich eben, meint Balzer achselzuckend: »Get over it.«

Nur eine uramerikanische Variante des Kochens wird die Zeiten und Trends wohl auch in Zukunft überdauern: Das gute Steak vom Grill. Die Vorliebe für Steaks, sei es aus dem *steak house* oder vom *home grill,* eint Amerikaner aller Klassen und Regionen vom Fastfood-Junkie bis zum Slowfood-Connoisseur. Steaks sind alltäglich und zugleich etwas ganz Besonderes. In Iowa nahmen mich Kollegen einmal mit zu einem Steakhaus, das – wie sie betonten – bei Bankern und Truckern gleichermaßen beliebt sei. Schon auf der Fahrt dorthin hatte ich das Gefühl, eher zu einem heiligen Ritual unterwegs zu sein als zum Lunch. In dem Restaurant saß man im Halbkreis um eine große, offene Feuerstelle, auf der fünf Grillmeister die Fleischstücke unter den kritisch-erwartungsvollen Blicken ihrer Kunden *medium* oder *rare* brieten. Zuvor aber galt es, sein Steak noch im Rohzustand selbst auszuwählen – aus einer langen Reihe von Kühlschränken mit Glastüren, sortiert von *Cube* über *New York Strip* bis *T-Bone.* Kaum eines davon wog weniger als ein Pfund.

Die Auswahl der verschiedenen *cuts* und die Qualität der Steaks ist schon in den normalen Supermärkten beeindruckend. Kaum ein Familienvater, der nicht einen mächtigen Grill im Garten stehen hätte und den auch fachmännisch zu bedienen wüsste. An Sommerabenden zieht der Duft der Barbecues durch alle Straßen. Hotdogs und andere Grillwürstchen sind dabei höchstens etwas für Kinder. Am 4. Juli, dem Unabhängigkeitstag, oder am Wochenende vor dem Labor Day, dem ersten Montag im September, der traditionell das Ende des Sommers markiert, ist Amerika ein einziges Grillfest. Und wenn man bedenkt, dass hier zumindest zwei kategorische Imperative der amerikanischen Essgewohnheiten erfüllt sind, ist die Vorliebe für das gute Steak nur konsequent: Es ist vielleicht nicht billig. Aber es ist definitiv *quick and convenient.*

Truthahn für alle: Thanksgiving

»But Thanksgiving is more than eating, Chuck. ... We should just be thankful for being together. I think that's what they mean by Thanksgiving, Charlie Brown!« (Marcie in dem Trickfilm »A Charlie Brown Thanksgiving« von Charles M. Schulz, 1973)

Beim Thanksgiving geht es um mehr als nur ums Essen – Charlie Browns Freundin Marcie hat recht. Aber zugleich liegt sie natürlich falsch. Thanksgiving, das (säkulare!) amerikanische Erntedankfest, wäre ohne das *Thanksgiving dinner* nicht denkbar. Das große Familienessen mit Truthahn ist das Ritual, mit dem die Tradition zelebriert und greifbar wird; es ist der Anlass, zu dem sich auch solche Familienangehörige einfinden, die sonst das ganze Jahr über eigene Wege gehen.

Wie Erntedankfeste in aller Welt preist auch die amerikanische Nationalfeier die Gaben der Natur. Doch als mindestens ebenso wichtig gilt es, sich die *nicht* materiellen Güter bewusst zu machen, für die man dankbar sein muss: Familie, Freunde, Gesundheit. Kaum ein Vorschulkind, das seiner Mutter nicht am Mittwoch vor Thanksgiving einen selbstgebastelten Papp-Truthahn mit der Aufschrift »I am thankful for my Mommy« mit nach Hause bringt.

Thanksgiving wird jedes Jahr am vierten Donnerstag im November gefeiert. Es markiert auch den Auftakt der *holiday season*, der Vorweihnachtszeit, wie wir sagen würden. Doch das hört man in Amerika nicht mehr oft. Ebensowenig wie »Merry Christmas« – der Wunsch, ein glückliches Weihnachtsfest zu feiern, gilt als potentieller Affront gegen Andersgläubige. Auf den hier üblichen Grußkarten ist er weitgehend durch »Happy Holidays« ersetzt worden. »Happy Thanksgiving« hingegen darf man auch heute überall wünschen. Denn anders als das christliche Weihnachtsfest ist Thanksgiving tatsächlich ein Feiertag, auf den sich auch im Amerika der ethnischen und religiösen Vielfalt fast alle einigen können.

In über 100 Millionen Haushalten wird Thanksgiving gefeiert. Zu keiner anderen Jahreszeit sind so viele US-Bürger unterwegs wie am langen Thanksgiving-Wochenende: Knapp 39 Millionen Amerikaner reisten laut Automobilverband AAA 2009 weiter als 50 Meilen zur Familienfeier an, gut zwei Millionen davon per Flugzeug. Und knapp neun von zehn Amerikanern verspeisen zu diesem Anlass Truthahn, heißt es bei der National Turkey Federation. Kein Wunder also, dass sich Peppermint Patty von den Peanuts bitterlich beklagt, als Charlie Brown und Snoopy an diesem Tag improvisieren und Toast mit Erdnussbutter, Popcorn und *jelly beans* servieren: »Das soll ein *Thanksgiving dinner* sein? Wo ist der Truthahn, Chuck? Hast du denn gar keine Ahnung?«

Dass dieser Feiertag hier ganz andere Dimensionen hat als das Erntedankfest in Deutschland, wurde mir zum ersten Mal klar, als unsere Nachbarn Debbi und Ben uns zum *Thanksgiving dinner* einluden. Wir waren elf Erwachsene und fünf Kinder. Debbi hatte zuvor vier Tage lang organisiert, eingekauft, bestellt und abgeholt. Unter anderem einen gewaltigen Truthahn – sie, die überzeugte Vegetarierin ist und sonst kein Tierprodukt außer Eiern und Milch in ihrer Küche duldet.

Doch für dieses eine Mal im Jahr kommt auch in diesem Haushalt der überdimensionale Herd zum Einsatz, wird das Fleischthermometer aus dem Schrank geholt und geht Traditionssinn vor individuellen Eigenheiten. Debbis einzige Bedingung ist, dass ihr Schwager die Zubereitung des Truthahns übernimmt, und auch beim Essen beschränkt sie sich auf die obligatorischen Beilagen: *mashed potatoes* (Kartoffelbrei), Bohnengemüse, *cranberry sauce* (Moosbeerensauce). *Pumpkin pie* (Kürbiskuchen) bringt die Schwiegermutter mit. Und so feiert eine jüdische Familie aus New York und Philadelphia mit ihren christlichen Nachbarn aus Deutschland ganz klassisch Thanksgiving – »das einzige große Fest, das wir alle zusammen feiern können«, wie Debbi sagt.

Wie bei vielen nationalen Erzählungen gehen die Meinungen über die genauen Ursprünge dieser Tradition auseinander. Mythen und historische Fakten lassen sich nicht trennen. Manche Historiker verorten das erste Thanksgiving-Fest 1619 bei britischen Kolonisten in Virginia. Überwiegend wird aber Plymouth, die Stadt der Pilgerväter im heutigen Massachusetts, als Geburtsort genannt. Dort feierten 1621 die Siedler aus England gemeinsam mit Wampanoag-Indianern ein gemeinsames Erntedankfest, nachdem die *pilgrims* mit Hilfe der Wampanoag den ersten Winter in der neuen Welt überstanden und eine gute Ernte eingefahren hatten.

Nicht nur Vertreter der *Native Americans* halten dagegen, dass Erntedankfeste bei den Ureinwohnern des Kontinents schon Jahrhunderte vor dem Eintreffen der ersten weißen Siedler üblich waren. Vor allem aber wird die suggerierte Harmonie zwischen Engländern und Indianern als romantisierender Mythos, als Geschichtsklitterung der weißen Neu-Amerikaner kritisiert. Die Indianerorganisation Oyate nennt Thanksgiving schlicht ein *fake feast,* einen Schwindel. Denn die angebliche Verständigung zweier Kulturen in Neuengland endete in der zweiten Hälfte des 17. Jahrhunderts mit einem Massaker: Nur 400 Wampanoag überlebten »King Philip's War«, den Krieg ihres von den Engländern King Philip genannten Häuptlings Metacomet gegen die Siedler. Seit 1970 begehen die United American Indians of New England den vierten Donnerstag im November deshalb als »National Day of Mourning«, als Tag der Trauer.

Seinen heutigen Status als Nationalfeiertag erlangte Thanksgiving nicht von selbst. Dafür bedurfte es eines regelrechten Werbefeldzugs, dessen einflussreichste Akteurin die aus New Hampshire stammende Publizistin Sarah Josepha Hale (1788–1879) war. Die Herausgeberin von *Godey's Lady's Book,* einem der meistgelesenen amerikanischen Magazine des 19. Jahrhunderts, schrieb dutzende Thanksgiving-Leitartikel. So machte sie 1860, kurz vor Beginn des amerikanischen Bürgerkriegs, Propaganda für ihr Ziel einer gesellig-familiären Gemeinschaft:

»Alles, was dazu beiträgt, uns in diesem gewaltigen Land zusammenzuschweißen, jene Übereinstimmung zu befördern, die uns vom eisigen Norden bis zum sonnigen Süden als eine Familie fühlen lässt, […] ist es wert, gehegt zu werden. Wir haben versucht, dieses Zusammengehörigkeitsgefühl wieder zum Leben zu erwecken und zu stärken, denn wir glauben, dass die feinen Fäden der Zuneigung stärker sind als Gesetze, wenn es darum geht, die Union unserer Staaten in den Herzen unserer Bürger heilig zu halten.«

1863, noch mitten im Bürgerkrieg, rief US-Präsident Abraham

Lincoln Thanksgiving dann wirklich zum nationalen Feiertag aus. Und bis heute dient er dazu, den Amerikanern nicht nur ihre Gemeinsamkeiten, sondern auch ihre Entfernungen und Abstände bewusst zu machen und diese zugleich überwinden zu helfen – zumindest für einen Tag. Dass amerikanische Ureinwohner diese alljährliche Familienfeier einer neuen Nation als Demütigung empfinden, wird im Allgemeinen verdrängt. Was sind ein paar hundert Demonstranten in Plymouth gegen 100 Millionen im ganzen Land, die sich ihre Mythen zum Fest nicht nehmen lassen wollen?

Historisch umstritten sind auch die Zutaten des *Thanksgiving dinners* von 1621. Es steht nicht einmal fest, ob in Plymouth bereits Truthahn auf dem Tisch stand. Die Quellen sprechen nur ganz allgemein von Wild und Geflügel. Doch selbst wenn er den Wettstreit um die Ehre des offiziellen Wappenvogels der USA gegen den weißköpfigen Seeadler verloren hat – sehr zum Ärger von Benjamin Franklin, der dem Adler einen schlechten Charakter bescheinigte und den Truthahn, einen »wahren Ureinwohner Amerikas«, den »weitaus respektableren Vogel« nannte: Als populäres Symboltier des wichtigsten Nationalfeiertags ist der Truthahn fest etabliert.

Lebensmittelindustrie und Einzelhandel haben darauf beharrlich hingearbeitet: Vor Thanksgiving werden die Truthähne, im Schnitt knapp sieben Kilo schwer, oft weit unter Erzeugerpreis verkauft oder sogar gratis abgegeben, um den Umsatz mit anderen *holiday*-Lebensmitteln zu beleben. Neben dem traditionellen *Thanksgiving dinner* gibt es heute natürlich so viele Würz-, Füllungs- und Beilagenvarianten wie Ethnien und Geldbeutel.

Für symbolische Wiedergutmachung an Amerikas Truthähnen, von denen für den Feiertag jedes Jahr rund 45 Millionen ihr Leben lassen müssen, wird indes gesorgt. Der US-Präsident höchstpersönlich »begnadigt« alljährlich ein ausgewähltes Exemplar im Weißen Haus. Dieser Puter wird dann für den Rest seines natürlichen Lebens in den Ruhestand geschickt – ins Disneyland.

Have a Nice Day:
Gesellschaft und Familie

»You have to learn the rules of the game.
Then you have to play better than anyone else.«
(Albert Einstein, 1879–1955)

Mathematik und Rechtschreibung wollen gelernt sein. Gutes Benehmen aber auch – und dieses Lernziel nimmt man in Amerika sehr ernst. Ein eigenes Schulfach ist es zwar nicht, doch schon vom Vorschulalter an wird soziales Verhalten systematisch trainiert und auch benotet.

Als wir mit unserem damals zweieinhalbjährigen Sohn einige Monate in Seattle verbrachten, lernte er dort im Kindergarten als Erstes, sich vor jedem Gang zum Spielplatz mit den anderen ordentlich in einer Reihe aufzustellen. Beim Gänsemarsch durch das Gebäude mussten die Kinder auf einer gelben Linie gehen, mucksmäuschenstill sein und die Hände hinter dem Rücken halten. Wer das am besten machte, durfte am nächsten Tag als *line leader* ganz vorneweg marschieren.

Mit dem Gepurzel und Gerenne in den Gängen unserer Berliner Kita hatte das wenig gemein. Nun konnte man beim besten Willen nicht sagen, dass die Kinder in Seattle deshalb weniger lebhaft oder gar bedrückt gewesen wären. Aber Gerenne und Geschrei gehörten hier eben auf den Spielplatz oder in die Sporthalle und nicht ins Schulgebäude. Unser Sohn fand das nur kurz irritierend. Schon nach wenigen Tagen setzte er alles daran, sich für das ehrenvolle Amt des *line leaders* zu qualifizieren.

Heute lernt sein kleiner Bruder den Gänsemarsch auf der gelben Linie. Der Große geht zur Schule, und hier ist die Etikette genauso streng. Schon am Eingang werden die Schüler mit einem handgemalten Plakat ermahnt, nur dann den Mund zum Reden aufzumachen, wenn sie etwas Nettes zu sagen haben: »If you can't say something nice, say nothing.« Wer verbal entgleist, muss vor der ganzen Klasse Selbstkritik üben und Besserung geloben. Wer gar im Eifer des Gefechts einem Mitschüler in die Rippen boxt, landet beim Schulpsychologen. Vorbildliches Verhalten wird dagegen demonstrativ gelobt. Hält ihnen jemand die Tür auf, kommt deshalb schon von den Kleinsten wie aus der Pistole geschossen: »Thank you for holding the door!«

Wer die amerikanischen Formen der Höflichkeit nicht von Kindesbeinen an gelernt hat, mag sich schwerer damit tun. Doch mit etwas gutem Willen gewöhnt man sich daran. Denn hier ist weder Originalität noch Ehrlichkeit gefragt. Auf die Frage »How are you?« gibt es nur eine richtige Antwort: »Fine, thank you« – ganz gleich, ob das Gegenüber ein guter Bekannter, ein Kollege oder der Postbote ist, und ganz gleich, wie es einem tatsächlich geht. Man fragt zurück: »How about you?«, sagt bei Bekannten vielleicht noch »Good to see you!«, und verabschiedet sich mit: »Have a nice day!« – »You too, thank you.« Fertig.

Nettsein gehört in Amerika zur Alltagskultur wie der Zuckerguss zum Kuchen. Man ist freundlich, man lächelt und bedankt sich für die kleinste Geste. Nichts davon ist persönlich gemeint. Werden Sie auf der Straße von einem wildfremden Menschen mit einem strahlenden »Hi!« begrüßt, dann heißt das in aller Regel nicht, dass der andere ein Gespräch oder gar Ihre Bekanntschaft sucht. Er ist einfach nur nett. Das kann irritierend sein, wenn man aus Deutschland kommt und Morgenmuffelgesichter gewohnt ist.

Na sicher, werden Sie jetzt vielleicht denken, das kennt man doch: Alles oberflächlich, automatisches Lächeln und nichts dahinter. Das mag schon sein. Doch ob echt oder nicht: Im alltäglichen Umgang wirken die kleinen Freundlichkeitsrituale trotzdem entspannend. Hier gehört es einfach zum guten Ton, Sorgen und schlechte Laune für sich zu behalten. Überdies wurde das Glück schon in der Unabhängigkeitserklärung von 1776 ebenso (buchstäblich) groß geschrieben wie das Leben und die Freiheit – »Life, Liberty and the pursuit of Happiness« zählten zu den unveräußerlichen Rechten, heißt es dort. Man sollte sich also wenigstens anstrengen, glücklich zu sein, und so wird es den Amerikanern ganz unbehaglich, wenn jemand sozusagen demonstrativ unglücklich daherkommt.

Erfahrungsgemäß dauert es eine Weile, bis man sich vom vergleichsweise ungeregelten Miteinander in Deutschland auf den förmlicheren Umgang in den USA umgestellt hat. Recht weit kommt man aber schon, wenn man drei Grundregeln beherzigt: Erstens stets positiv aufzutreten. Zweitens nicht alles, was Amerikaner im Smalltalk so sagen, gleich wörtlich zu nehmen. Drittens und vor allem aber: Seien Sie bloß nicht allzu ehrlich! Mag die neue Krawatte Ihres Kollegen noch so scheußlich sein: Loben Sie das originelle Streifenmuster. Wenn ein Geschenk Ihren Geschmack nicht trifft: Ringen Sie sich trotzdem ein strahlendes Dankeschön ab. Amerikaner tun sich mit teutonischer Direktheit schwer. In den USA braucht man kein schlechtes Gewissen zu haben, wenn man in kleinen Dingen aus reiner Höflichkeit die Unwahrheit sagt. Im Gegenteil, die *white lie*, die weiße Lüge, ist ausdrücklich erwünscht. Warum jemanden unnötig kränken? Seien Sie deshalb aber auch umgekehrt auf der Hut: Sagt Ihnen eine amerikanische Freundin beim Einkaufsbummel, dass die Hose, in die Sie sich gerade hineingezwängt haben, womöglich nicht gut zum Rest Ihrer Garderobe passe, dann heißt das auf gut Deutsch: »Schrecklich – wie die Wurst in der Pelle!«

Optimistische Ausstrahlung und *people skills* sind Schlüsselkompetenzen, mit denen man es in Amerika weit bringen kann. Das gilt zum Beispiel für einen ehemaligen Schüler der Phillips Academy, eines Highschool-Internats in Andover, Massachusetts. Der zeichnete sich zwar nicht durch besondere Intelligenz, herausragende Leistungen oder gar politisches Interesse aus. Er hatte aber, wie sich ein Mitschüler Jahre später erinnerte, »so eine Art, alles leicht und unterhaltsam zu gestalten, ohne irgendjemandem auf die Füße zu treten oder aus der Reihe zu tanzen«. Sein soziales Talent machte den Texaner in Andover populär. Er wurde Chef-Cheerleader der Schule. Und es waren nicht zuletzt diese *soft skills*, die George W. Bush knapp 40 Jahre später auch den Weg ins Weiße Haus ebneten.

Amerikaner per Du: Soziale Umgangsformen

»Americans want to get away from amusement even more quickly than they want to get to it.« (Edith Wharton, *The Age of Innocence*, 1920)

Amerikaner messen die Welt mit anderen Maßen. Standhaft weigern sie sich, beim Wiegen, Abfüllen oder Entfernungsmessen das international übliche, metrische System zu benutzen. Hartnäckig halten sie an ihrem Gefüge für Rechenkünstler fest, wonach eine Meile (1609 Meter) genau 1760 *yards* entspricht, ein *yard* dasselbe ist wie drei Fuß und ein Fuß wiederum zwölf Zoll oder *inches* hat. Der Versuch, all dies in Zentimeter umzurechnen, macht allenfalls Kopfschmerzen.

Etwas einfacher ist es bei den Raummaßen, wo eine Gallone genau vier *quarts* und knapp vier Litern entspricht. Wer einen Liter Milch kaufen möchte, liegt also mit einem *quart* ziemlich richtig. Die Hälfte davon heißt ein *pint*. Die nächstkleinere Einheit sind dann aber *fluid ounces,* also Flüssigunzen, und davon hat ein *pint* nun keinesfalls vier oder zwei, sondern 16. Obst und Gemüse kauft man auch in Amerika pfundweise; das amerikanische *pound*, kurz lb, hat allerdings nur gut 450 Gramm. In Gramm wird hier aber ohnehin nicht gerechnet, sondern wiederum in Unzen, und davon hat ein *pound* genau 16. Alles klar? – Auf der ganzen Welt gibt es außer den USA nur noch zwei andere Länder, die das dezimale Maßsystem bisher nicht offiziell eingeführt haben: Myanmar und Liberia.

Nun sind die Amerikaner ihre krummen Maße aber gewohnt und kommen bestens damit zurecht. Auch in manch anderer Hinsicht gilt, dass in amerikanischen Augen recht und richtig ist, was Europäer für falsch oder zumindest unverständlich halten – und umgekehrt. Als Europäer hat man die europäischen Wurzeln der USA im Hinterkopf und ist unwillkürlich geneigt, eine relativ große Ähnlichkeit der amerikanischen Gesellschaft mit seiner eigenen vorauszusetzen. Doch das ist ein Trugschluss. Man darf eben nicht vergessen, dass die Vereinigten Staaten schon für ihre Gründer ein Gegenprojekt zum alten Europa waren. Deshalb gab und gibt es hier in gewisser Hinsicht keine größere Tugend, als sich gerade von den Europäern möglichst deutlich zu unterscheiden. Das bedeutet: Wer amerikanische Konventionen in ihrer eigenen Logik zu begreifen versucht, wird es leichter damit haben als jemand, der immer wieder seine heimischen Maßstäbe anlegt und danach (ver)urteilt.

Es gibt eine Reihe von kleinen und großen Unterschieden im Verhaltenskodex, die relativ leicht zu meistern sind. Dass Amerikaner zum Beispiel beim Essen ihr Steak oder Schnitzel zuerst in kleine Stücke schneiden, dann das Messer weglegen und nur mit der Gabel weiteressen, haben Sie sicher schon gehört. Es nimmt aber garantiert niemand Anstoß, wenn Sie auf europäische Art Messer und Gabel gleichzeitig benutzen. Eine solche Wahlfreiheit besteht indes nicht auf allen Gebieten. Das Verbot, alkoholische Getränke offen auf der Straße herumzutragen, sollten Sie unbedingt ernst nehmen – selbst wenn es nur um den Transport soeben gekaufter Bierdosen oder Weinflaschen geht. Eine braune Papiertüte ist das Mindeste.

Dass Sie im Land mit einer der größten Porno-Industrien als Sittenstrolch verhaftet werden, wenn Sie ohne Badekleidung in der Sauna oder am Strand sitzen, mag man erstaunlich finden oder eben gerade nicht. Es ist aber durchaus wahrscheinlich. Bei Frauen reicht schon ein Oben-ohne-Sonnenbad. Zum Umziehen sollte man unbedingt die Kabinen aufsuchen, und selbst Kleinkinder dürfen im Schwimmbad oder am Strand nicht nackt herumlaufen.

Lange habe ich gerätselt, wie die Empörung über eine nackte Brust am Strand oder einen nackten Kinderpo im Garten mit US-Kabelfernsehserien wie »Nip/Tuck« zusammenpasst (diese Geschichte zweier Schönheitschirurgen thematisiert Sex in jeder vorstellbaren Form, und das in 100 Folgen). Oder wie es sein kann, dass man im scheinbar so prüden Amerika zu einer Art Tupper-Party ins Wohnzimmer von Bekannten eingeladen wird, wo eine geschäftstüchtige Dame im lockeren Plauderton eine Auswahl von Vibratoren und anderen *sex toys* präsentiert. Der Groschen fiel vor einigen Jahren, als ich mit einer Amerikanerin durch die Ausstellung einer deutschen Fotografin bummelte. Vor einer Aktaufnahme prallte meine Freundin schockiert zurück. »Das mag ein tolles Foto sein«, erklärte sie mir später. »Aber das sollte man nicht hier zeigen, wo auch Kinder sind!«

Solange es um die Erwachsenenwelt geht, sind Amerikaner für vieles zu haben. Denken Sie nur an den Lewinsky-Skandal: Selbst damals drehte sich die Entrüstung nicht einfach darum, dass Bill Clinton Oralsex mit der Praktikantin Monica Lewinsky hatte. Empört waren die US-Bürger hauptsächlich darüber, dass ihr Präsident sie angelogen hatte – und das auch noch unter Eid. Nach amerikanischem Empfinden sind Sex und Erotik aber nichts für Kinder. Deshalb gehört alles, was auch nur entfernt damit zu tun hat, nicht in die Öffentlichkeit – Nacktheit inklusive. Das geht so weit, dass Erstklässler sich nach dem Unterricht nicht im selben Raum für eine Halloween-Parade umziehen dürfen.

In solchen Momenten mag es helfen, sich klarzumachen, wann Amerikaner uns verklemmt finden: Für sie ist das deutsche Entsetzen über »gewalttätige« Kindergeburtstage in *lasertag*-Arenen, wo man doch nur zum Spaß mit Laserkanonen aufeinander ballert, nicht weniger befremdlich als für uns das amerikanische Nackedei-Verbot auf Kinderspielplätzen. Der Umgang mit Waffen ist in weiten Teilen der USA etwas ganz Normales, das durchaus auch Kinder lernen sollten. Einer unserer Freunde bot einmal in bester Absicht an, unserem damals neunjährigen Sohn im Wald hinter dem Haus das Schießen mit seiner Jagdpistole beizubringen.

Doch ob man die amerikanischen Regeln für das Tragen von Waffen und nackter Haut in der Öffentlichkeit nun nachvollziehbar findet oder nicht – immerhin sind sie rechtlich festgelegt. Schwieriger wird es naturgemäß, wo ungeschriebene Gesetze herrschen. Zwischen Deutschen und Amerikanern führt vor allem der unterschiedliche Umgang mit Nähe und Distanz häufig zu Missverständnissen. Amerikaner treten sehr aufgeschlossen und gewinnend auf. Sie reden jeden sofort mit Vornamen an. Auf der anderen Seite aber wachen sie streng über ihre Privatsphäre und halten stets einen Sicherheitsabstand ein.

Im Berufsleben lässt sich ein Chef womöglich von seinen Mitarbeitern duzen, er ist vielleicht sogar jederzeit ansprechbar – doch ganz so demokratisch, wie das aussieht, geht es dann eben doch nicht zu. Amerikanische Vorgesetzte achten sogar sehr darauf, dass man die Hierarchie in der Sache respektiert. Auch unter Kollegen hat der lockere Umgang strikte Grenzen: Schon ein zweideutiger Scherz oder eine leichte Berührung am Arm kann eine Klage wegen sexueller Belästigung nach sich ziehen. Uns mag das widersprüchlich erscheinen. Für Amerikaner dagegen ist verbindliche Freundlichkeit in der Form selbstverständlich – doch finden sie es ganz und gar abwegig, wenn dies als Einladung zu Vertraulichkeiten oder respektlosem Verhalten interpretiert wird.

Wundern Sie sich also nicht, wenn im überfüllten Coffeeshop in der Warteschlange jemand auf netteste Weise mit Ihnen plaudert, aber alles andere als begeistert reagiert, wenn Sie ihn später fragen, ob Sie sich an seinem Tisch dazusetzen dürfen. Das eine ist ein kurzes Zusammentreffen, das man mit Smalltalk meistert. Das andere wäre eine erzwungene längere Begegnung und wird deshalb als unangenehm empfunden. Eher wartet man ab, bis ein Tisch frei wird. In Restaurants ist Dazusetzen ganz verpönt. Hier stoppt einen ohnehin meist schon am Eingang das typische Schild mit der Aufschrift »Please wait to be seated«: Für das Platzieren der Gäste ist das Personal da.

Das Austarieren zwischen Nähe und Distanz drücke sich sogar in der Körpersprache aus, behauptet Judy Priven über ihre Landsleute in ihrem Reise-Ratgeber *Hello! USA:* »Ein Amerikaner erwartet von Ihnen, dass Sie während einer Unterhaltung etwa einen halben Meter von ihm entfernt stehen. Stehen Sie zu weit weg, wird er einen Schritt auf Sie zu machen; rücken Sie ihm zu nahe, wird er zurückweichen.« Machen Sie mal den Test auf einem langweiligen Stehempfang! Schon beim Stadtbummel kann man beobachten, dass Amerikaner auf dem Gehsteig ausdrücklich einen Bogen umeinander machen und sich mit einem gemurmelten »Excuse me!« gegenseitig für die kleine Unannehmlichkeit entschuldigen.

Auch *friendship* bedeutet nicht unbedingt dasselbe wie Freundschaft. Im Vergleich zum Deutschen wird das Wort hier regelrecht inflationär gebraucht – und dass nicht erst, seit Facebook die Menschen sogar ohne eine einzige persönliche Begegnung zu »Freunden« werden lässt. Trifft man jemanden wieder, den man erst eine Woche zuvor zufällig bei einem Grillfest kennengelernt hat, kann es durchaus sein, dass man bereits als »my friend« begrüßt wird. Amerikaner unterscheiden nicht so genau zwischen Freunden und Bekannten; das deutsche Ideal der Seelenverwandtschaft finden sie ziemlich pathetisch. Man sieht das eher pragmatisch: Einige wenige Freundschaften sind vielleicht fürs Leben, aber die meisten sind funktional und situationsgebunden. So kommt es vor, dass Nachbarn über Jahre hinweg fast jedes Wochenende miteinander verbringen, dass sie aber nie wieder etwas voneinander hören, sobald eine von beiden Familien wegzieht.

Selbst die Liebe ist in Amerika eine Sache für sich. Hier liebt man einfach alles und jeden, von Ehegatten und Kindern über den Hund bis hin zu Designerjeans, Basketball und Spaghetti. Obwohl sich das auch in Deutschland mehr und mehr einzubürgern scheint, bleibt das Wort Liebe doch eher auf starke zwischenmenschliche Gefühle bezogen. McDonald's hat die Aussagen »I'm lovin' it« und »Ich liebe es« sogar als Handelsmarken für Werbezwecke schützen lassen. Wo derart mächtige Gefühle für Fastfood im Spiel sind, tut man gut daran, nicht jedem »I love you« gleich substantielle Bedeutung zuzumessen.

Umgekehrt müssen Sie allerdings damit rechnen, dass ein Amerikaner oder eine Amerikanerin es als *date* verstehen wird, wenn Sie mit ihm oder ihr ausgehen – auch wenn Sie womöglich nur ganz freundschaftlich ein Bier trinken oder ins Kino gehen wollten. Ein *date* ist nicht unbedingt dasselbe wie ein Rendezvous. Es ist eine erste Verabredung mit dem Ziel, sich näher kennenzulernen und herauszufinden, ob man womöglich zueinander passt.

Dating ist eine pragmatische amerikanische Erfindung. Im Einwanderungsland USA war man schon immer viel zu sehr damit beschäftigt, sich eine Existenz aufzubauen, um sich mit raffinierten Paarfindungs-Ritualen aus der Alten Welt abzugeben. Warum seine Zeit mit jemandem verschwenden, der womöglich gar kein Interesse hat? Verläuft das erste *date* vielversprechend, folgen weitere. Die Sprachregelung lautet dann: »I am dating her/him.« Man ist noch kein Paar, probiert aber Schritt für Schritt aus, ob man eins werden könnte. Das kann sich über Monate hinziehen. Je nach Region und sozialem Umfeld fallen die Regeln, nach denen das *dating* abläuft, recht unterschiedlich aus. Und dass es auch in Amerika längst kein unkompliziertes Unterfangen mehr sein muss, davon kann nicht nur Carrie Bradshaw, die Heldin der TV-Serie »Sex and the City«, ein Lied singen.

Heute findet *dating* – wie so viele soziale Interaktionen – zu einem guten Teil im Internet statt. Dadurch ist das Format inzwischen auch außerhalb der USA salonfähig. Aber das *online dating* wurde ebenfalls in Amerika erfunden und wird hier auch von älteren Generationen viel weniger verschämt praktiziert als (noch) in Europa. Die Paarfindung scheint es zugleich vereinfacht und erschwert zu haben: Dank elaborierter *matching*-Programme und einer Vielzahl spezialisierter Singlebörsen steigt die Trefferquote, aber auch die Qual der Wahl. Jedenfalls ist *online dating* ein Wachstumsmarkt: match.com, einer der Branchenpioniere, ging 1993 in Kalifornien an den Start und zählt inzwischen weltweit mehr als 20 Millionen Mitglieder. Und während *dating coaches* ihre Klientel einst hauptsächlich in Sachen Kleidung, Konversation und Körpersprache auf ein erstes Treffen im Restaurant hin trainierten, bieten sie ihre Expertise nun auch bei der Gestaltung elektronischer Profile an.

Seit mehreren Jahren wird nun allerdings lebhaft diskutiert, ob das *dating* nicht zumindest für jüngere Generationen komplett aus der Mode gekommen sei. In Schulen und Colleges, inzwischen auch bei jüngeren Berufstätigen beobachtet man zunehmend die Praxis des sogenannten *hook-up*. Das sind spontane, unverbindliche Verabredungen, meistens – aber nicht notwendigerweise – zum Sex. *Hooking-up* geht mit Freunden oder Bekannten, durchaus aber auch mit jemandem, den man gerade erst auf der Straße oder einer Party getroffen hat. Wichtig ist, dass daraus keine Verpflichtungen entstehen. Beim klassischen *dating* kommt das Kennenlernen zuerst und der Sex zuletzt, wie es die US-Soziologin Kathleen Bogle in einem Radio-Interview formuliert hat. Beim *hook-up* sei es genau umgekehrt: »Man kommt erst einmal zur Sache und entscheidet hinterher, ob man sich vielleicht näher kennenlernen will.«

Was vor allem religiöse Gruppen in den USA als gefährlichen Verfall von Sitten und Moral anprangern, ist für Soziologen in erster Linie die Folge eines demographischen Trends: Auch in den USA ist das Durchschnittsalter, mit dem man heiratet und eine Familie gründet, in den letzten Jahrzehnten kräftig angestiegen. 2005 waren Männer bei ihrer (ersten) Hochzeit im Schnitt um die 27, Frauen um die 25 Jahre alt, im Nordosten sogar noch etwas älter. Junge Amerikaner kümmern sich heutzutage zuerst um ihre Karriere und ihr soziales Netzwerk, bevor sie an eine feste Bindung denken. Seit Internet und Mobilfunk die Kontaktmöglichkeiten vervielfacht haben, ist es noch einfacher, die Zeit bis zur ernsthaften Partnersuche mit Gelegenheitssex zu überbrücken.

Doch ob mit oder ohne *dating* – für die meisten Amerikaner bleibt die Heirat das Ziel, zumindest das Fernziel. Dabei zählt natürlich die Hochzeit in einer der berühmten *wedding chapels* von Las Vegas zu den Klassikern; immerhin jede zwanzigste aller Trauungen Amerikas findet in der Hochzeits-Hauptstadt statt. Auf jeden Fall aber muss es etwas Besonderes sein, und das heißt nicht selten: besonders teuer. Schon der Verlobungsring mit Diamant ist ein immenses Statussymbol. Am Tag der Hochzeit muss dann einfach alles stimmen. Die Planung lässt sogar vernünftige Menschen zu hysterischen Flatterwesen werden – von allen anderen ganz zu schweigen. So hat in Manhattan ein Brautpaar seine Floristin auf 400 000 Dollar Schadenersatz verklagt, weil sie für 26 435,14 Dollar Blumenschmuck in der falschen Farbe geliefert hatte. In den Tagen vor der Hochzeit soll die Braut der Floristin um die 200 E-Mails mit Änderungswünschen geschickt haben. Dafür gibt es hier sogar einen Terminus Technicus: *Bridezilla,* das Brautmonster.

Spätestens auf Ihrer ersten amerikanischen Party werden Sie feststellen, dass auch Geselligkeit in den USA etwas anders funktioniert. Mein erstes Erlebnis dieser Art war eine Cocktailparty in einem Washingtoner Vorort, und trotz einer sehr förmlichen, schriftlichen Einladung steckte ich an dem besagten Abend als einzige in Etuikleid und Stöckelschuhen. Alle anderen waren ganz selbstverständlich von einem *casual dress code* ausgegangen. Man trug Polohemden, Khakihosen und Turnschuhe. Ein Mann hatte einen Anzug an – aber nur, weil er direkt von einem Geschäftstermin gekommen war.

Niemand ließ sich allerdings etwas anmerken. »Du musst meine Freundin Alice kennenlernen, sie ist auch Journalistin«, sagte der Gastgeber und stellte mich einer jungen Frau vor. Die fragte mich kurz aus – woher ich stamme, wo ich arbeite, in welches Fitnessstudio ich gehe. Dann ging sie mit einem »It was nice meeting you« ihrer Wege. Aber schon stellten sich zwei andere Gäste vor, und die Fragerei fing wieder von vorn an.

Fast zwei Stunden lang ging das so. Um kurz nach neun (die Party war bis neun Uhr angesetzt) begannen sich die ersten zu verabschieden. Keine Viertelstunde später war der letzte Gast gegangen. Ich fuhr mit dem Gefühl eines angebrochenen Abends nach Hause, an dem ich kein einziges richtiges Gespräch geführt hatte.

Als ich später einem amerikanischen Bekannten davon erzählte, fragte der einigermaßen erstaunt zurück: »Über was, um alles in der Welt, willst du denn auf einer Party groß reden?« Parties sind Smalltalk-Territorium. Da soll man sich amüsieren – und niemand soll sich kritisiert oder gar gekränkt fühlen. Kontroverse Themen wie Politik und Religion werden deshalb konsequent gemieden. In einem Land mit teilweise extrem gegensätzlichen Wertvorstellungen ist das alles andere als abwegig. Man spricht über Sport, die Arbeit, Schulen (wenn man Kinder hat), Kinofilme oder das Wetter. Und das nicht zu lange. Die Gesprächspartner werden häufig gewechselt. Vielleicht ergibt sich ja auch ein interessanter Kontakt. »Working the crowd«, nennt man das in der Politik, im Geschäftsleben und durchaus auch im Privaten.

Gute Gastgeber verteilen ihre Gäste so geschickt wie ein Fußballtrainer seine Spieler auf dem Platz: Niemand bleibt ohne Manndeckung, keiner steht im Abseits. Wundern Sie sich nicht, wenn Sie in eine längere Unterhaltung vertieft sind und der Gastgeber Ihren Gesprächspartner plötzlich mit einer charmanten Ausrede entführt. Wahrscheinlich befürchtet er nur, dass sich mindestens einer von Ihnen beiden zu Tode langweilt. Auch Sie wird er umgehend mit einem neuen Gesprächspartner versorgen.

Natürlich läuft nicht jede Party oder Einladung in den USA derart förmlich ab. Auch hier kann man wilde Feten erleben, wo der Alkohol in Strömen fließt. Auch hier gibt es Dinnerpartys, bei denen man sich bis weit in die Nacht die Köpfe heißdiskutiert. Doch das ist selbst unter guten Freunden selten. Und sogar bei denen ist es absolut nicht üblich, unangemeldet vorbeizuschauen. Spontane Einladungen darf man deshalb nicht allzu wörtlich nehmen, erst recht nicht bei der ersten Begegnung. Das »Du musst uns bald besuchen!« ist oft nur eine Höflichkeitsfloskel.

Schriftliche Einladungen sind dagegen eine ernste Sache, denn ein geselliges Zusammensein wird in der Regel lange im Voraus geplant und aufwendig vorbereitet. Beliebt sind zum Beispiel große *holiday parties* in der Weihnachtszeit, zu denen man Nachbarn, Freunde und Bekannte einlädt. Fast immer wird um eine verbindliche Antwort innerhalb einer bestimmten Frist gebeten. Häufig laden amerikanische Gastgeber auch zu einer *potluck party* ein, bei der jeder ein Gericht für das Buffet beisteuert. Mit *potluck* assoziiert man dabei zweierlei: Einmal die wörtlich englische Bedeutung, wonach die Zusammenstellung eines Essens, für das jeder etwas mitbringt, reine Glückssache ist. Oft wird dieses gesellschaftliche Format aber auch auf die Tradition des Potlatch bei den Indianervölkern des Pazifischen Nordwestens zurückgeführt. Bei einem solchen »Fest des Schenkens« war es der Gastgeber, der seine Gäste großzügig bedachte. Diese revanchierten sich bald mit einem eigenen Potlatch. So wurden Besitz und Reichtümer innerhalb der indianischen Gesellschaft immer wieder neu verteilt. Durch die Ankunft europäischer Händler und Siedler geriet dieses System im 19. Jahrhundert jedoch derart aus dem Gleichgewicht, dass es zuletzt sogar zu Armut und Zerfall der Stämme beitrug.

Im heutigen Nordamerika sind es die Gäste, die etwas mitbringen. Eine gute Flasche Wein ist das mindeste. Ist ein Zeitrahmen angegeben, halten sich alle relativ strikt daran. Und selbst wenn man ohne ausdrückliches Zeitlimit zum Dinner eingeladen ist, geht man spätestens nach drei Stunden – oder nach dem Kaffee, der zum Abschluss angeboten wird. Nichts finden Amerikaner schlimmer als *late stayers* – Gäste, die man nicht wieder loswird.

Auch im Restaurant ist ein Dinner selten eine abendfüllende Sache. Man arbeitet viel, man will Zeit für die Familie haben. Deshalb verabredet man sich eher um sechs oder sieben als um acht, und nach dem Essen gibt es allenfalls noch einen kurzen Drink an der Bar. Zumindest in kleineren Städten gehen selbst am Wochenende relativ früh die Lichter aus. Anders als private Gastgeber sind amerikanische Kellner da rabiat. Wenn sie lärmend die Stühle hochstellen, bleibt kein Zweifel über den bevorstehenden Feierabend.

Nach derart vielen Verallgemeinerungen sei vorsichtshalber

noch einmal gesagt: Solche Faustregeln sind nur bedingt belastbar. In jeder Region der USA findet sich eine Vielfalt sozialer Nischen mit je eigenen Konventionen. Das hat dann wieder seine eigenen Tücken. So hatte ein aus München stammendes Ehepaar an einem Oktoberwochenende Arbeitskollegen aus seiner amerikanischen Firma zum Dinner eingeladen. Passend zur Saison servierten sie bayerische Weißwurst mit Kraut und Bier. Doch aus dem zünftigen Abend wurde nichts: Mehrere Gäste waren Muslims aus Asien, die weder Schweinefleisch noch Alkohol konsumierten.

Think Positive: Die zupackende Gesellschaft

»Can we fix it? – Yes, we can!« (Titelsong der
US-Kinderfernsehserie »Bob the Builder«)

Im letzten Herbst sollten unsere Kinder gegen die Schweinegrippe geimpft werden. In einer örtlichen Schulturnhalle war *H1N1 Flu Clinic,* eine öffentliche und kostenlose Impfung. Am selben Morgen hatte die *New York Times* aber einen Bericht gebracht, wonach der Impfstoff in den USA knapp werde. Als wir an der Schule ankamen, reichte die Schlange schon einmal um den Block.

Es war kühl draußen, es wurde langsam Abend. Die Kinder tobten herum, die Eltern standen Schlange. Es begann leicht zu regnen. Vorwärts ging es nur im Schneckentempo. Viele trugen nur Shorts und T-Shirts, und den Ersten wurde es mächtig kalt. Aber bis auf ein paar kleinere Kinder quengelte kein Mensch. Selbst als ein Mitarbeiter der Gesundheitsbehörde erklärte, als Nasenspray sei der Impfstoff bereits ausgegangen, murrte niemand. »Er kann das auch nicht ändern«, sagte die Frau hinter mir. Sie hieß Nancy, war Psychiaterin und hatte abends noch einen Termin, den sie wohl nicht mehr schaffen würde.

Eine halbe Stunde später hatten wir die Schulcafeteria erreicht. Doch auch hier war noch kein Ende der Schlange in Sicht. »Okay, Jungs«, sagte Nancy zu ihren beiden Söhnen. »Wir probieren jetzt etwas aus.« Sie drängten sich Richtung Turnhalle durch. Nach zehn Minuten kam einer der Jungen zurück. »Meine Mom ist Ärztin, sie hat sich den Impfstoff geben lassen und uns selbst die Spritzen gesetzt«, sagte er stolz. Na toll, dachte ich. So *richtig* vorgedrängelt war das ja nicht, aber trotzdem ... Wir warteten weiter, ich inzwischen auf gut Deutsch: ziemlich sauer. Aber ich habe es mir nicht anmerken lassen. Denn niemand in der überfüllten Schule beklagte sich. Alle ertrugen das Schlangestehen mit einer Gelassenheit, als hätten sie Yoga im Hauptfach studiert – bis auf Nancy, dachte ich missgünstig.

Nach über zwei Stunden hatten wir es endlich geschafft. Die erschöpften Krankenschwestern lächelten noch, sie nahmen sich Zeit für Angsthasen. An einem der Tische saß Nancy, die Psychiaterin. Sie füllte Formulare aus und Impfspritzen ab. »Ich dachte, so geht es wenigstens ein bisschen schneller«, sagte sie. Und ich schämte mich.

Amerikaner meistern ihren Alltag mit einer bemerkenswerten Mischung aus Geduld, Hilfsbereitschaft und Tatkraft. Zeit ist auch hier kostbar. Trotzdem sieht man es einfach nicht so verbissen, wenn es mal irgendwo nicht wie am Schnürchen läuft. Die Frage: »Ich will nur die paar Sachen hier kaufen – lassen Sie mich vor?« habe ich noch an keiner amerikanischen Supermarktkasse gehört. Eher wird einem umgekehrt der Vortritt angeboten. Doch insgesamt kommt die für Deutsche – sagen wir: nicht ganz untypische – Ungeduld hier gar nicht gut an. Mag der Beamte am Postschalter noch so ein Umstandskrämer sein: Schon vernehmliches Stöhnen darüber, dass es langsam vorangeht, ruft bei den anderen Wartenden eher hochgezogene Augenbrauen als Zustimmung hervor.

Umgekehrt könnte man sagen, dass man die Geduld auch wirklich braucht. Sitzungen zum Beispiel können sich hinziehen: In einem Kommittee wird jedes Mitglied angehört, und niemand will eine Entscheidung fällen, solange auch nur einer fehlt. Kritik wird selten direkt formuliert, weil das als negativ und entmutigend gilt. Egal, was Sie tun: Jeder wird Ihnen erst einmal wortreich versichern, wie großartig Sie das machen. Erst ganz zuletzt wird man Ihnen nahelegen, vielleicht eine winzige Kleinigkeit zu ändern. Als ich für einige Monate bei einem lokalen TV-Sender in Iowa arbeitete, lobte der Chefredakteur meinen ersten Beitrag in den höchsten Tönen. Tolle Bilder, wunderbare Interviews. Erst dann kam er auf sein eigentliches Anliegen zu sprechen: Mein Englisch sei zwar ausgezeichnet, mein deutscher Akzent aber leider zu stark, um ihn den Zuschauern zuzumuten. Deshalb müsse eine amerikanische Kollegin den Text sprechen. Konnte er das nicht gleich sagen?, dachte ich damals. Aber aus seiner Sicht wäre das schlechter Stil gewesen. Man darf daraus keinesfalls schließen, dass Fehler und Versäumnisse in der Sache nachsichtiger behandelt würden. Doch wer einem Amerikaner ohne Umschweife erklärt, dass er etwas falsch macht, riskiert, dass ihn sein Gegenüber für rüde und angriffslustig hält.

Einen langen Atem braucht auch, wer bei den hiesigen Behörden einen Führerschein beantragen muss, vom Finanzamt eine Steuerbescheinigung benötigt oder mit seiner Krankenversicherung über die Bezahlung von Arztrechnungen verhandelt. Es ist mir ein Rätsel, warum ausgerechnet die USA als unbürokratisch gelten. Schon die endlosen, automatisierten Telefonmenüs (»Wenn Sie eine Frage zu Ihrer Steuererklärung haben, sagen Sie bitte ›Steuererklärung‹. – Ich habe Sie nicht verstanden. Wenn Sie eine Frage zu Ihrer Steuererklärung haben ...«) sind eine Geduldsprobe für sich.

Was mit den vielen Daten geschieht, die man auf langen Formularen einreicht oder am Telefon mitteilt, bleibt ein Amtsgeheimnis. Weiter verarbeitet werden sie offenbar nicht, denn bei jedem Termin und bei jedem Telefonat fängt man wieder ganz von vorne an. Es hat mich mehr als ein halbes Dutzend Besuche im örtlichen Motor Vehicle Department gekostet, bis ich vom Staat New Jersey einen Führerschein und eine Zulassung für mein in Texas gekauftes Auto bekam.

Der Umgangston amerikanischer Behördenvertreter lässt die sonst übliche Freundlichkeit oft vermissen. Lustlos heruntergeleierte Standardantworten werden auch nach der dritten Bitte um Erläuterung einfach nur Wort für Wort wiederholt, barsche Anordnungen dulden keinen Widerspruch. Und es ist faszinierend zu beobachten, wie aus stolzen amerikanischen Bürgern bisweilen eingeschüchterte Untertanen werden, wenn sie es mit Polizisten oder Finanzbeamten, kurz: *the authorities* zu tun haben. Es nutzt aber gar nichts, sich aufzuregen. Man kommt nur mit freundlicher Beharrlichkeit ans Ziel. Am allerwenigsten empfiehlt es sich, sich mit amerikanischen Gesetzeshütern anzulegen. In den USA tragen viele Menschen Waffen, und dass auf Polizisten im Dienst geschossen wird, ist leider nicht selten. Deshalb fackeln die Beamten nicht lange, wenn auch nur der leiseste Verdacht auf Widerstand aufkommt. Bei einer Verkehrskontrolle kann schon ein unaufgeforderter Griff nach dem Führerschein in der Jackentasche dazu führen, dass man Sie mit gezückter Pistole zum Verlassen des Autos auffordert und erst einmal gründlich nach Waffen durchsucht.

Zumindest außerhalb der Amtswelt werden Sie hingegen das Klischee von der großen Hilfsbereitschaft der Amerikaner stets aufs Neue bestätigt finden. Als wir im Sommer 2006 zunächst mit dem, was in acht Koffer passte, von Berlin nach Princeton zogen, waren Nachbarn und neue Kollegen gleich zur Stelle. Bis zum Abend hatten wir Kinderbett und Hochstuhl, eine zwei Meter lange Holzbank, Wolldecken, Töpfe und Pfannen, Geschirr und Besteck zusammen, ohne dass wir auch nur um eine einzige Leihgabe hätten bitten müssen. Betty hatte uns einen Kalender mit den Mülltagen und anderen kommunalen Terminen besorgt, Judi eine Einladung zum nächsten Treffen des Newcomers Club of Princeton in den Briefkasten gesteckt. Nützliche Kontakte vermitteln Amerikaner besonders gern. Denn ohne *social networking* läuft hier wenig – sei es bei der Jobsuche oder bei der Wahl des richtigen Klempners.

Hier mag die Erfahrung der *Frontier* noch in den amerikanischen Genen stecken, als man für das Überleben in der Wildnis auf gegenseitige Hilfe angewiesen war. Überdies lebt man in einem Land, in dem die staatliche Versorgung eher knapp ausfällt. Zusammen mit den starken religiösen Wurzeln der Gesellschaft führt das zu einer ausgeprägten Bereitschaft, für sich selbst zu sorgen, soweit man dazu in der Lage ist – aber eben auch anderen zu helfen, die das aus irgendeinem Grund nicht können. Wohltätigkeit ist patriotische Pflicht und moralische Verantwortung.

So zeichnen sich wahrhaft große Amerikaner auch als großzügige Spender und Stifter aus. Häufig wollen sie über die reine Wohltätigkeit hinaus vorbildliches Verhalten belohnen und Hilfe zur Selbsthilfe leisten. Andrew Carnegie schuf Anfang des 20. Jahrhunderts nicht nur seine Stiftung für den Internationalen Frieden, sondern auch den Hero Trust Fund. Diese Stiftung unterstützte die Familien von Rettungskräften, die im Einsatz verletzt oder getötet wurden. Um Bildung für alle zugänglich zu machen, finanzierte der Stahlmagnat zudem Tausende öffentliche Bibliotheken. »Dieses Land hat mir geholfen, es zu etwas zu bringen«, schrieb Carnegie 1889 in seinem Buch *Das Evangelium des Reichtums*. »Jetzt ist es an der Zeit, etwas zurückzugeben.« In der jüngeren Vergangenheit haben Microsoft-Gründer Bill Gates und seine Frau mit der milliardenschweren Bill & Melinda Gates Foundation die größte Privatstiftung der Welt geschaffen.

Doch auch weniger wohlhabenden Amerikanern ist das (Zurück-)Geben ein Anliegen. Sieben von zehn US-Haushalten spenden mindestens einmal im Jahr Geld für wohltätige Zwecke, und die Amerikaner spenden siebenmal so viel wie die Deutschen. Zehntausende Collegeabsolventen bewerben sich jedes Jahr für das 1990 geschaffene *Teach for America*-Programm, um zwei Jahre lang in öffentlichen Schulen ärmerer Gegenden zu unterrichten. Dass man dabei auch den eigenen Vorteil im Blick hat – Spenden sind in den USA von der Steuer absetzbar, und die *Teach for America*-Erfahrung macht sich gut im Lebenslauf –, ist selbstverständlich. Doch zusätzlich engagiert sich jeder zweite Amerikaner ehrenamtlich. Geschätzte 20 Milliarden Stunden freiwilliger, unbezahlter Arbeit kommen so jedes Jahr zusammen. Der soziale Druck ist erheblich: Es vergeht kaum ein Tag, an dem man nicht zum *volunteering* oder zum Spenden für irgendeinen guten Zweck aufgefordert wird – man soll für einen *fundraising event* Plätzchen backen, beim Aufbau eines neuen Schulspielplatzes helfen oder Winterkleidung für Kriegsveteranen spenden.

Bei aller Hilfsbereitschaft begreift die große Mehrheit der Amerikaner Wohltätigkeit aber vor allem als Instrument zur Starthilfe. Jeder kann ohne eigene Schuld in Not geraten. Aber auf Dauer gilt die Devise »to pull oneself up by one's bootstraps« – man soll sich an den eigenen Stiefelriemen hochziehen. Und der Glaube, dass dies in Amerika bei gutem Willen auch jedem möglich sei, ist unerschütterlich.

Die Maßstäbe haben Sachbuch-Bestseller wie Napoleon Hills *Think and Grow Rich!* (deutsch: *Denke nach und werde reich!*) aus dem Jahr 1937 gesetzt. Hill hatte zuvor 20 Jahre lang die Biographien mehrerer hundert Millionäre erforscht und daraus eine Erfolgsmethodik abgeleitet. Sein Fazit lautete: Wer reich werden will, muss nicht nur Ausdauer und Fachkenntnisse mitbringen. Er muss vor allem an sich selbst glauben – und sein Unterbewusstsein positiv programmieren. Hill riet den Amerikanern, zuerst einen detaillierten Plan auszuarbeiten, wie und in welcher Frist sie wieviel Geld verdienen wollten. Dann sollten sie sich unverzüglich daran machen, den Plan in die Tat umzusetzen. Obendrein verschrieb der Autor autosuggestives Training: Jeden Morgen und jeden Abend müsse man sich seinen Erfolgsplan erneut laut vorlesen. Zumindest Hill selbst ist mit dieser Erfolgsphilosophie – oder vielmehr mit ihrem Verkauf – reich geworden. Und bis heute leben zahlreiche Fernsehprediger, *life coaches* und Motivationstrainer von der Kultur des *positive thinking*.

Doch die Begeisterung für das positive Denken kann den *American Dream* pervertieren: Wenn man nur intensiv genug daran glaubt, so heißt es nun, erreicht man alles – von einem besseren Job über einen besseren Körper bis hin zu besseren Beziehungen. Umgekehrt gilt dann: Wer seinen Job verliert oder mit seiner Firma scheitert, ist grundsätzlich selbst schuld. Er hat eben nicht ausreichend an den eigenen Erfolg geglaubt. Das schafft kein gutes Klima für politische Gestaltung und soziale Reformen. Wer sich beklagt, weil er von seinem Arbeitgeber gefeuert wird oder sein Haus durch Zwangsversteigerung verliert, ist schnell als *loser* abgestempelt. Besonders drastisch hat das der texanische Ex-Senator Phil Gramm formuliert: Finanzkrise und Rezession? – Nichts als Gespinste des negativen Denkens, behauptete der Berater des republikanischen Kandidaten John McCain im Präsidentschaftswahlkampf 2008. Allenfalls eine »mentale Rezession« wollte Gramm feststellen, und wer war schuld daran? Die Amerikaner selbst, weil sie sich zu einer »Nation der Heulsusen« entwickelt hätten.

Optimistisches Lächeln fällt schwer, wenn die ökonomische Basis wegbricht. Reichen Beratungsliteratur und Mentalitätstraining nicht länger aus, um Reichtum, Erfolg und Glück herbeizudenken, bleibt der Gang zum Psychotherapeuten – oder

der Griff in den Medizinschrank. Vielleicht ist das eine Erklärung dafür, dass zwei Drittel der weltweit produzierten Antidepressiva in Amerika verkauft werden.

**Baseball, Super Bowl, *Soccer Mom*:
Die Welt des Sports**

»Baseball, it is said, is only a game. True. And the Grand Canyon is only a hole in Arizona. Not all holes, or games, are created equal.« (Der amerikanische Kolumnist und Baseballfan George F. Will)

Im August 2009 wurde Senator Edward »Ted« Kennedy, der letzte der drei großen Kennedy-Brüder, auf dem Soldatenfriedhof von Arlington beigesetzt wie schon John F. und Robert »Bobby« Kennedy vor ihm. In Boston hatte Edward Kennedy Jr., genannt »Medium Teddy«, zuvor eine bewegende Trauerrede auf seinen Vater gehalten. Darin berichtete er von den Sommerwochenenden auf Cape Cod, wenn sein Vater freitags am späten Nachmittag aus Washington kam und dann stets sofort mit dem Segelboot aufs Wasser wollte. Stundenlang hätten sie für die nächste Regatta Wendemanöver geübt, während zu Hause das Abendessen kalt wurde und alle anderen Segler ihre Boote längst wieder im Hafen festgemacht hatten. »Dad, warum sind wir immer die Letzten hier draußen?«, fragte der Sohn eines Abends. Ted Kennedy antwortete: »Die meisten anderen Segler sind klüger und haben mehr Talent als wir. Aber wir werden trotzdem gewinnen. Denn wir arbeiten härter und sind besser vorbereitet.«
Zwischen dem Kennedy-Clan und der amerikanischen Durchschnittsfamilie liegen Welten. Regattasegeln vor Cape Cod ist kein Volkssport in den USA. Und doch teilen Millionen Amerikaner die Erfahrung, von der diese Kennedy-Anekdote erzählt. Sie erkennen die Botschaft wieder, auch wenn sie ihnen eher beim Baseball oder Basketball, beim Football oder Fußball, beim Lacrosse oder Eishockey vermittelt worden ist. Sport ist in

den USA eine Erziehung fürs Leben, und in den meisten Familien ist er deshalb weit mehr als nur Zeitvertreib. Trainiert wird immer auch eine Mentalität, der Charakter des Einzelnen und sein Verhalten in der Gruppe. Für amerikanische Kinder sind die Eltern oft die ersten Trainer, und später wird nicht selten der *coach* zur wichtigsten erzieherischen Instanz außerhalb der Familie.

Als der deutsche Soziologieprofessor Eugen Rosenstock-Huessy nach Hitlers Machtergreifung 1933 in die Vereinigten Staaten floh, stellte er bald fest, dass seine neuen amerikanischen Studenten in Harvard ihn nicht richtig verstanden. An seinem Englisch lag das nicht. Es waren seine Beispiele aus Literatur und Mythologie, die einfach nicht funktionierten. Erst als er Zuflucht zu Analogien aus der Sportwelt nahm, fiel im Seminarraum der Groschen. Er habe deshalb seine gesamte soziologische Lehre auf die Erfahrungen seiner Studenten bei Training und Spielen zugeschnitten, erläuterte Rosenstock-Huessy. Denn die Welt des Sports umfasse alle Interessen und Gefühle, Werte und Moralvorstellungen eines 20-jährigen Amerikaners.

Das gilt noch heute, wie Michael A. Gillespie, Philosophieprofessor an der Duke-Universität, in seinem 2009 erschienenen Essay *Players and Spectators: Sports and Ethical Training in the American University* feststellt. In der ethischen Erziehung Amerikas mischen sich demnach drei große sportliche Traditionen der westlichen Kultur: Von den griechischen Athleten stammen Tugenden wie Mut, Robustheit und Ausdauer, aber auch das Streben nach individuellem Erfolg oder gar Ruhm. Die Römerzeit mit ihren kolossalen Arenen und Gladiatorenkämpfen war Vorbild für die Inszenierung des Sports als Spektakel im College- und Profisport. Von den Briten schließlich übernahmen die Amerikaner das Mannschaftsspiel nach Regeln, den Teamgeist und das ehrenhafte Prinzip des Fairplay.

Zu sagen, dass Amerikaner sportbegeistert sind, wäre also eine Untertreibung. Dem Sportspektakel frönen sie praktisch überall. In jeder Bar in der Stadt, jedem *diner* auf dem Land und in jedem Studententreff auf dem Campus läuft mindestens ein Fernseher, auf dem irgendein Spiel, ein Golfturnier oder ein Autorennen übertragen wird. In jeder Universitätsstadt ziehen am Wochenende die Anhänger der lokalen College-Mannschaften in die Stadien und machen das Spiel zum Gemeinschaftserlebnis. Gekleidet in den Farben ihrer Mannschaft, bejubeln sie *touchdowns, homeruns* oder *slam dunks* (Korbleger). Welche Anziehungskraft diese Spiele haben, sieht man schon an den gigantischen Sportstätten. In Iowa City zum Beispiel passen mehr als 70 000 Zuschauer in das Kinnick-Stadion der University of Iowa. Das sind doppelt so viele Menschen, wie an der Universität studieren, und fast 10 000 mehr, als die ganze Stadt Einwohner hat.

Trotz ihrer Dimensionen geht es in den US-Sportstätten beschaulich zu. Amerikaner aller Klassen sitzen bei Hotdogs, Bier und Softdrinks zusammen und kommentieren das Spiel – aber dass ganze Stadionkurven unter Schlachtgesängen erzittern, kommt selten vor. Bisweilen müssen Bigbands und Cheerleader-Truppen nachhelfen, um dem Publikum etwas Begeisterung zu entlocken. Das Hooligan-Phänomen ist selbst in den Arenen der Profi-Mannschaften so gut wie unbekannt.

Wenn in den Supermärkten ganze Stapel football-förmiger Schokoladenkuchen mit weißen Zuckerguss-Nähten auftauchen, steht der Super Bowl bevor. Das Endspiel um den Titel des besten professionellen Footballteams der Nation ist ein alljährliches Fest vor dem Fernseher, das man mit Familie und Freunden feiert. 2010 war dafür ein Traumjahr. Denn dieser Super Bowl hat wie kaum ein anderer die amerikanische Vorliebe für Superlative bedient: Das Endspiel sollte darüber entscheiden, ob der All-American-Star Peyton Manning durch einen Sieg seiner Mannschaft, der Indianapolis Colts, zum erfolgreichsten Quarterback aller Zeiten aufsteigen würde. Die Familie Manning ist bereits *die* Football-Familie der USA: Peytons Bruder Eli spielt als Quarterback bei den New York Giants, Vater Archie Manning war Quarterback bei den New Orleans Saints. Und ausgerechnet die Saints wurden dann auch noch Finalgegner der Colts im Super Bowl!

Aus dem persönlichen Triumph Peyton Mannings ist zumindest bei diesem Super Bowl nichts geworden. Doch dafür sahen die Amerikaner am 7. Februar 2010 das symbolische Comeback einer zerstörten und demoralisierten Stadt: Die Underdogs aus New Orleans besiegten die Favoriten aus Indianapolis. New Orleans fiel in einen einzigen großen Glückstaumel und machte seinem Ruf als feierfreudigste Metropole der USA zum ersten Mal seit dem Hurrikan Katrina wieder alle Ehre. 106,5 Millionen Zuschauer verfolgten das Spiel an den Fernsehschirmen – mehr als je zuvor bei einer einzelnen Sendung gezählt wurden.

So bestätigte die TV-Statistik erneut, dass Football, der knochenharte Kampf um Geländegewinn, in den USA die beliebteste Sportart ist. Mögen seine Kritiker auch beklagen, dass Football Amerikas schlechteste Eigenschaften repräsentiert (der konservative Kolumnist George Will definierte das Spiel als »Gewalt, unterbrochen von Kommitteesitzungen«): In Umfragen bezeichnet ihn fast jeder Dritte als seinen Lieblingssport. Für Baseball begeistern sich in diesem Maße heute nur noch halb so viele Amerikaner. Und doch gilt das Spiel mit seinen Duellen zwischen *pitcher* und *batter* als *der* amerikanische Sport schlechthin. Jedes Kind weiß, dass mit dem Lied »Take me out to the ball game« nur ein einziges Ballspiel gemeint ist. Die Refrainzeile »I don't care if I never get back« folgt dem verlockenden Ewigkeitsversprechen eines Spiels, bei dem es kein Zeitlimit gibt.

Niemand konnte die Faszination schier endloser, selbstvergessener Baseball-Nachmittage besser beschreiben als A. Bartlett Giamatti, der bis zu seinem Tod im September 1989 das hohe Amt des Commissioner of Baseball innehatte. Das ist eine Art Chefmanager des amerikanischen Profi-Baseballs, angeblich einer der begehrtesten Posten Amerikas. Als gebürtiger Bostonier war Giamatti Fan der Boston Red Sox. Außerdem war er Literaturprofessor und acht Jahre lang Präsident der Yale-Universität. Giamatti erlebte jedes Baseball-Spiel als sportliche Verwirklichung des *American Dream*. »Baseball löst das Versprechen ein, das Amerika sich selbst gegeben hat: Das Individuum hochzuschätzen und zugleich das übergeordnete Wohl der Gemeinschaft anzuerkennen«, schrieb er in seinem Buch *Take Time for Paradise: Americans and Their Games* (1989). »Es sendet seine Spieler aus zu den Bases und gibt ihnen die Freiheit, da draußen in einer Welt voller Gefahren Großes zu vollbringen, bevor sie wieder zurückkehren. […] Jedes Spiel erneuert das Versprechen, dass wir alle frei sein können, dass jeder sein Ziel erreicht.«

Für amerikanische Kinder ist jedoch häufig weder Football

noch Baseball der Sport, den sie als Erstes aktiv betreiben. Viele Eltern melden ihre Grundschulkinder – Jungen wie Mädchen – zuerst zum *soccer* an. Ausgerechnet um den europäischen Fußball, der als Zuschauersport in den USA kaum jemanden hinter dem Ofen hervorlockt (wenn überhaupt, dann zieht hier nur der Frauenfußball), kann sich das gesamte Wochenende einer amerikanischen Familie drehen. Nicht selten werden zwei Kinder gleichzeitig zu verschiedenen Auswärtsspielen gefahren und angefeuert. Unter der Woche chauffiert man sie an manchen Nachmittagen gleich nach der Schule zum Training. Und so kommt es, dass ausgerechnet der Fußball jenem Klischee den Namen gab, das seit Mitte der 1990er Jahre als Inbegriff der Vorstadtmutter gilt: *Soccer Mom*.

Noch in den 1970er Jahren begeisterten sich allenfalls Immigranten für Fußball, und man zählte US-weit keine 130 000 fußballspielenden Kinder. Heute sind es mehr als vier Millionen. Im Wahljahr 1996 entdeckten Meinungsforscher und Wahlkampfstrategen die *Soccer Mom*. Bis dahin hatte sie ganz unauffällig ihre Kinder im Minivan oder im Kombi zum Spielfeld gefahren, Schienbeinschoner zurechtgezurrt und aufgeschlagene Knie verpflastert. Dann bewarb sich Susan B. Casey, eine erfahrene Wahlkampfmanagerin, mit dem Slogan »A Soccer Mom for City Council« um einen Sitz im Stadtrat von Denver – und wurde prompt gewählt.

Auf einmal war die *Soccer Mom* in allen Medien. Zwei Jahre zuvor hatten die weißen Männer aus den Suburbs, wütend über die Bundesregierung, über Steuern und Waffengesetze, den Republikanern bei der Kongresswahl einen Erdrutschsieg beschert. Diesmal, so hieß es, würden die Frauen der *Angry White Males* darüber entscheiden, ob für die nächsten vier Jahre der Demokrat Bill Clinton oder der Republikaner Bob Dole die Geschicke der Nation lenken sollte. Man erklärte die *Soccer Mom* zur Schlüsselfigur unter den Wechselwählern: Ihre Stimme würde den politischen Kurs des Landes bestimmen, so wie schon ihre Wahl beim Einkauf über den Markterfolg von Produkten entschied. Der Fernsehsender NBC nahm sie als eigene Wählerkategorie in seine Umfragen auf. Zuletzt stimmten die Fußballmütter der Nation mit knapper Mehrheit für Clinton. *Soccer Mom* wurde Wort des Jahres 1996.

Um dessen Relevanz und Bedeutung wird seitdem gestritten. Dabei geht es um Rassenklischees und Geschlechterrollen, um die Definition von Familie und um die Schwierigkeit, in einer fragmentierten Gesellschaft überhaupt noch Gruppen mit ausreichend gemeinsamen Merkmalen zu identifizieren. Ist die typische *Soccer Mom* eine Hausfrau, die das Geldverdienen dem Ehegatten überlässt und ihren ganzen Ehrgeiz in die Aufzucht der Kinder steckt? Oder ist es nicht doch eher die geschiedene Alleinerziehende mit Vollzeitjob, die sich im täglichen Kampf um die Balance zwischen Job und Kindern aufreibt? Handelt es sich gar um eine rassistische Wortschöpfung, die das Klischee der weißen Hausfrau im Vorstadtidyll pflegt – und zugleich implizit unterstellt, dass sich farbige Großstadtmütter nicht um ihre Kinder kümmern?

Wie immer man politisch dazu stehen mag: Statistisch ist die *Soccer Mom* eher *Working Mom* als reine Hausfrau, selbst wenn sie verheiratet ist. Die wenigsten amerikanischen Familien können von einem einzelnen Einkommen leben. Auch sind Babypausen und Erziehungszeiten in den USA deutlich weniger großzügig bemessen als in Deutschland, so dass die meisten Mütter einige Monate nach der Geburt eines Kindes wieder arbeiten gehen. Nur gut ein Drittel aller verheirateten Frauen mit kleinen Kindern ist nicht berufstätig.

Mit 2,1 Kindern pro Frau liegt die Geburtenrate in den USA deutlich höher als in Deutschland mit knapp 1,4 Kindern. Nur wenige amerikanische Frauen entscheiden sich bewusst für ein Leben ohne Nachwuchs. Doch die vierköpfige Kernfamilie ist auch hier längst nicht mehr die Norm. Ehepaare mit eigenen Kindern stellen heute nur noch knapp ein Viertel aller Haushalte; 1970 waren es noch gut 40 Prozent. Vier von zehn Babys werden inzwischen von unverheirateten Frauen geboren, bei afroamerikanischen Babys sind es sogar sieben von zehn. Vor kurzem habe ich eine Freundin, die zwei Kinder von zwei verschiedenen Samenspendern allein großzieht und sich als *single mother by choice* bezeichnet, zu einem Familientreffen begleitet: Ein Dutzend Frauen, die alle Kinder vom selben Spender haben, waren aus allen Teilen der USA von Massachusetts bis Colorado zusammengekommen. Die Frauen – teils Alleinstehende, teils lesbische Paare – hatten sich per Internet gefunden und beschlossen, dass die Kinder ihre biologischen Halbgeschwister kennenlernen sollten. »Die typische amerikanische Familie«, stellte die US-Zensusbehörde kürzlich fest, »gibt es nicht mehr«.

Die angeblich typische *Soccer Mom* sehe ich – selbst Fußball-Mutter in Aktion – samstagnachmittags bei der Princeton Soccer Association. SUV-Fahrerin, stets in Sneakers und Sport-Outfit, immer strahlend (außer, wenn sie ein schlechtes Vorbild für ihre Kinder sieht, unbehelmte Mütter auf dem Fahrrad zum Beispiel). Immer die Erste, wenn die *Parent Teacher Organization* unserer Schule Freiwillige sucht. Nie kommt sie ohne eine Extraportion *healthy snacks,* weil Kinder zwei Stunden Fußball oder anderthalb Stunden Schachklub unmöglich ohne Nahrungszufuhr überstehen können. Stets ist sie in Cheerleader-Stimmung (»This is so exciting! Aren't you having fun, guys?!«), und immer in Eile, weil ihre Tochter in 20 Minuten beim Klavierunterricht sein muss. Nur eines kann man sich bei ihr so gar nicht vorstellen: Dass sie sich für Fußball an sich begeistert.

Dasselbe gilt für die Mehrzahl der anderen Eltern auf dem Feld. Fußball ist gut für den Teamgeist – aber er ist nicht der Sport, aus dem amerikanische Träume gemacht sind. Schon deshalb ist die *Soccer Mom* keine feste Größe. Meinungsforscher und Politstrategen haben längst neue Profile in Umlauf gebracht: die *Security Mom* zum Beispiel, die ihre Kinder überall in Gefahr sieht, sei es durch Gift in Lebensmitteln oder durch entlassene Sexualstraftäter. Seit die Republikanerin (und fünffache Mutter) Sarah Palin aus Alaska die nationale politische Bühne betreten hat, hat auch die *Hockey Mom* Konjunktur, eine aggressivere und konservativere Variante der *Soccer Mom*.

Den besten Stoff für Legenden liefert in Amerika noch immer der Baseball. Gerade erst wurde William Winokurs Buch *The Perfect Game* verfilmt, das die wahre Geschichte vom Aufstieg einer Baseball-Jungenmannschaft in den Armenvierteln der mexikanischen Industriestadt Monterrey zum Sieger der Little League World Series des Jahres 1957 in den USA erzählt. Niemand hätte sich eine bessere Fabel ausdenken können. Die Jungen aus Mexiko üben mit ihrem Gemeindepriester auf einer Industriebrache. Am Sonntag nach der Messe fiebern sie am Radio mit, wenn ihre Helden – die Brooklyn Dodgers – spielen.

Angel Macias, der begabte *pitcher* des Teams, gewinnt Cesar Faz als Trainer, als der seinen Job im US-amerikanischen Major League Baseball verliert und nach Monterrey zurückkehrt.

Zu ihrem ersten Spiel auf US-amerikanischem Boden fahren die Jungen mit einem Dreitagesvisum und ohne Gepäck – in der Erwartung, spätestens am folgenden Tag besiegt wieder nach Hause zu fahren. Doch wenige Wochen später ist die Mannschaft aus Monterrey bereits Sieger im Staat Texas. Beim Endspiel der World Series in Pennsylvania macht Angel Macias die Sensation perfekt: Während er seine Bälle wirft, erreicht kein einziger Spieler der gegnerischen Mannschaft auch nur die erste *base*. Das nennt man im Baseball ein *perfect game,* und Macias ist bis heute der einzige Little-League-Spieler, dem je ein solches Spiel gelang.

Die mexikanischen Underdogs kämpfen beharrlich um die Verwirklichung ihres amerikanischen Traums. Und sie lernen auch ihre Lektion fürs Leben. Im Film sagt Angel Macias zu seinem verliebten Trainer: »Wenn du Maria für dich gewinnen willst, musst du dich mehr anstrengen.« »Liebe ist nicht dasselbe wie Baseball«, gibt der zurück. »Ist es doch!«, antwortet Angel ohne Zögern.

So weit die US-Version dieser Geschichte, wie sie der Film nun noch einmal voller Nostalgie für die große Zeit des Baseballs und der amerikanischen Werte in Erinnerung ruft. Es war die Zeit, als der *American Way of Life* über den Faschismus in Deutschland und über den Imperialismus in Japan triumphiert hatte. Es war der Höhepunkt des amerikanischen Jahrhunderts. Doch diese Zeiten sind vorbei, wie die amerikanische Kolumnistin Mary McGrory nach Vietnam und Watergate befand. Und auch sie hat die Lage der Nation mit den Begriffen des Sports beschrieben: »Baseball ist das, was wir waren. Football ist das, was wir geworden sind.«

Dass der erste amerikanische Nationalsport zumindest in Neuengland auch heute noch politische Welten bewegen kann, hat sich allerdings gerade erst in Massachusetts gezeigt. Dort wurde nach Ted Kennedys Tod sein Nachfolger für den Senat gewählt. Niemand räumte den Republikanern bei dieser Nachwahl ernsthafte Chancen ein. Massachusetts ist eine demokratische Hochburg, und überdies ging es um den »Kennedy-Sitz«.

Doch die Kandidatin der Demokraten, Martha Coakley, war sich ihrer Sache allzu sicher. Sie drückte sich vor dem Wahlkampf. Sie bestritt, dass es in Afghanistan Terroristen gebe. Sie buchstabierte sogar ihren Heimatstaat falsch.

Die Wahl hätte sie womöglich dennoch gewonnen – hätte sie nicht ein besonderes Sakrileg begangen: Als sich der frühere *pitcher* der Boston Red Sox, Curt Schilling, positiv über ihren republikanischen Konkurrenten Scott Brown äußerte, bezeichnete Coakley ihn als Yankee-Fan. Der Aufschrei in Massachusetts war bis Washington zu hören. Denn erstens ist die Rivalität zwischen den Yankees aus New York und den Red Sox aus Boston nicht irgendein sportlicher Wettstreit. Und zweitens ist Curt Schilling nicht irgendein Baseballspieler. Er ist eine lebende Legende. Ihn als Yankee-Fan zu bezeichnen, ist mindestens so unerhört, als bezichtigte man Franz Beckenbauer der Parteinahme für 1860 München.

Die Erzrivalität der beiden Teams reicht fast ein Jahrhundert bis in die Zeit des Baseball-Gotts Babe Ruth zurück. Ruth, »The Bambino«, spielte für die Red Sox, als sie 1918 die World Series gewannen. Doch dann verkauften ihn die Bostonier an die Yankees – und holten 85 Jahre lang keinen Titel mehr. Erst Curt Schilling brach den »Fluch des Bambino«: Er machte die Red Sox 2004 wieder zu Weltmeistern. In einem Spiel hielt er trotz einer Fußverletzung so lange durch, bis seine roten Socken blutrot wurden. Eine dieser *bloody sox* ist heute in der Baseball Hall of Fame ausgestellt.

Wenige Tage nach ihrem Baseball-Ausrutscher verlor Martha Coakley die Nachwahl in Massachusetts – und die Demokratische Partei ihre sichere Mehrheit im US-Senat. »And it's one, two, three strikes your out of the ol' ball game«, spottete ein Blogger aus Massachusetts.

Students: **Bildung und Ausbildung**

»An investment in knowledge always pays the best interest.«
(Benjamin Franklin, 1706–1790)

Jedes Jahr hält an einem Wochenende im Frühsommer ein seltsamer Dresscode Einzug in Princeton. Stattliche Herren schlüpfen in grell orangefarbene Blazer mit schwarzem Streifenmuster. Zierliche ältere Damen streifen Handschuhe mit aufgenähten Tigerkrallen über. Wenn überall auf dem Campus wild kostümierte Herrschaften unterwegs sind, wenn die gesamte Stadt in Schwarz und Orange getaucht ist, bis die Augen flimmern, dann ist weder Karneval noch Halloween: Es sind *Reunions*.

Immer wenn ein neuer Jahrgang von Princeton-Studenten seinen Abschluss feiert, treffen sich kurz vorher die Alumni, die Absolventen früherer Jahre. Mit ausgelassenen Ritualen feiern sie ihre Alma Mater. Schwarz und Orange sind die Farben der Princeton University, der Tiger ist ihr Maskottchen, und die College-Sportler nennen sich Princeton Tigers – deshalb die vielen Raubkatzen-Kostüme. In der *P-Rade* ziehen die Ex-Kommilitonen mit Blasmusik durch die Stadt. Sprechchöre ertönen, die »Princeton Locomotive« zum Beispiel, und das klingt dann so: »Hip! Hip! Rah! Rah! Rah! Tiger! Tiger! Tiger! Sis! Sis! Sis! Boom! Boom! Boom! Ah!«

Die ganze Universität hat nicht einmal 8000 Studenten. Doch jedes Jahr kommen um die 20 000 Alumni, oft mit Familie. Und wenn auch nicht jeder Ehemalige so regelmäßig erscheint wie Herb Hohler, der 1944 seinen Abschluss machte und seitdem keine einzige *Reunion* verpasst hat – die Devise heißt: einmal Princetonier, immer Princetonier.

Die Amerikaner haben sich die Demokratie durch Revolution und Krieg gegen die Monarchie erkämpft. Hier zählen weder

Kronen noch Grafentitel. Amerikas Aristokratie ist die Elite der höheren Bildung. Das gilt insbesondere für Absolventen der acht *Ivy-League*-Universitäten im Nordosten, unter denen die *Big Three* noch einmal eine Sonderklasse bilden: Von George Washingtons direktem Nachfolger John Adams bis Barack Obama haben allein 14 der 44 bisherigen US-Präsidenten ihr Examen entweder in Harvard, Yale oder Princeton gemacht.

Die Bezeichnung Efeu-Liga wird meist von den efeu-umrankten Campusgebäuden dieser Hochschulen abgeleitet. Außer den Großen Drei sind das noch die University of Pennsylvania, die Columbia- und die Cornell-Universität in New York, das Dartmouth-College in New Hampshire und die Brown-Universität in Rhode Island. Seit Mitte des 20. Jahrhunderts tragen sie ihre Sportwettkämpfe offiziell als *Ivy League* aus. Ihre Sonderstellung verdanken sie ihrer (für amerikanische Verhältnisse) uralten Tradition und ihrer einzigartigen historischen Bedeutung. Mit Ausnahme der Cornell-Universität in Upstate New York sind die *Ivy League Schools* alle älter als die Vereinigten Staaten selbst. Der Campus dieser Hochschulen ist jeweils eine Welt für sich. In ihrem eigenwilligen Bauten-Sammelsurium finden sich Bibliotheken von Frank Gehry, Studentenwohnheime von I. M. Pei und andere Solitäre berühmter Architekten. Daneben erinnern zinnenbewehrte Mauern, viktorianische Giebel und neogotische Türme an Oxford und Cambridge. Harvard, 1636 von der Massachusetts Bay Company gegründet, war die erste Universität und zugleich die erste Körperschaft auf amerikanischem Boden. Nassau Hall, das Hauptgebäude der Princeton University, war lange das größte Steingebäude der nordamerikanischen Kolonien. Während des Unabhängigkeitskrieges tagte hier gut vier Monate lang der Kontinentalkongress.

Entsprechend verbindet man mit diesen acht Hochschulen nicht nur akademische und sportliche Höchstleistungen, sondern auch ein enormes gesellschaftliches Elitebewusstsein. Die meisten *Ivy League Schools* waren zunächst nahezu exklusive Männer- und *WASP*-Domänen. Hier studierten *White Anglo-Saxon Protestants*, weiße Protestanten mit englischen Vorfahren. Katholiken, Juden und Farbigen blieb bis weit ins 20. Jahrhundert hinein der Zugang entweder komplett verwehrt, oder er wurde ihnen zumindest schwergemacht. Für Frauen richtete man Schwester-Colleges ein, die den Männer-Hochschulen zugeordnet waren. Eine dieser *Seven Sisters* ist das Wellesley College in Massachusetts, an dem Hillary Clinton und auch die erste Frau auf dem Chefsessel des US-Außenministeriums, Madeleine Albright, ihren Abschluss machten. Allein Cornell vergab seine Studienplätze schon seit seiner Gründung 1865 unabhängig von Geschlecht, Rasse oder Religion.

Heute ist *diversity,* die ethnische und kulturelle Vielfalt, auch für die vormals konservativsten unter den Efeu-Ligisten oberstes Gebot. Den gesellschaftlichen und politischen Wandel Amerikas während des letzten halben Jahrhunderts sieht man bei der *P-Rade* der Princetonier sozusagen an sich vorbeiziehen: Zuerst kommen die älteren Jahrgänge, ausnahmslos weiße Männer. In ihren Reihen fahren Frauen höchstens als *trophy wives* unter breitkrempigen Strohhüten auf einem Golfwägelchen mit. Erst bei den Absolventen der frühen 1970er Jahre marschieren weibliche Alumni mit, denn 1969 wurden erstmals Frauen als *undergraduates,* als College-Studenten, zugelassen. Und je weiter sich die Absolventenjahrgänge der Gegenwart nähern, desto bunter wird die Mischung der Ex-Studenten, die Princeton – wie auch die übrigen Elite-Unis – mittlerweile aus aller Welt rekrutiert.

Im Rennen um die Spitzenplätze auf den Universitätsranglisten haben die *Ivy League Schools* natürlich längst Konkurrenz bekommen, durch die kalifornische Stanford University zum Beispiel, die University of Chicago oder das MIT in Boston. Für jede dieser Hochschulen gilt: Wer hier nach vier Jahren College-Studium seinen Abschluss macht, dem stehen in der Regel alle Türen offen, sei es in der Wirtschaft, in Politik und Verwaltung oder auch für eine akademische Karriere. Darüber hinaus ist die Zugehörigkeit zu einem Elite-College eine soziale Währung, die in Amerika nicht weniger zählt als Reichtum oder *celebrity* – und das will etwas heißen. Man kann das zum Beispiel bei der Passkontrolle am Flughafen erleben, wenn die strenge Miene des US-Grenzbeamten nach einem Blick auf das Visum eines jungen indischen Studenten gleich deutlich freundlicher wird: »Oh, you're going to Yale? Great school!«

Kein Wunder also, dass viele junge Amerikaner und Einwanderer seit Generationen alles daran setzen, um einen dieser begehrten Studienplätze zu ergattern. Und eins hat sich bei allem

Wandel über die Jahrhunderte nicht geändert: Die Nachfrage ist groß, das Angebot aber knapp. In Deutschland entscheidet sich erst während des Studiums, wer zu den Besten zählt. In den USA ist es genau umgekehrt: Die Selektion findet schon vor der Aufnahme in die Top-Hochschulen statt. Danach kann nicht mehr allzuviel schiefgehen. Die alles entscheidende Frage lautet also: Wie kommt man rein? Und das wiederum ist, anders als oft vermutet, keineswegs nur eine Frage des Geldes.

Public or Private: Amerikas Schulsystem

»My parents said to me, ›Finish your dinner. People in China and India are starving.‹ I find myself wanting to tell my daughters, ›Finish your homework. People in India and China are starving for your job.‹« (Thomas L. Friedman, *Doing Our Homework,* 2004)

Frisch in Amerika angekommen, wurde ich mit meinem damals anderthalbjährigen Sohn in eine *playgroup* eingeladen. Diese Nachbarschafts-Spielgruppe, rund ein dutzend Mütter mit Kleinkindern, traf sich einmal pro Woche. Doch während sich die Knirpse um Plüschdinos und Holzeisenbahnen zankten, hatten ihre Mütter längst einen ganz anderen Wettbewerb im Blick. Über nichts diskutierten sie leidenschaftlicher als über die Frage: Welche Schule ist die richtige? Eine der staatlichen Grundschulen? Eine Privatschule, die schon im Vorschuljahr 20 000 Dollar und mehr kosten kann? Die öffentliche *charter school* mit ihrem anspruchsvollen Lehrplan, in die man nur per Losverfahren hineinkommt? Oder soll man seine Kinder gleich selbst unterrichten?

Die Frage nach der besten Schule treibt heute fast jede amerikanische Familie um. Das hat Gründe. Die besten Karrierechancen bietet der Abschluss an einem renommierten College. Doch dafür reicht ein Highschool-Diplom allein nicht aus. Entscheidend sind die Ergebnisse eines nationalen Standardtests *(SAT scores)* und Aufnahmeprüfungen der einzelnen Hochschulen. Wer schlechte Schulen besucht hat, fällt spätestens bei dieser Auslese durch den Rost.

Zudem denken amerikanische Eltern in Bildungsfragen ganz individualistisch. Für sie lautet die relevante Frage: Welche Erziehung ist die beste für das je einzelne und besondere Kind? Wo gibt es den originellsten Musikunterricht, wo die kleinsten Klassen? Wo werden Kinder mit Lese- und Schreibschwächen besonders gefördert, und welche Schule vermittelt neben dem Fachwissen auch die richtigen Werte? All diese Spezialitäten kann man auf dem großen Markt der amerikanischen Schulen heute kaufen. Und die Angebotsvielfalt macht selbst wieder Druck. »Für mich war es noch ganz selbstverständlich, zur *public school* zu gehen«, sagte Evelyn, Juristin mit Yale-Examen. »Doch jetzt, wo es so viele Alternativen gibt, werde ich das Gefühl nicht los: Wenn ich meine Tochter dorthin schicke, wird sie eingehen wie eine Primel.«

Theoretisch ist Amerikas Schulsystem einheitlich und denkbar einfach. Mit fünf Jahren wird man eingeschult, zunächst in die Vorschulklasse, die hier Kindergarten heißt. Von der ersten bis zur fünften Klasse geht man zur Grundschule, dann folgen drei Jahre *Junior High-* oder *Middle School* und zuletzt vier Jahre Highschool. Alle lernen gemeinsam, es gibt weder Gymnasien noch Sonderschulen. Erst in der Highschool wird eine Art Leistungskurs-System für die besten Schüler angeboten. Überall in den USA zelebriert man den *school spirit,* die Identifikation der Kinder mit ihrer Schule: Uniformen gibt es zwar in staatlichen Schulen nicht, doch die Schüler werden regelmäßig dazu aufgefordert, zum *spirit day* Kleidung in den Schulfarben zu tragen. Die *prom,* die traditionelle Abschlussfeier der Highschool, gilt als Meilenstein im Leben amerikanischer Jugendlicher.

In der Praxis aber sind die Schulen so verschieden wie Tag und Nacht. Die öffentlichen Schulen sind in erster Linie Sache der Einzelstaaten. Weder Lehrpläne noch Budgets sind einheitlich geregelt. So kann es vorkommen, dass ein Schulbezirksleiter im ländlichen Utah jeden Cent umdreht und in Krisenzeiten Lehrer entlassen muss, während sein Kollege gleich nebenan in Wyoming die besten Lehrer mit Prämien anwirbt und jedem Grundschulkind einen Nobel-Laptop spendiert, weil dieser Staat mit seinen reichen Öl- und Gasvorkommen im Geld schwimmt.

In vielen Staaten werden große Teile der Schulbudgets aus den örtlichen Grundsteuern bestritten, was mit dazu beiträgt, dass die ärmsten Bezirke die schlechtesten Schulen haben. In sozialen Brennpunkten der amerikanischen Innenstädte zählt es schon als Erfolg, wenn die Schüler überhaupt zum Unterricht kommen – und sei es nur ein, zwei Tage pro Monat, so dass sie wenigstens in der Statistik nicht als *dropouts,* als Schulabbrecher, auftauchen. Mehr als sieben von zehn Amerikanern schaffen im nationalen Durchschnitt das Highschool-Diplom, aber in vielen Städten liegt die Quote deutlich niedriger. Außerdem heißt ein solches Diplom durchaus nicht in jedem Fall, dass sein Inhaber auch nur halbwegs flüssig lesen und schreiben kann. Laut offizieller Statistik sind gut 30 Millionen Amerikaner, das ist jeder siebte Erwachsene in den USA, funktionale Analphabeten.

Dass die eigenen Schulen im internationalen Vergleich inzwischen schlecht abschneiden, ist in den USA ein Dauerthema. Amerikas Bildungssystem galt einmal als das beste der Welt. Nun heißt es, die 15-Jährigen im benachbarten Kanada seien ihren US-Altersgenossen im Schnitt bereits um ein ganzes Schuljahr voraus. Auch ehrgeizige Förderprogramme konnten den Abwärtstrend bislang nicht stoppen.

Wie das Schulsystem zu reparieren sei, bleibt umstritten. Die einen fordern eine bessere Lehrerausbildung. Die anderen wollen, dass Staaten wie Kalifornien endlich wieder mehr Steuergelder in die höhere Schulbildung stecken als in ihre Gefängnisse. Die nächsten prangern die mächtigen Lehrergewerkschaften an, die selbst die schlechtesten Lehrer vor der Entlassung schützten. Wieder andere sehen die Hauptverantwortung bei den Eltern, die ihren Kindern Videospiele in die Hand drücken, statt Bücher vorzulesen. Laut einer Studie der Kaiser Family Foundation vom Januar 2010 sitzen die Acht- bis 18-Jährigen in den USA heute im Schnitt gut siebeneinhalb Stunden pro Tag vor dem Fernseher, dem Computer, ihrem Smartphone oder anderen elektronischen Geräten.

Zuletzt hat eine Kommission aus Vertretern aller Bundesstaaten nationale Richtlinien für den Englisch- und Mathematikunterricht ausgearbeitet, um den Flickenteppich der Schulbildung wenigstens etwas stärker zu vereinheitlichen. Doch während Kentucky das Programm bereits in Kraft gesetzt hat, weigern sich die Verantwortlichen in Massachusetts, die eigenen – höheren – Standards herunterzuschrauben. In wieder anderen Staaten müssen die Bürger zuerst in aufwendigen Verfahren darüber abstimmen.

Damit nicht genug, stehen die Schulen auch noch unter ideologischem und politischem Druck. So versuchen christliche Fundamentalisten durchzusetzen, dass neben der Darwin'schen Evolutionstheorie auch die biblische Schöpfungslehre auf den Lehrplan kommt. In Texas fordern Konservative, dass in den Geschichtsbüchern mehr Platz für positive Darstellungen der National Rifle Association bleibt, und dass Amerikas Wirtschaftsordnung nicht mehr Kapitalismus, sondern »System des freien Unternehmertums« genannt wird. Texanische Indianer und Latinos wollen die Rolle ihrer Bevölkerungsgruppen in der Geschichte des Staates ebenfalls besser gewürdigt wissen – und so weiter.

Das politische Hickhack der letzten Jahrzehnte hat kaum dazu beigetragen, das Vertrauen der US-Bürger in ihr öffentliches Schulsystem zu stärken. Dem entzieht sich die Oberschicht schon seit jeher, indem sie ihre Kinder auf exklusive und teure Privatschulen schickt. Wer nicht zu solchen Kreisen zählt und mit einem knapperen Budget wirtschaften muss, hat im Wesentlichen zwei Möglichkeiten: in eine Gegend mit guten öffentlichen Schulen zu ziehen, oder die Kinder zu Hause selbst zu unterrichten.

Home schooling praktiziert eine wachsende Zahl von Familien in den USA. Anders als in Deutschland verpflichtet der Gesetzgeber die Bürger in den USA nicht dazu, ihre Kinder zur Schule zu schicken. Geschätzte zwei Millionen oder rund vier Prozent aller schulfähigen Kinder lernen bereits zu Hause Lesen, Schreiben und Rechnen. Oft sind religiöse Motive ausschlaggebend. Doch nicht selten wollen Eltern, die an einen bestimmten Wohnort gebunden sind, ganz einfach dem niedrigen Lernniveau oder auch dem sozialen Milieu der örtlichen Schulen entfliehen. »Wir müssen die Kids vor dem Mist schützen, der in den Schulen heutzutage zählt«, sagt Paul, unser Automechaniker mit zwei Teenager-Söhnen. »Einmal haben wir das Geld für eine Privatschule zusammengekratzt, aber dort war es keinen Deut besser. Es herrscht nur noch materialistischer Wettbewerb – wer hat das dickste Auto, wer die angesagtesten Markenklamotten, wer ist am beliebtesten.«

Nun ist aber auch in Amerika der Hausunterricht nicht jedermanns Sache. Und so ziehen die meisten bildungsbewussten Eltern entweder in einen Schulbezirk mit gutem Ruf – oder sie setzen alles daran, ihrem Kind einen Ausnahmeplatz in einer bestimmten Schule zu sichern. Dafür werden Ranglisten konsultiert und Schulleiter umgarnt, Vierjährige in Vorbereitungskurse geschickt und Bewerbungsunterlagen mit professioneller Hilfe zusammengestellt. In Manhattan jonglieren Eltern mit Zahlencodes wie PS 41, PS 6, PS 290 und PS 199 – New Yorks *public schools* sind durchnummeriert, und die besten Grundschulen können sich vor dem Ansturm kaum retten. Nicht einmal ein Wohnsitz im richtigen Bezirk garantiert mehr einen Platz; die Schulen haben lange Wartelisten. Von dort aus schafft man später vielleicht einmal die Aufnahmeprüfung für die renommierte Stuyvesant Highschool, die wiederum mehr Absolventen in die führenden Universitäten des Landes schickt als jede andere Highschool der USA.

Die Furcht der elitebewussten Amerikaner, dass ihren Kindern die beste Schulbildung entgehen könnte, ist längst zum lukrativen Geschäft für Medienkonzerne, Berater, Nachhilfe-Unternehmen und andere Dienstleister geworden. Mit dem Bild vom Genie in der Wiege lockte der Disney-Konzern sogar die Eltern der Allerkleinsten: Seine Baby-Einstein-Videos machten angeblich schon Säuglinge schlau. In der Werbung wurden sie als Lernvideos angepriesen. In den USA waren sie um die Jahrtausendwende so populär, dass rein statistisch jedes dritte Kleinkind ab drei Monaten mindestens eines davon besaß. Erst als Studien zeigten, dass Kleinkinder vor dem Bildschirm eher Aufmerksamkeits-Defizit-Syndrome und Sprachstörungen entwickelten als ihre Intelligenz, musste Disney auf das Prädikat pädagogisch wertvoll für diese Produkte verzichten.

Schon für Dreijährige kann man einen Tutor buchen, der die Kleinen für die Aufnahmeprüfung zu Begabten-Klassen in bestimmten Vorschulen fit zu machen verspricht. Unser Zehnjähriger bekommt Post von Bildungsinstituten, die Viertklässler mit Master anreden. Ihre Hochglanzbroschüren versprechen bessere Chancen auf einen der begehrten Elite-Studienplätze: Durch ein fünftägiges *leadership seminar* für 1800 Dollar zum Beispiel, das talentierte Schüler auf ihre künftige Rolle als Führungskräfte vorbereiten will.

Tatsächlich reichen schon bei der Bewerbung um die begehrtesten Highschools Bestnoten und hervorragende Testergebnisse allein längst nicht mehr aus. Letztlich bleiben die Entscheidungskriterien der Schulen schwer durchschaubar. Soziales Engagement, sei es bei den *Girl Scouts* oder als Helfer in der Kirchengemeinde, ist in jedem Fall gern gesehen. Wer kein Instrument spielt und nicht in mindestens einer Sportart glänzt, hat es schwer. So wurde Theodore, ein 14-Jähriger aus der Nachbarschaft, trotz Bestnoten von zwei angesehenen Privatschulen abgelehnt. Bei der dritten aber bekam er sogar ein Stipendium – weil er auch ein guter Schwimmer ist und die Schule sich unter anderem durch ihr erfolgreiches Schwimmteam profiliert.

Doch noch bevor das Highschool-Diplom errungen, der Abschlussball gefeiert und die *prom queen* gekrönt ist, geht für viele junge Amerikaner der Bewerbungsmarathon erst richtig los. Jetzt wird für den SAT-Test gebüffelt, an Bewerbungsunterlagen und Probe-Essays gefeilt. Denn was man studiert hat, zählt im späteren Leben weit weniger als die Antwort auf die Frage: »*Where* did you go to college?«

Campus Life: **Das College fürs Leben**

»Join the United States and join the family – But not much in between unless a college.« (Robert Frost, *Build Soil – A Political Pastoral,* 1932)

Fast zwei von drei US-Bürgern besuchen irgendwann in ihrem Leben ein College – auch wenn nur knapp die Hälfte von ihnen dort tatsächlich einen Abschluss macht. Diese Hochschulen sind unter anderem deshalb so wichtig, weil viele davon (auch) als Berufsschulen fungieren. In den USA gibt es weder Handwerkskammern noch Meisterprüfungen. Klempner oder Elektriker wird man durch *training on the job,* aber eine zweijährige berufsnahe Ausbildung am örtlichen *Community College* kann die Chancen auf einen guten Job verbessern. Amerikanische Krankenschwestern haben häufig sogar vier Jahre College und einen Bachelor-Titel vorzuweisen. Auch deshalb ist in den USA der Anteil der Studierenden vor allem im Vergleich zu Deutschland so hoch: Ein angehender Krankenpfleger, womöglich auch ein künftiger Schreiner zählt hier nicht als Lehrling oder Azubi, sondern als *student.*

Doch ob *professional schools* oder *liberal arts colleges:* College ist nicht gleich College. Zwischen der Krankenpfleger-Ausbildung an einem Gemeinde-College und der Columbia University Nursing School liegen Welten, genauso wie zwischen dem Bachelor-Abschluss einer durchschnittlichen Staatsuniversität und Harvard.

Wenn sich amerikanische Schulabgänger in diesem harten Wettbewerb um einen Studienplatz bewerben, steht die ganze Familie unter Stress. Campusbesuche müssen organisiert, Empfehlungsschreiben gesammelt und Bewerbungsgespräche geübt werden. Eltern gehen auf Zehenspitzen, wenn die 17-Jährigen noch bis spätabends über den Büchern sitzen. Stundenlang wird über Details diskutiert: Soll man um das letzte verlangte Empfehlungsschreiben die Geigenlehrerin bitten, oder ist der Hockeytrainer wichtiger? Bringt es Pluspunkte, nach einem Bewerbungsgespräch eine *thank-you note* zu schicken? Wer ganz sichergehen will, heuert einen persönlichen College-Berater an. Nicht selten werden Schulfreunde plötzlich zu Konkurrenten, wenn sich herausstellt, dass sie sich an denselben Universitäten bewerben. »Wir sind froh, wenn dieser Irrsinn endlich vorbei ist« – solche Stoßseufzer hört man in dieser Phase häufig. Dafür werden Sie in den USA kaum glücklichere Gesichter sehen als die der Bewerber und ihrer Eltern, wenn die Zusage von einem der begehrten Colleges kommt.

In keinem europäischen Land verwenden Schulabgänger so viel Zeit und Mühe auf die Suche nach dem richtigen Studienplatz wie in den USA. Doch auch umgekehrt gilt: Nirgendwo in der westlichen Welt werben die renommierten Universitäten intensiver um die besten Schulabgänger. Diese bewerben sich häufig bei mehreren Hochschulen zugleich. Zu den Mehrfachbewerbungen werden die Schüler von den Colleges kräftig ermuntert. Denn deren Platz auf den nationalen Ranglisten bemisst sich unter anderem daran, dass sie am Schluss möglichst viele qualifizierte Bewerber *ablehnen* können.

Für jeden Studenten, den sie aufnehmen, haben Amerikas Hochschulen zuvor mehrere tausend Dollar in Werbung und Aufnahmeverfahren investiert. Ein wachsender Prozentsatz der Erstsemester in Harvard, Yale und Co. stammt allerdings aus dem Ausland. Für die privaten Forschungsuniversitäten ist Exzellenz das Hauptkriterium, und nicht der Pass. Auf der anderen Seite kommen aber auch die Elitehochschulen ohne politische Korrektheit heute nicht mehr über die Runden. Deshalb gibt es für Afroamerikaner und andere Minoritäten spezielle Förderprogramme, und bei gleicher Qualifikation werden sie gegenüber *Caucasians* bevorzugt aufgenommen. Amerikaner asiatischer Abstammung werden dabei nicht mehr als förderungswürdige Minderheit behandelt. Sie sind im Bildungssystem der USA die erfolgreichste Bevölkerungsgruppe – und in den US-Hochschulen deshalb ohnehin schon überproportional vertreten.

Ausnahmen werden auch für Spitzensportler gemacht: Wer auf dem Footballfeld oder im Basketball-Court für seine Universität kämpft, muss an der akademischen Front meist etwas weniger schwitzen. Wie wichtig der College-Sport für die Marken der Hochschulen ist, zeigt sich an den Spitzenverdienern. So bezog im Jahr 2007 nicht etwa ein Nobelpreisträger, ein Präsident oder ein Finanzmanager das höchste Einkommen im Vergleich aller privaten US-Universitäten, sondern der Football-Cheftrainer der University of Southern California.

Mit Umzugskartons, Koffern und großen Erwartungen treffen die Neuen, die *freshmen,* dann im Spätsommer in ihrem College ein. Man zieht in ein Studentenwohnheim auf dem Campus, teilt sein Zimmer mit einem *room mate* und isst in den *dining halls,* den großen Gemeinschafts-Speisesälen. Schon dadurch unterscheidet sich das amerikanische Studentenleben beträchtlich von dem in Deutschland. Zudem haben Studenten in den USA ein immenses Arbeitspensum zu bewältigen. Die Listen der zu schreibenden Seminararbeiten sind lang, die Leselisten noch länger. Der akademische Hochleistungsdruck lässt wenig Zeit für Nebenjobs und andere Aktivitäten. Das heißt aber nicht, dass man keinen Dampf ablässt: *Binge drinking,* zu Deutsch

Komasaufen, ist Harvard-Forschern zufolge für mindestens zwei von fünf College-Studenten eine regelmäßige Übung – und ein Alptraum für die Universitätsverwaltungen.

Eine mögliche Alternative zum Wohnen auf dem Campus ist das *Greek life,* das Leben in einer der Studentenverbindungen, deren Namen traditionell aus zwei oder drei griechischen Buchstaben wie *Sigma Chi* oder *Phi Beta Kappa* bestehen. Manche dieser *fraternities* und *sororities* stehen allen Klassen, Rassen und Religionen offen; andere sind hochexklusive Gemeinschaften. Ihre Mitglieder haben Zugang zu bestimmten Gesellschaftskreisen, und ein Netzwerk von Ehemaligen erleichtert später den Start ins Berufsleben.

Was die einen als soziale Heimat und/oder Starthilfen für die eigene Karriere sehen, sind für die anderen ärgerliche Relikte aus vormodernen Zeiten. So sind in Princeton manche *eating clubs,* wie eine örtliche Sonderform der Studentenverbindung heißt, als letzte Bastionen eines arroganten *WASP*-Elitismus oder als »Clubs für die Söhne und Töchter der Ostküsten-*CEOs*« verschrien. Sie betreiben eine strenge soziale Auslese, und das verträgt sich nicht gut mit der *diversity*-Politik der Universität. Attraktiv und umstritten zugleich sind die Verbindungen auch als Zentrum des studentischen Nachtlebens. Vor ihren Anwesen stehen an Partyabenden die Nichtmitglieder Schlange. Es heißt, dass der von Studenten konsumierte Alkohol zum überwiegenden Teil aus den Bierfässern der *eating clubs* fließt. Viele Studenten sind jünger als 21 und dürfen damit noch keinen Alkohol trinken. Doch wer könnte das auf so einer Party schon kontrollieren? Entsprechend steht es zwischen den Studentenverbindungen und ihrer Alma Mater nicht immer zum Besten, und das nicht nur in Princeton.

Berichte über Sex, Drugs & Rock'n'Roll auf dem Campus verkaufen sich besser als Geschichten vom Pauken und Büffeln – vor allem, wenn sich der amerikanische Bestseller-Autor Tom Wolfe des Themas annimmt. In seinem 2004 erschienenen College-Roman *I Am Charlotte Simmons* geht es hoch her. Charlotte, eine bildhübsche und naive Erstsemesterin, teilt das Zimmer mit einem Oberklassen-Partygirl, verliert im hedonistischen Treiben zusehends die Orientierung und geht zuletzt dem attraktiven Verbindungsstudenten Hoyt auf den Leim, der ihr nur als

Sextrophäe nachsteigt. Eine von Wolfes Quellen war die eigene Tochter, die auf das Duke-College ging.

Wie es der Zufall wollte, wurde ausgerechnet die Duke-Universität kurz darauf zum Schauplatz eines Skandals, in dem das Leben die Fiktion noch in den Schatten zu stellen schien: Drei weiße College-Sportler sollten auf einer ausgeuferten Party angeblich eine schwarze Striptease-Tänzerin vergewaltigt haben. Der Duke-Lacrosse-Skandal ging im Frühjahr 2006 durch die Presse. Darin vereinten sich sämtliche Klischees über die Elite-Colleges als Kernorte der Rassen- und Klassengegensätze in der US-Gesellschaft: Auf der einen Seite die *jocks,* die Söhne reicher weißer Eltern, die bei Tag den Snob-Sport Lacrosse betreiben und nachts im dekadenten Luxus schwelgen. Auf der anderen Seite eine alleinerziehende Afroamerikanerin und eine überwiegend schwarze Lokalbevölkerung, für die das Partyleben der verwöhnten College-Kids seit jeher eine Provokation darstellt. Und all das an einem Ort im Süden, wo Schwarze noch bis vor einem halben Jahrhundert ganz offiziell als Menschen zweiter Klasse galten.

Der Fall war, wie sich bald herausstellte, zum überwiegenden Teil das Konstrukt eines korrupten Bezirksstaatsanwalts namens Michael Nifong. Öffentliche Ankläger werden in den USA häufig direkt gewählt, und Nifong stand zu jener Zeit im Wahlkampf gegen zwei afroamerikanische Konkurrenten. Da kamen die Anschuldigungen der Striptease-Tänzerin gerade recht für ein zynisches Spiel mit Ressentiments. Der spektakuläre Fall sollte Nifong als Anwalt der Schwachen profilieren. Um die Anklage gegen die drei Studenten trotz wachsender Zweifel aufrechtzuerhalten, ließ er unter anderem entlastendes Beweismaterial verschwinden. Zuletzt übernahm der Generalstaatsanwalt von North Carolina den Fall und zog die Anklage zurück, die sich als unhaltbar erwiesen hatte. Nifong verlor sein Amt und seine Zulassung als Anwalt. Doch der Skandal war auch eine »dunkle Stunde für die Medien und die akademische Welt«, wie es im Juni 2006 selbstkritisch in der *New York Times* hieß. »Zu viele hatten es allzu eilig, den Duke-Fall in die 300-jährige Geschichte der brutalen Misshandlung schwarzer Frauen durch weiße Männer einzuschreiben.«

Der Duke-Lacrosse-Skandal bot aber auch Anlass für zahlreiche Hintergrundberichte über das Studentenleben an Amerikas Elite-Colleges, die direkt aus Wolfes Roman stammen könnten. So war im Magazin *Rolling Stone* unter dem Titel »Sex and Scandal at Duke« von einer »booze-fueled culture of the never-ending hook-up« die Rede. Übersetzt bedeutet das in etwa »alkoholgetränkte Kultur des immer neuen, unverbindlichen Sex«.

Die Erläuterung muss etwas länger ausfallen und bringt uns zurück zu den College-Sportlern und den *frats*. Die Sport-Stars der Studentenverbindungen *(fraternities)* mögen nicht immer die glänzendsten akademischen Vorbilder sein. Doch auf dem sozialen Campus sind sie eine Art Götter. Diese Jungs, Lacrosse-Spieler in Duke, Basketballer in Yale oder Football-Spieler in Princeton, gelten als *hot*. Sie sind es, die von Studentinnen umschwärmt werden und auswählen können, und nicht umgekehrt. Für andere junge Männer sind sie beneidetes Vorbild. Diese *frat boys* bleiben cool; echtes *dating* mit der Aussicht auf eine feste Beziehung ist nicht ihr Ding. Und viele *girls* spielen mit – sei es aus Überzeugung oder mangels Alternative.

18-Jährige können auf dem Campus selbst nicht so leicht heiße Feten veranstalten. Sie können nicht einmal Bier kaufen, weil sie im Laden einen Ausweis vorzeigen müssten. An Samstagabenden tauschen weibliche *freshmen* deshalb ihre Flip-Flops mit hochhackigen Pumps und stöckeln zum Oktoberfest oder zur Schaumparty in einem *frat house*. Was sie erwartet, sind freie Drinks, *beer pong* (eine Kombination aus Tischtennis und Zielschießen auf volle Biergläser) und *hook-ups* – spontane One-Night-Stands, die nicht unbedingt eine Nacht lang dauern. »Ich hänge an der Bar mit netten älteren Studenten rum, von denen mich später vielleicht einer mitnimmt«, beschrieb eine Erstsemesterin in den *Yale Daily News* ihre erste *frat party*-Erfahrung. »Wie komme ich danach wieder zum Campus zurück?«

Besorgten Eltern standen die Haare zu Berge. Man hatte alles investiert, um die Kinder auf ein gutes College zu bringen. Wurden sie dort etwa gar nicht gebildet, sondern verdorben? Ein Professor der Duke-Universität hält das für eine Frage der Balance. Da sei auf der einen Seite ein *Night Duke*, wo das Soziale, die Szene und der Sex dominierten, erklärte er im *Rolling Stone*. Am nächsten Morgen aber wachten dieselben Studenten in *Day*

Duke wieder auf. Sie putzten sich die Zähne, gingen ins Seminar und arbeiteten wie die Verrückten, um in ihren Hausarbeiten und Tests mindestens ein *straight A* zu bekommen, eine glatte Eins. Im College steht man im Wettbewerb – in jeder Hinsicht. Laut Umfragen der Universitäten kann das vor allem für junge Frauen problematisch werden, wenn sie an allen Fronten zugleich kämpfen: um perfekte Noten, den perfekten Körper und die »richtigen« Männer. Viele sehen die Sache aber auch ganz pragmatisch: Zeit für eine feste Beziehung hat man ohnehin nicht – warum also nicht mitnehmen, was man kriegen kann?

Als moralische Gegenbewegung zu einem als hedonistisch empfundenen Mainstream sind an zahlreichen Colleges heute *abstinence only*-Gruppen aktiv. Sie werden insbesondere von christlichen Konservativen gefördert. Ihre Mitglieder verpflichten sich zur Enthaltsamkeit vor der Ehe. Insgesamt bleibt Umfragen zufolge eine standhafte Minderheit von 28 Prozent aller College-Studenten jungfräulich. Befragt man, wie das Institute for American Values vor einigen Jahren, nur die Frauen, so hatten vier von zehn nach eigenen Angaben noch nie Sex. Dagegen erklärte nur eine von zehn Studentinnen, bereits sechs oder mehr *hook-ups* erlebt zu haben.

Wo auch immer zwischen diesen Extremen sich das soziale Leben der Studenten bewegen mag: Am Ende zählt für sie alle nur eins, nämlich die *finals,* die Abschlussarbeiten des akademischen Jahres. Wer bis dahin außer Komasaufen und Verführungskünsten nichts gelernt hat, dem geht es wie Hoyt, jenem *frat boy* aus Tom Wolfes Roman: Er ist draußen.

Zurück also zum nüchternen, akademischen Teil des Studentenlebens: Vier Jahre dauert in der Regel ein *undergraduate*-Studium am College. Vor allem während der ersten beiden Jahre ist das Fächerspektrum deutlich breiter gestreut als bei einem deutschen Universitätsstudium. Abschluss ist der Bachelor, nach dem es die meisten ins Berufsleben zieht. Wer bleibt, wird *graduate student* und kann zum Beispiel an einer *professional school* einen weiteren akademischen Grad wie Master of Business Administration (MBA) oder Master of Architecture erreichen. Einen Doktortitel kann man an den Forschungsuniversitäten erwerben. Doch den macht man hier eigentlich nur, wenn man eine akademische Karriere anstrebt. So sind unter den praktizierenden Ärzten in den USA nur wenige promoviert, und in der Geschäftswelt bringen akademische Titel längst nicht dasselbe Prestige wie in vielen europäischen Ländern. Die besten Studenten der Elitehochschulen werden oft schon vor dem Examen von Firmen und Kanzleien angeworben. So marschierten (zumindest bis zur jüngsten Finanzkrise) fünf bis sechs von zehn Princeton-Absolventen von der *P-Rade* direkt zur Wall Street.

Dass die große Mehrheit der Ehemaligen ihrem jeweiligen College ein Leben lang verbunden bleibt, ist das Ergebnis von vier Jahren organisierter Intensität in einem besonders prägenden Lebensabschnitt. Das harte Arbeitspensum unter intensiver Anleitung und Betreuung, das enge Miteinander in bewusst spartanischen Quartieren, die vielen feierlichen Rituale, die Football-Turniere gegen konkurrierende Colleges – all das wird von den Hochschulen orchestriert, um das bestmögliche Ergebnis für alle Beteiligten zu erzielen. Dazu gehört auch die sorgfältige Zusammenstellung der Studenten für jeden neuen Jahrgang. Und deshalb geht es in den Auswahlverfahren eben nicht nur um Noten und Geld. Gut möglich, dass ein künftiger Ingenieur trotz bester *SAT scores* nicht genommen wird, weil der Uni noch Anwärter für den *English Major* fehlen. Oder dass von zwei gleich starken Bewerbern der Oboe-Spieler aus Florida ausgewählt wird, weil im Jahrgang bereits ausreichend Kalifornier und Violinisten vertreten sind. Hier zählt neben dem Einzelnen stets auch die Gruppe, kurz: die richtige Mischung. Aus zufriedenen Studenten sollen wirtschaftlich erfolgreiche, stolze und dankbare Alumni werden, die dann ihrerseits wieder dafür sorgen, dass Ruhm und Reichtum der Universität fortbestehen.

Nicht wenige Absolventen starten aber zunächst mit Schulden ins Berufsleben. Einschließlich Studiengebühren, Kost und Logis kostete ein Jahr an einem privaten US-College zuletzt im Schnitt 35 600 Dollar. In Harvard, Yale und Princeton kommen an die 50 000 Dollar zusammen. Damit kostet ein Jahr an einer privaten Elite-Universität deutlich mehr, als der Durchschnittsamerikaner verdient. Wer den nötigen Grips, aber nicht das nötige Geld mitbringt, bekommt allerdings finanzielle Unterstützung von diesen Hochschulen. Auch staatliche Finanzhilfen für einen College-Besuch sind möglich. Insgesamt beziehen zwei von drei *undergraduates* in den USA Beihilfen, die aber nur in den seltensten Fällen alle Kosten decken. Wer dann nicht auf seine Familie bauen kann, ist auf Studienkredite angewiesen. Im Jahr 2009 waren das zehn Millionen Studenten – ein Milliardengeschäft für spezialisierte Banken wie den Branchenriesen Sallie Mae. Viele Amerikaner brauchen Jahre, bis sie nach dem Examen ihre *student loans* abgestottert haben.

Neben den Privatunis existiert aber auch in den USA ein Netz staatlicher Hochschulen, die den deutschen Universitäten im Grunde recht ähnlich sind. Sie sind öffentliche Einrichtungen und haben ein solides, zum Teil sogar ausgezeichnetes Lehrangebot. Eine günstige Alternative sind sie vor allem deshalb, weil man als Einwohner des jeweiligen Staates deutlich niedrigere Studiengebühren zahlt. Die University of Iowa zum Beispiel verlangt von auswärtigen Studenten mehr als 22 000 Dollar; für Iowaner beläuft sich die Rechnung aber nur auf gut 6000 Dollar pro Jahr. Dafür gibt es hier unter anderem eine renommierte Universitätsklinik und eine der besten juristischen Bibliotheken des Landes.

Will man sich das College sparen und es trotzdem zu etwas bringen, dann bleibt als Vorbild eine weitere große amerikanische Tradition: Der Selfmademan, der vom Leben selbst lernt. »Ein Walfänger war mein Yale und mein Harvard«, sagte schon Herman Melville, der nie ein College besucht hat und dennoch einer der ganz großen amerikanischen Schriftsteller geworden ist. Amerikas Geschichte kennt eine ganze Reihe von Protagonisten, die es auch ohne Examen nach ganz oben geschafft haben – von George Washington über den Ölmagnaten John D. Rockefeller, den Erfinder Thomas Alva Edison und den Automobiltycoon Henry Ford bis zum Apple-Gründer Steve Jobs, der sein Studium nach nur einem Semester abbrach.

In der Politik macht sich sogar regelrechtes *college bashing* bisweilen ganz gut: Wenn sich zum Beispiel ein Kandidat bei seinen Wählern als *regular guy* verkauft, der die Sorgen und Nöte der einfachen Leute viel besser versteht als das bildungselitäre Establishment. Doch bei allem Schimpfen auf die Hochschulen im Allgemeinen und die *Ivy-League*-Snobs im Besonderen – *ein* Ort der Bildung ist in den USA über jede Kritik erhaben: die *public library*. Nicht jeder mag es so ausdrücken wie der legendäre Rockmusiker Frank Zappa. Doch der hat die Vorliebe der Amerikaner für die demokratischste aller Bildungseinrichtungen wie folgt auf den Punkt gebracht: »Wenn du flachgelegt werden willst, geh' aufs College. Wenn du was lernen willst, geh' in die Bibliothek.«

America Reads: Bibliotheken und Lesekultur

»I don't believe in colleges and universities. I believe in libraries.« (US-Science-Fiction-Autor Ray Bradbury in einem Interview vom Juni 2009)

Nehmen wir an, Sie suchen einen neuen Job. Vielleicht auch einen Kurs für Unternehmensgründer, weil Sie sich selbstständig machen wollen. Sie brauchen Hilfe bei Ihrer Steuererklärung, oder Sie müssen ein Dokument vom Notar beglaubigen lassen. In Deutschland müssten Sie dafür zum Arbeitsamt, zur Industrie- und Handelskammer, zum Steuerberater und zum Notar. In den USA finden Sie mit ein bisschen Glück Hilfe zu all diesen Fragen an einem einzigen Ort, und das auch noch kostenlos: in der öffentlichen Bibliothek. Ach ja, und Kinderbetreuung gibt es bei der *story time.*

Auch in Amerika sind *public libraries* in erster Linie Einrichtungen, wo man Bücher und Filme ausleiht, Zeitschriften liest, im Internet surft und im Zweifel auch professionelle Hilfe bei der Informationsbeschaffung findet. Doch öffentliche Bibliotheken fungieren darüber hinaus häufig als eine Art Bürgerzentrum – wie Kirchen und Wohltätigkeitsorganisationen.

Viele berühmte Amerikaner erzählen ähnliche Geschichten wie der Science-Fiction-Autor Ray Bradbury *(Fahrenheit 451):* Während der Großen Depression hatten seine Eltern nicht genug Geld, um ihn aufs College zu schicken. »Stattdessen bin ich zehn Jahre lang drei Tage pro Woche in die Bibliothek gegangen. Bibliotheken waren meine Lehrer und Erzieher.« Bücher und eine gute Bibliothek seien seine Universität gewesen, sagte auch der Bürgerrechtler und Prediger Malcolm X. Und der Unternehmer

Andrew Carnegie, der allein in den USA an die 3000 Bibliotheken gestiftet hat, schwärmte um die Wende zum 20. Jahrhundert: »Es gibt auf der Welt keine bessere Wiege der Demokratie als die Freie Öffentliche Bibliothek«.

Bis heute gilt es in den USA als eine der nobelsten philantropischen Aufgaben, öffentliche Bibliotheken zu stiften oder eine Bücherei seines Heimatortes mit Spenden zu unterstützen. Auch die wohl berühmteste unter den öffentlichen Bibliotheken des Landes, die New York Public Library mit ihren fast 90 Filialen und ihrem trutzigen Hauptgebäude unweit des Empire State Building, ist als Stiftung und nicht als staatliche Gründung entstanden. Die Initiative ging Ende des 19. Jahrhunderts vom Gouverneur des Staates New York und demokratischen Präsidentschaftskandidaten Samuel J. Tilden aus.

Sein Vermögen hatte Tilden als Anwalt der mächtigen Bahngesellschaften gemacht; als Politiker hatte er gegen die verbreitete Korruption seiner Zeit gekämpft. Nach seinem Tod wollte er den Löwenanteil seines Vermögens in die Bildungsdemokratie investiert sehen: 2,4 Millionen Dollar sollten aus seinem Nachlass in Einrichtung und Betrieb einer neuen, öffentlichen Bibliothek in New York City fließen. 1895 schmiedete Tildens findiger Nachlassverwalter John Bigelow ein öffentliches Bibliotheksimperium aus diesem Vermögen und zwei bestehenden Bibliotheken der Stadt, die in finanziellen Schwierigkeiten steckten. Andrew Carnegie legte später noch gut fünf Millionen Dollar für Filialen obendrauf – mit der Auflage, dass die Stadt New York künftig mit Steuergeld für deren Erhalt sorgen müsste.

In dieser Kombination funktioniert die New York Public Library bis heute: als ein sehr amerikanisches Modell des *public private partnership,* teils öffentlich, teils privat finanziert und verwaltet. Ihren Besitzern, den Bürgern, wächst eine solche Bibliothek als Geschenk aus ihrer Mitte womöglich noch ein wenig mehr ans Herz, als es eine rein staatliche Einrichtung je könnte. Wie sonst ließe sich erklären, dass Carrie Bradshaw, die ultimative New Yorkerin aus »Sex and the City«, ihre Hochzeit ausgerechnet in der New York Public Library feiern will?

US-weit gibt es knapp 17 000 öffentliche Bibliotheken, wenn man alle Zweigstellen und Büchermobile mitzählt. Zusammen mit den Schul-, Universitäts- und Museumsbibliotheken kommt man auf 123 000. Alles in allem hat Amerika damit fast viermal so viele Bibliotheken wie McDonald's-Filialen. Jeder US-Bürger geht rein statistisch fünfmal pro Jahr in die *public library*. Ein Viertel der US-Teenager nutzt die Bibliothek mindestens einmal pro Woche, und vielen einkommensschwachen Haushalten bietet sie den einzigen Zugang zu Computern und Internet.

Diesem großen Netz der Bibliotheken ist es maßgeblich zu verdanken, dass Amerikas ausgeprägte Buch- und Lesekultur trotz elektronischer Rund-um-die-Uhr-Unterhaltung lebendig geblieben ist. Eltern lassen schon ihre Zweijährigen bei der *story time* der Kinderbibliothekare zuhören. Schulbibliothekare bringen Grundschulkindern bei, wie man Signaturen liest. Siebenjährige schreiben *book reports* als Hausaufgaben und diskutieren im *book club* ihrer Stadtbücherei mit Gleichaltrigen über ein Buch, das alle zuvor zu Hause gelesen haben.

Bei den Erwachsenen hat vor allem Oprah Winfrey dieses kollektive Leseerlebnis populär gemacht. Was immer Amerikas erfolgreichste Talkmasterin für ihre Fernsehshow Oprah's Book Club auswählte, wurde ein Bestseller. Inzwischen gibt es Buchklubs für jeden, vom Klassikliebhaber bis zum Krimifan, lokal oder online. Auch ich wurde bald nach unserem Einzug feierlich in den Hawthorne Avenue Book Club unserer Straße aufgenommen. In der Stadtbibliothek sind zwei große Büchertische allein für *book group selections* reserviert. Und selbst im Zug von New York City nach Trenton diskutieren die Mitglieder eines Pendler-Buchclubs auf der Heimfahrt vom Büro ihre Lektüre.

Nun gibt es auch in Amerika viele Leute, die im Zeitalter von Suchmaschinen, Online-Lexika und E-Books ihren Bibliotheken den baldigen Tod voraussagen. Wer braucht noch eine *public library,* wenn das drahtlose Internet überall verfügbar ist? Wer braucht noch Bibliotheksbücher, wenn Google alle Texte scannt, wenn Wikipedia als Universal-Enzyklopädie überall abrufbar ist und der gigantische Online-Buchhändler Amazon Millionen Kindle-Lesegeräte für elektronische Bücher verkauft?

Gerade in Amerika gibt es aber auch viele, die solchen Prognosen vehement widersprechen. Eines ihrer besten Argumente ist der Augenschein. Wann immer man hier eine Bibliothek betritt, ist sie voll mit Besuchern aller Altersstufen. Wann immer irgendwo eine Filiale geschlossen werden soll, hagelt es Proteste. Seit die Finanzkrise viele Amerikaner ärmer gemacht hat, berichten die öffentlichen Bibliotheken von einem regelrechten Besucheransturm. Gewiss werden gerade junge Nutzer inzwischen eher von Bildschirmen als von Büchern angelockt. Aber hier geht es stets auch um Gemeinschaft, um einen zentralen Ort, der allen gehört.

Und so wächst trotz knapper Finanzen auch die New York Public Library weiter. Eine ihrer jüngsten Filialen ist seit März 2010 in Battery Park City an der Südspitze Manhattans zu besichtigen: Ein lichtdurchflutetes Gebäude auf dem neuesten Stand der grünen Architektur mit Regalen aus recyceltem Karton und hellen Holzfußböden, für die man Reste aus der Industrieproduktion verwendet hat. Von den Lesesesseln aus schweift der Blick durch Panoramafenster über den Hudson River. Knapp die Hälfte der 6,7 Millionen Dollar Baukosten stammte aus den Kassen der Stadt und des Staates New York. Den Rest hat die Investmentbank Goldman Sachs gestiftet, die in Battery Park City ihren Hauptsitz hat. »Fancy architecture for a fancy neighborhood«, wie es in einer Kritik hieß? Gewiss. Aber es ist kein Museum für Moderne Kunst und auch kein »Medienzentrum«. Es ist eine öffentliche Bibliothek.

We, the People: **Die Politik**

»It is the function of the citizen to keep the government from falling into error.« (Robert H. Jackson, Bundesrichter des Obersten US-Bundesgerichts, 1950)

US-Präsident Obama ist erst seit knapp einem Monat im Amt, als ein zorniger Fernsehreporter die Amerikaner zum Widerstand aufruft. »Wenn ich an unsere Gründerväter denke, an Männer wie Thomas Jefferson und Benjamin Franklin – sie würden sich im Grab umdrehen, wenn sie sehen könnten, was wir in diesem Land heute machen«, poltert Rick Santelli im Februar 2009 vor laufender Kamera auf dem Parkett der Terminbörse in Chicago, der politischen Heimat Obamas. »This is America!«, ruft er seinen Zuschauern zu. »Es ist Zeit für eine Tea Party in Chicago!«

Es ist die Stunde der *bailouts,* der finanziellen Rettungsaktionen. Das Land steckt in der schwersten Finanz- und Wirtschaftskrise seit der Großen Depression. Noch vor dem Machtwechsel in Washington hat die Regierung Bush diverse Großbanken und den Versicherungsriesen AIG vor dem Zusammenbruch gerettet. Amerikas Autoindustrie wankt. Von den *Big Three* in Detroit stehen zwei, GM und Chrysler, trotz staatlicher Notkredite vor der Pleite. Und nun will die Regierung Obama weitere Steuermilliarden ausgeben, um überschuldete Amerikaner vor dem Verlust ihrer Häuser zu bewahren. »Die Regierung belohnt schlechtes Verhalten!«, zürnt Santelli. »Wie viele von euch wollen für eure Nachbarn bezahlen, die sich ein Badezimmer mehr gegönnt haben und sich jetzt ihre Hypothek nicht mehr leisten können?«

Wie ein Virus verbreitet sich Santellis »Schimpftirade des Jahres« über das Internet. Allein auf dem Videoportal You Tube schauen sich mehr als eine Million Menschen den Clip an. Tausende Kommentare kursieren im Netz. Manche verwahren sich gegen Santellis »faux populism«, der sich ausgerechnet gegen Familien in Not richte und nicht gegen die Banken und Wall-Street-Broker als eigentlich Verantwortliche für die Misere. Aber der TV-Mann bekommt auch viel Beifall: Die Amerikaner wollten nicht noch mehr Verstaatlichung und Wohlfahrtstaat, sie »hungern nach einer Alternative, für die es sich zu kämpfen lohnt«, ist zum Beispiel in der konservativen *National Review* zu lesen. »Santelli fordert eine neue Tea Party zur Rettung des Kapitalismus. Recht hat er!« Und tatsächlich werden in den folgenden Wochen und Monaten quer durch Amerika *tea parties* veranstaltet – Demonstrationen, Sit-ins oder Protestkundgebungen gegen *bailouts, big spending* und vieles mehr. Eine der ersten findet in Boston statt, am Ort der originären Tea Party.

Protestbewegungen haben in Amerika Tradition. Bisweilen haben sie auch beachtliche Wirkung. Das gilt nicht erst seit der Anti-Vietnamkriegs- und der Bürgerrechtsbewegung des 20. Jahrhunderts. Schon 1773 warfen Kolonisten in Massachusetts aus Protest gegen die Steuerpolitik des Mutterlandes mehrere Ladungen steuer- bzw. zollpflichtigen britischen Tees ins Bostoner Hafenwasser. Dabei ging es den Neu-Engländern weniger ums Geld als vielmehr ums Prinzip: »No taxation without representation«, keine Besteuerung ohne angemessene Vertretung im britischen Parlament, lautete das Credo. Was bald als Boston Tea Party bekannt wurde, gilt als Schlüsselereignis in der Vorgeschichte der amerikanischen Revolution – auch wenn wohl nur die Wenigsten schon damals die Unabhängigkeit der 13 Kolonien von England im Sinn hatten.

Die Protestbewegung, die im Amerika des Jahres 2010 unter dem Banner der *Tea Party* aktiv ist, hat auf den ersten Blick wenig mit ihrem historischen Vorbild gemein. Zu den Hippies der 1960er und 1970er Jahre scheint sie noch weniger zu passen. Den meisten Lärm machen Aktivisten am ultrarechten Rand. Mit unflätigen Reden, mit bizzarren Lügen bekämpfen sie jede Initiative der Regierung: Gesundheitsreform, Klimaschutz, Regulierung des Finanzsektors. Die vielen, mehr oder weniger organisierten Gruppen und Netzwerke der Bewegung sind zum Teil miteinander zerstritten. Als sich die republikanische Hardlinerin Sarah Palin – gegen 100 000 Dollar Rede-Honorar – auf einer nationalen Versammlung der Bewegung zu deren Wortführerin aufschwingen will, hagelt es Proteste und Absagen. Im Grunde kommen die *Tea-Party*-Aktivisten nur auf einen einzigen gemeinsamen Nenner: Widerstand gegen *big government,* gegen einen interventionistischen Staat und ein politisches Establishment, durch das sie sich nicht vertreten fühlen. Ein ausgefeiltes politisches Programm ist das nicht. Aber ihr Einfluss auf die Republikaner wächst. Und in manchen Umfragen sind ihre Sympathiewerte höher als die der beiden etablierten Parteien.

Was ist mit diesen Amis los?, wundert man sich nun in Europa. Kaum sind sie vernünftig geworden und haben nach dem sinistren George W. Bush einen anständigen Demokraten zum Präsidenten gewählt, da sägen sie schon wieder an dessen Stuhl. Warum wollen sie sich nicht vor der Gier der Banken schützen lassen? Warum sehen sie nicht ein, dass eine Krankenversicherung für alle eine gute Sache ist? In Deutschland, Frankreich oder Griechenland gehen die Leute auf die Straße, weil sie wollen, dass der Staat mehr für sie tut. In Amerika protestieren sie gegen den Staat, wenn er ihnen zu helfen versucht.

Doch wie bei so vielem gilt eben auch und gerade in der Politik: Was man in Europa gut und richtig findet, lässt dem Durchschnittsamerikaner die Haare zu Berge stehen – und umgekehrt. Schon im 18. Jahrhundert machten der britische Premierminister Lord North und das Parlament in London den Fehler, die Andersartigkeit der politischen Kultur in den Kolonien zu unterschätzen. Man machte den Tee billiger, beharrte aber auf der Teesteuer und erklärte den Bürgern in Nordamerika, dass sie durch die Stände und anderen Körperschaften des britischen Rechts sehr wohl im Parlament vertreten seien. Was wollten diese *Sons of Liberty* mehr? – Nun, für sie zählten nur direktere Formen der Demokratie, wie sie sich inzwischen vor Ort in Gestalt von Gemeindeversammlungen und eigenen Parlamenten etabliert hatten. Deshalb kauften die Kolonisten von Massachusetts bis Georgia weder britischen Tee noch das britische Repräsentationsmodell. Sie wollten sich partout nur von Abgeordneten vertreten lassen, die sie direkt wählen konnten, und von Steuern hielten sie generell nicht viel. Jahrzehntelang hatten die Briten die Siedler weitgehend autonom schalten und walten lassen. Was fiel diesen Machthabern im fernen London ein, ihnen nun auf einmal hineinzuregieren?

Die Furcht vor Fremdbestimmung durch einen fernen, anonymen Staat war auch nach dem Unabhängigkeitskrieg nicht besiegt. Gemeinsam hatte man gegen die Krone gewonnen – sollte man nun etwa den Teufel durch den Beelzebub ersetzen? Das Projekt der Vereinigten Staaten von Amerika blieb lange eine Zitterpartie. Knapp vier Monate lang rangen die Delegierten der Verfassungsgebenden Versammlung 1787 in Philadelphia hinter verschlossenen Türen um die Verteilung der Macht zwischen Bund und Einzelstaaten. Heraus kam ein Kompromissgebilde, das nicht einmal alle ursprünglich 55 Delegierten unterschrieben hatten. Ob die Einzelstaaten die neue Verfassung ratifizieren würden, war völlig offen. Das Papier war ohnehin eine unerhörte Eigenmächtigkeit: Ursprünglich hatte die Versammlung von Philadelphia nur die *Articles of Confederation* überarbeiten sollen, die Grundlage des Staatenbundes während des Krieges. Widerstand ließ denn auch nicht auf sich warten: »Wer hat ihnen die Vollmacht gegeben, von ›Wir, das Volk‹ statt von ›Wir, die Staaten‹ zu sprechen?«, schäumte etwa der Antiföderalist Patrick Henry in Virginia. Wie also den Bürgern nun begreiflich machen, dass sie gleich den großen Schritt von der losen Konföderation zur Union mit vergleichsweise starker Zentralregierung wagen sollten?

Man darf sich diese Aufgabe mindestens genauso schwierig vorstellen wie die der heutigen Europapolitiker, die Euroskeptiker in den Nationalstaaten für die Brüsseler Kommission und für eine Verfassung der Europäischen Union zu begeistern. Nicht umsonst brauchten drei der klügsten Köpfe Nordamerikas – Alexander Hamilton, James Madison und John Jay – all ihre rhetorische Kunst und nicht weniger als 85 lange Zeitungsartikel, um vor allem den Bürgern des bevölkerungsreichen Staates New York die neue Verfassung zu erläutern und schmackhaft zu machen. Ihre *Federalist Papers* sind eine große theoretische Schrift zur modernen Demokratie, aber auch ein Meisterwerk der politischen Überzeugungskraft.

So bahnbrechend die amerikanische Verfassung war (der am Ende doch alle 13 ehemaligen Kolonien zustimmten): Allzu viel Macht zumindest über den Alltag ihrer Bürger hatten die einzelnen Staaten dem Bund darin nicht abgetreten. Die Überzeugung, dass Freiheit und Interessen des Einzelnen wie auch das Gemeinwohl in den meisten Fällen bei lokalen und einzelstaatlichen Institutionen am besten aufgehoben seien, ist bis heute ein fester Bestandteil der politischen Mentalität in den USA. Demokratie gedeiht nicht von oben. Sie braucht ihre *grass roots,* die direkte Verwurzelung in der lokalen Gemeinschaft.

Who's the Boss? Ein Präsident, 87 576 Verwaltungseinheiten

»Who Needs Washington? – The New Action Heroes«
(Titel des Magazins *Time* vom Juni 2007; das Titelbild zeigte den New Yorker Bürgermeister Michael Bloomberg und Kaliforniens Gouverneur Arnold Schwarzenegger)

Amerikaner staunen bisweilen nicht schlecht darüber, wie stark sich viele Deutsche für den Präsidenten der USA begeistern – oder, wie im Fall George W. Bushs, gegen ihn ereifern können. Im Sommer 2008 kam meine Nachbarin Debbi mit einem Zeitungsfoto herüber, auf dem ein junger Mann unter der Berliner Siegessäule ein Schild mit der Aufschrift »Obama for Kanzler« hochhielt. Sie konnte es nicht fassen. Eine Viertelmillion Menschen in Deutschland hatten Barack Obama zugejubelt? »Ich glaube fast, ihr erwartet mehr von unseren Präsidenten als wir selbst«, so Debbis Schlussfolgerung.

Damit hat sie nicht ganz unrecht. Warum berichten deutsche Medien monatelang in aller Ausführlichkeit über den gesamten US-Wahlkampf einschließlich Vorwahlen und Kandidatenkür, während in den USA selbst bei einer symbolisch hoch aufgeladenen Wahl wie der von 2008 am Ende nicht einmal zwei von drei Bürgern zu den Urnen gehen – und das sogar als Rekord-Wahlbeteiligung gilt?

Lässt man die latente Amerika-Faszination in Deutschland einmal beiseite, dann ist die Antwort im Grunde ganz simpel: Es handelt sich um ein Missverständnis. Wir Deutschen sehen den

US-Präsidenten in erster Linie als »mächtigsten Mann der Welt«. Er steht an der Spitze der zumindest vorerst einzigen Supermacht und ist Oberbefehlshaber der schlagkräftigsten Streitkräfte unter der Sonne. Und hat der mächtigste Mann der Welt nicht auch automatisch zu Hause das Kommando? Eben nicht: Im eigenen Land hat der US-Präsident vergleichsweise wenig zu sagen. Das gilt zumindest im Normalbetrieb, also jenseits von nationalen Krisen. Und wie so vieles in der amerikanischen Politik haben auch das bereits die Verfassungsväter ausgetüftelt.

Wie schon erwähnt: Nachdem die Einzelstaaten 1783 gerade ihre Unabhängigkeit erkämpft hatten, war eine übermächtige Zentralgewalt das letzte, was sie wollten. Zur Verteidigung, für Außenpolitik und Handel, womöglich auch zur Regelung der Beziehungen der Staaten untereinander mochte so eine Union ja eine sinnvolle Sache sein. Auch um die gemeinsame Währung, den Dollar, und um die Post konnte sie sich ruhig kümmern. Aus den inneren Angelegenheiten der Einzelstaaten sollte sich der Bund jedoch gefälligst heraushalten – zumindest solange diese sich an die demokratischen Grundregeln hielten. Entsprechend gaben die 13 Staaten nur einen kleinen Teil ihrer Souveränität an die übergeordnete Ebene ab.

Bis heute haben deshalb alle Amerikaner sozusagen eine doppelte Staatsbürgerschaft: Sie sind Bürger der USA und zugleich Bürger des Einzelstaates, in dem sie leben. Einen Pass brauchen sie nur für Auslandsreisen. Einwohnermeldeämter gibt es hier ebensowenig wie Personalausweise. Im Inland weist man sich in aller Regel mit dem Führerschein seines Heimatstaates aus – dass im Autoland USA jemand keinen Führerschein hat, kommt ja nur selten vor. Die US-Staaten haben eigene Streitkräfte (die Nationalgarden), Polizeibehörden und Gesetzbücher. Sie haben eigene Parlamente und vom Volk gewählte Regierungschefs (die Gouverneure). Letztere sind es, die über die Nationalgarden gebieten und sie im Krisenfall auch als Polizeikräfte einsetzen können – so geschehen etwa während der Rassenunruhen der 1960er Jahre.

Die Einzelstaaten erheben eigene Einkommenssteuern neben denen des Bundes – außer sie entscheiden sich, wie etwa Alaska und Florida, bewusst dagegen. Die *sales tax,* die Mehrwertsteuer, ist von Staat zu Staat ebenso unterschiedlich wie die Benzin- oder Tabaksteuern. Die Staaten sind für Bildung und Gesundheit zuständig und entscheiden, ob Homosexuelle heiraten dürfen. Sie legen fest, wer Alkohol verkaufen und wer ihn trinken darf. Sie setzen sogar eigene Umweltstandards wie Kalifornien oder machen eigene Gesetze zur Eindämmung der illegalen Einwanderung wie jüngst Arizona. Auch beim besonders umstrittenen Thema Abtreibung haben sie ein gewichtiges Wort mitzureden: Obwohl Schwangerschaftsabbrüche in den USA seit dem Grundsatzurteil des Bundesverfassungsgerichts im Fall Roe vs. Wade (1973) grundsätzlich erlaubt sind, gelten in vielen Staaten gesetzliche Einschränkungen. Einige haben sogar *trigger laws* für den Fall verabschiedet, dass der *Supreme Court* seine Entscheidung revidiert. In Louisiana, Missouri, Ohio, Utah und Virginia träten dann sofort Abtreibungsverbote in Kraft.

Nun hat der Bund vor allem seit dem Bürgerkrieg Mitte des 19. Jahrhunderts immer neue Zuständigkeiten an sich gezogen. Grundsätzlich gilt aber noch immer die Aufgabenteilung, wonach der Bund hauptsächlich nach außen tätig ist und die einzelnen Staaten nach innen. Das ist ein wesentlicher Grund für den Zorn, der Obama wegen seiner Gesundheitsreform entgegenschlägt: Nach Ansicht vieler US-Bürger war das einfach nicht seine Sache. Sicher, unter den Gegnern der Obama-Reform sind nicht wenige Hardcore-Kapitalisten, die eine allgemeine Krankenversicherung für sozialistisches Teufelswerk halten. Andere aber wollten schlicht und einfach nicht, dass der bürgerferne Bund diese Aufgabe übernimmt. Schon im überschaubaren Einzelstaat Massachusetts steigen seit der Einführung einer eigenen Pflichtversicherung im Jahr 2006 die Kosten im Gesundheitswesen. Wie um alles in der Welt, fragt sich nun ein Skeptiker in Florida, sollte Washington dann ein nationales System hinkriegen, das *nicht* die Kosten nach oben treibt – und das überdies in Massachusetts, in Florida und noch 48 weiteren Staaten gleichermaßen funktioniert?

Dieser Grundsatzstreit zieht sich durch die gesamte US-Geschichte. Er löste bereits in den ersten Jahren der Republik etwas aus, das die Verfassungsautoren unbedingt vermeiden wollten: Parteibildung. Die Partei der *Federalists* wollte den Bund stärken und eine Nationalbank gründen. Die *Jeffersonian Republicans* sahen darin einen Angriff auf die Autonomie der Einzelstaaten und auf die Grundwerte der Republik. Auf die Verfassung beriefen sich selbstverständlich beide Seiten. Stark vereinfacht könnte man sagen: Die Föderalisten von heute sind die Demokraten, die vor allem soziale Aufgaben vermehrt an den Bund delegieren möchten, während sich die Republikaner gegen den »Usurpator« in Washington stemmen und auf die Souveränität der Einzelstaaten pochen. Wer sich nicht grundsätzlich entscheiden kann, lässt sich als *Independent,* als unabhängiger Wähler registrieren und macht sein Kreuz dann je nach Sachlage mal bei der einen, mal bei der anderen Partei.

Wenn also die republikanische Senatorin Kay Bailey Hutchison aus Texas im Frühjahr 2010 gegen den Plan der Demokraten protestiert, eine nationale Verbraucherschutzbehörde einzurichten und die Banken stärker zu regulieren, kann man darin einen typischen Fall von republikanischem Wirtschaftsliberalismus sehen. Man sollte aber auch wissen, dass der Verbraucherschutz in Finanzdingen ausgerechnet im sozialpolitisch konservativen Texas bereits seit 1845 gesetzlich verankert ist. Deshalb ist es in Texas zum Beispiel nicht möglich, sein Eigenheim übermäßig zu beleihen. Und dort gab es deshalb auch weder eine Immobilienblase noch ein böses Erwachen danach, wie etwa (fast) nebenan in Arizona oder Nevada. Man hat also ein eigenes System, das funktioniert – und da soll sich der Bund bitteschön nicht einmischen.

Von diesem historisch gewachsenen Affekt zu wissen ist wichtig, wenn man verstehen will, warum nicht nur die Reichen und die Superreichen, sondern auch viele kleine Leute in den USA die Republikaner wählen. Zu Recht oder zu Unrecht sehen sie in dieser Partei ein Bollwerk gegen die Begehrlichkeiten Washingtons, das mit immer mehr Programmen und Behörden ihre Freiheiten beschneidet – und dafür auch noch ihr Geld will. Genau diesen Nerv traf Ronald Reagan mit seinem viel zitierten Spruch: »Die neun furchterregendsten Worte der englischen Sprache lauten: ›Ich komme von der Regierung und will Ihnen helfen.‹«

Eine besondere Ironie liegt darin, dass *big government* in Amerika unter republikanischer Präsidentschaft zuletzt besonders kräftig gewachsen ist. Niemand anderes als Reagan hat die verhasste *Social Security* mit einem 165-Milliarden-Dollar-

bailout vor dem Bankrott gerettet. Das US-Haushaltsdefizit hat sich während seiner Regierung verdreifacht. Auch aus dem versprochenen Bürokratieabbau wurde nichts: Am Ende von Reagans zweiter Amtszeit standen 61000 zusätzliche *federal workers* auf dem Lohnzettel – und der Pensionsliste – des Bundes. Es blieb dem demokratischen Präsidenten Bill Clinton vorbehalten, in den 1990er Jahren den Haushalt zu sanieren und dafür unter anderem 373000 Stellen auf Bundesebene zu streichen. In die Verantwortung von Clintons republikanischem Nachfolger George W. Bush wiederum fällt ein massiver Angriff auf die amerikanischen Bürgerrechte unter dem Banner des »Kriegs gegen den Terror«. Das gilt insbesondere für den *USA Patriot Act* vom Oktober 2001, mit dem das Parlament der Exekutive unmittelbar nach den Anschlägen vom 11. September im Bereich der Inneren Sicherheit weitgehend freie Hand gab.

Dass es einfach zu viel Staat in seinem Leben gibt, wenn auch noch der Bund mitmischt – dieses Gefühl hat der Durchschnittsamerikaner aber vor allem deshalb, weil sein Alltag in erster Linie von einem geschäftigen Netzwerk lokaler Behörden und Entscheidungsträger bestimmt wird. Da gibt es nicht nur die klassischen kommunalen Einheiten wie Städte, Gemeindeverbände und Kreise. Hinzu kommen die rund 13500 Schulbezirke des Landes. Auch Kliniken, Feuerwehren und öffentliche Verkehrsunternehmen haben ihre eigenen Machtbereiche. Universitäten lassen eigene Polizeikräfte ihren Campus patrouillieren. Überdies genießen die mehr als 550 *dependent domestic nations* der amerikanischen Indianervölker weitgehende Autonomie. Insgesamt zählte die nationale Zensusbehörde im Jahr 2002 US-weit nicht weniger als 87576 Verwaltungseinheiten.

Dass auch die Kommunen eigene Steuern erheben und eintreiben, versteht sich von selbst – Grundsteuern zum Beispiel, die in den USA höchst unterschiedlich ausfallen können. Aus den kommunalen Steuern werden große Teile der Schulbudgets und der städtischen Polizeikräfte finanziert. Jede Kommune hat ihre eigene Polizei, deren Zuständigkeit dann aber auch an den Stadtgrenzen endet. Hier übernimmt der Sheriff, der Chef der Kreispolizei. Erst auf der Autobahn bekommt man es wieder mit der einzelstaatlichen Ebene zu tun.

Vor allem aber sind die Bürger in den USA deutlich aktiver

in die Kommunalpolitik eingebunden als in Deutschland. Das fängt schon damit an, dass nicht nur Bürgermeister und Stadträte direkt gewählt werden, sondern auch eine Menge weiterer Amtsträger: Richter, Staatsanwälte und Sheriffs zum Beispiel (wenn auch nicht überall), Mitglieder von Schulbehörden, Bezirksverwaltungen und anderen *boards* oder *commissions*. Auch über Schul- und Bibliotheksbudgets stimmen vielerorts die Bürger ab. Damit man aber nun nicht alle paar Wochen einen neuen Urnengang ansetzen muss, werden die meisten Abstimmungen in einem Aufwasch mit Wahlen auf Bundes- und einzelstaatlicher Ebene erledigt.

So fanden zum Beispiel die Wähler von El Paso County, Colorado, bei den allgemeinen Wahlen des Jahres 2006 insgesamt 39 Positionen auf ihren Stimmzetteln. Sie waren aufgerufen, nicht nur ihren Gouverneur und Kongressabgeordnete zu wählen, sondern auch den Verwaltungsrat der Colorado State University, 17 Richter, den Bezirkssteuerschätzer und andere Verwaltungsbeamte. Außerdem sollten sie über Feuerschutz- und Schulsteuern abstimmen. Bei den Präsidentschafts- und Kongresswahlen zwei Jahre später standen dann insgesamt 14 Vorschläge für neue Gesetze in Colorado auf dem Zettel. Dabei ging es um so unterschiedliche Fragen wie ein faktisches Abtreibungsverbot, das Mindestalter für Abgeordnete im Staatsparlament und die Casino-Öffnungszeiten in drei Gemeinden.

Über die USA verteilt, findet man eine ungeheure Formenvielfalt der direkten Demokratie. Sie reicht von Volksbegehren und Urabstimmungen bis hin zu den *town meetings* in Neuengland und einigen weiteren Staaten, auf denen die wahlberechtigten Bürger einmal im Jahr über alles abstimmen, was in ihrer Stadt ansteht: Wie hoch die kommunalen Steuersätze ausfallen, wie man das Budget verteilt, wer Chef der Feuerwehr wird, welche Straßen zu sanieren sind und wo die neue Stadtbibliothek stehen soll.

Gerade auf der kommunalen Ebene widmen sich die Amerikaner ihren Bürgerpflichten sehr gewissenhaft. Hier ist man seit der Kolonialzeit daran gewöhnt, sich selbst zu organisieren. Dazu gehört über die Kontrolle der Amtsträger und politisch Verantwortlichen hinaus auch eine gewisse gegenseitige Überwachung. Regelmäßig wird zum Beispiel in unserer Lokalzeitung das *police blotter,* das Wachbuch der Polizei, veröffentlicht. Mit vollem Namen, Alter und Adresse ist dort jeder Delinquent aufgeführt, ob er nun mit Drogen gehandelt oder nur an den Parkbaum gepinkelt hat. Hier kann jeder Bürger erfahren, was die Polizei so treibt – aber eben auch, welche seiner Mitbürger sich zum Beispiel des *DUI*-Vergehens schuldig gemacht haben (*Driving Under Influence,* zu Deutsch: Alkohol am Steuer). Dass diese Mitbürger damit regelrecht an den Pranger gestellt werden, empfindet man gegenüber der Transparenz als das kleinere Übel.

Nun, haben Sie den Präsidenten schon fast vergessen? Sehen Sie, man kommt im amerikanischen Alltag ganz gut ohne ihn zurecht. Wenn man dann noch Bürger einer Großstadt wie New York ist, könnte man sogar glatt übersehen, dass es ihn gibt – es sei denn, er kommt mit seiner Frau für einen privaten Abend an den Broadway wie Barack und Michelle Obama im Frühjahr 2009, und man steht deshalb zwei Stunden im Stau auf der 8th Avenue. Aber regieren tut hier nur einer, und das ist der Bürgermeister von New York City. Das kann er natürlich nicht ohne den Stadtrat, aber der fällt in der Regel weniger auf. Dass Sie in New Yorker Bars nicht mehr rauchen dürfen, dass Sie inzwischen sämtliche Avenues in Manhattan auf Radwegen hinauf- und hinunterradeln können und der Broadway über weite Strecken zur Fußgängerzone geworden ist – das und noch einiges mehr geht auf das Konto von Bürgermeister Michael Bloomberg. Dafür haben es die New Yorker dem milliardenschweren Medienunternehmer bei der Bürgermeisterwahl von 2009 sogar knapp verziehen, dass er vorher ohne ihre direkte Zustimmung die Wahlgesetze ändern ließ, um eine dritte Amtszeit zu bekommen.

Dass den Amerikanern ihr Bügermeister (oder ihr Stadtrat) näher ist als ihr Gouverneur, und der wiederum näher als der US-Präsident, ist also kein Wunder: Was er entscheidet, betrifft ihr Alltagsleben häufiger und direkter. Und auch umgekehrt gilt, wie es der langjährige New Yorker Bürgermeister Ed Koch in den 1980er Jahren ausdrückte: »Wenn Ihnen der Präsident nicht passt, müssen Sie zum Protestieren nach Washington fliegen. Das kostet 90 Dollar. Wenn Ihnen der Gouverneur nicht passt, nach Albany – 60 Dollar. Wenn Sie mich nicht mögen:

90 Cent.« Um vor dem Rathaus zu demonstrieren, reicht eine Busfahrkarte, auch wenn die inzwischen zwei Dollar kostet.

Nun ist der Mayor of the City of New York ein besonders mächtiger Bürgermeister. Allein in dieser Stadt wohnen schließlich mehr Menschen als in rund drei Vierteln der 50 US-Bundesstaaten. Es heißt sogar, das Amt des New Yorker Bürgermeisters sei gleich hinter dem des US-Präsidenten der zweitschwierigste (und -prestigeträchtigste) Posten im ganzen Land. Es ist also nicht ganz fair, ihn als typischen amerikanischen Kommunalpolitiker hinzustellen. Außerdem werden Sie jetzt vermutlich einwenden, dass Präsident Obama die Gesundheitsreform ja trotz allem durchgesetzt *hat*. Wie konnte das passieren, wo er doch auf diesem Gebiet eigentlich nichts zu sagen hätte?

Ohne hier auf die Kompliziertheiten des Gesetzgebungsverfahrens auf Bundesebene eingehen zu können, sei erstens gesagt: Die Sache war äußerst knapp. Die Demokraten mussten im Kongress sogar einen Verfahrenstrick anwenden, weil sie kurz vor der entscheidenden Abstimmung im Senat einen Sitz an die Republikaner verloren hatten und nunmehr Gefahr liefen, dass die Republikaner ihrerseits durch einen anderen Verfahrenstrick, den *Filibuster,* das Reformgesetz blockieren könnten. Zweitens darf man sich das neue System in den USA nicht vorstellen wie die gesetzliche Krankenversicherung in Deutschland, wo bundesweit einheitliche Beitragssätze und Leistungen gelten. Vielmehr behalten auch in diesem Fall die Einzelstaaten bei der Ausgestaltung und Umsetzung des neuen Bundesgesetzes einen großen Spielraum. Drittens und vor allem aber musste Obama viele Abstriche und eine Menge Zugeständnisse machen. Denn selbst eine Mehrheit der eigenen Partei im Kongress ist für keinen Präsidenten eine Garantie, dass er seinen Kopf durchsetzen kann.

Balance of Power: **Zwei Parteien, drei Gewalten**

»They define a republic to be a government of laws, and not of men.« (John Adams, *Novanglus* No. 7, März 1775)

Vielleicht erinnern Sie sich noch daran, dass der Demokrat Bill Clinton schon 1993 eine allgemeine Krankenversicherung einführen wollte. Die Voraussetzungen schienen günstig: Die demokratische Partei hatte eine Mehrheit in beiden Parlamentskammern. Clinton setzte eine *task force* mit der First Lady Hillary Clinton an der Spitze ein, um einen Reformplan auszuarbeiten. Doch der mehr als 1000 Seiten dicke Gesetzentwurf scheiterte im Kongress. Nicht nur die Republikaner, unterstützt von Ärztelobby und Versicherungsindustrie, liefen Sturm gegen *Hillary Care*. Auch demokratische Senatoren ließen keinen Zweifel daran, dass sie nicht als Stimmvieh für den Präsidenten herhalten wollten. Statt eines Triumphs der Sozialpolitik erlebten die Clintons und ihre Partei ein politisches Desaster. Mit Newt Gingrich als Wortführer machten die Republikaner die Gesundheitsreform zum »referendum on big government«, wie es das Magazin *Newsweek* später ausdrückte. Mit Erfolg: Bei der Kongresswahl 1994 errangen sie einen Erdrutschsieg – und die Mehrheit in beiden Kammern des Parlaments.

Was damals wie heute auffällt: In der amerikanischen Politik fliegen die Fetzen. Lieber gar nichts zu sagen, wenn man nichts Nettes zu sagen hat – das gilt in der amerikanischen Kinderstube, aber ganz sicher nicht in der Politik. Hier wird mit derart harten Bandagen gekämpft, dass es dem konsensliebenden Deutschen ganz mulmig wird. Das liegt zum einen daran, dass die Meinungs- und Redefreiheit in den USA einen enorm hohen Rang hat: Solange sie bei Hetzreden bleiben und nicht mit anderen Gesetzen in Konflikt geraten, dürfen Neonazis hier ebenso ungehindert agieren wie religiöse Extremisten. Auch bringt es eine stark religiös und moralkonservativ geprägte Gesellschaft mit sich, dass die Unterscheidung zwischen Richtig und Falsch in der politischen Debatte schnell zu einem Grundsatzkonflikt zwischen Gut und Böse eskaliert – denken Sie nur an Ronald Reagans »Reich des Bösen« (gemeint war damals die Sowjetunion).

Wird der politische Gegner im eigenen Land angegangen, haben Attacken unter der Gürtellinie eine lange Tradition. Schon vor der Präsidentschaftswahl des Jahres 1800 denunzierten Parteigänger des Amtsinhabers John Adams seinen Herausforderer Thomas Jefferson als »Mad Tom«, der sich auf seinem Landsitz Monticello einen »Congo Harem« schwarzer Sklavinnen halte. Jeffersons Parteifreunde konterten, indem sie Adams einen »erbärmlichen Wicht«, einen »abstoßenden Kleinkrämer« und eine »Person ohne jede Fähigkeit oder Tugend« nannten. (Jefferson gewann die Wahl, wenn auch knapp.)

Die Streitkultur ist aber auch System. Auch sie wurde schon von den Verfassungsvätern sozusagen in der politischen Hardware der Republik verankert, um Tyrannei und Diktatur auszuschließen. Anders als in der deutschen sind in der amerikanischen Verfassung nicht einmal Parteien vorgesehen, um Diskussion und Willensbildung zu ordnen: Die Volksvertreter sollten in jedem Einzelfall ihre eigene Entscheidung treffen – mit Blick auf das Gemeinwohl und auf die Interessen ihrer Wähler. Fraktionszwang ist im Kongress bis heute ein Fremdwort. Für jedes Gesetz müssen die Mehrheiten neu organisiert werden, oft über die Parteigrenzen hinweg.

Dass die beiden etablierten Parteien dabei in aller Regel unter sich bleiben, dafür wiederum sorgt das Mehrheitswahlrecht. Es funktioniert nach dem K.-o.-Prinzip, das heißt: Wer immer in seinem Wahlkreis die meisten Stimmen erringt, ist gewählt, und alle anderen sind aus dem Rennen. Entsprechend hat eine *third party* in den USA kaum eine Chance, selbst wenn sie insgesamt auf einen relativ hohen Stimmenanteil kommt. Schon Wahlkämpfe funktionieren deshalb anders als in Deutschland. Die deutschen Parteien gehen tendenziell vorsichtiger miteinander um – man kann ja nie wissen, ob man die anderen nicht als Koalitionspartner braucht. In Amerika dagegen heißt es: Wir oder ihr. Das Ziel ist, den Gegner möglichst gründlich zu demontieren.

Davon abgesehen sind Wahlkämpfe in den USA eine teure Angelegenheit. Bezeichnenderweise war der texanische Milliardär Ross Perot der bislang Letzte, der sich als unabhängiger Reformpolitiker einigermaßen erfolgreich um die Präsidentschaft bewarb. 1992 gaben ihm US-weit fast 20 Millionen Amerikaner ihre Stimme, doch reichte es in keinem einzigen Staat zur Mehrheit. Eine politische Bewegung wie die *Tea Party* oder auch die Religiöse Rechte in den 1980er und 1990er Jahren formiert sich deshalb auch in aller Regel erst gar nicht als eigene Partei mit eigenen Kandidaten. Vielmehr versucht sie, möglichst großen Einfluss auf eine der großen Parteien zu gewinnen.

Damit nicht genug, haben die Verfassungsväter auch noch den Präsidenten und das Parlament sozusagen aufeinander losgelassen. Die Gewaltenteilung ist in den USA an dieser Stelle deutlich strikter als in einer parlamentarischen Demokratie wie der deutschen. Der US-Präsident wird ja nicht vom Parlament gewählt wie der Bundeskanzler, sondern von der Bevölkerung – und zwar indirekt über die 538 Wahlmänner des *Electoral College*. Während kein deutscher Kandidat ohne eigene Mehrheit im Bundestag überhaupt erst Bundeskanzler werden könnte, ist ein demokratischer US-Präsident bei republikanischer Mehrheit im Kongress also durchaus möglich, und umgekehrt. Zusätzlich wird in den USA ein großer Teil des Parlaments jeweils auf halber Strecke zwischen zwei Präsidentschaftswahlen neu gewählt. Und gar nicht selten verpassen die Amerikaner dem amtierenden Präsidenten bei dieser Gelegenheit einen Denkzettel – wie eben Bill (und Hillary) Clinton 1994.

Diese *midterm elections* sind nur ein Rädchen im Getriebe eines ganzen Systems von *checks and balances,* in dem sich alle drei Gewalten gegenseitig kontrollieren. So hat der Kongress das Monopol bei der Gesetzgebung, seine Gesetze können aber vom Präsidenten – mindestens zeitweise – per Veto gestoppt werden. Auch bei der Ausführung der Gesetze ist der Kongress auf die Erlasse *(executive orders)* des Präsidenten angewiesen. Vor allem im Krisenfall soll der Präsident auch schnell und eigenmächtig handeln können. Als Oberbefehlshaber der US-Streitkräfte kann der Präsident sogar militärische Interventionen anordnen wie Bill Clinton 1999 im Kosovo, ohne dass eine formale Kriegserklärung durch den Kongress vorliegt. Damit sich nun aber kein Präsident allmächtig fühlt, können seine Anordnungen vom Kongress jederzeit wieder zurückgepfiffen werden. Beide Gewalten sollten nach dem Willen der Verfassungsautoren unabhängig voneinander existieren, zugleich aber zur Kooperation gezwungen werden.

Zusammenarbeiten müssen sie auch im Hinblick auf den Dritten im Bunde, den *Supreme Court:* Kandidaten für das Verfassungsgericht werden vom Präsidenten nominiert, müssen aber vor ihrer Ernennung vom Senat bestätigt werden. Da die insgesamt neun Verfassungsrichter ihr Amt jeweils auf Lebenszeit innehaben, ist jede neue Berufung hart umkämpft: Ein *Supreme Court* mit linksliberaler oder konservativer Tendenz kann die Grundströmung der amerikanischen Politik auf Jahrzehnte hinaus in die eine oder andere Richtung lenken. Obwohl der Oberste Gerichtshof nur auf Anrufung entscheidet, also nicht von sich aus aktiv werden darf, ist er damit ein höchst wichtiger Akteur des politischen Machtkampfs – und das nicht nur auf Bundesebene. Wie man an dem bereits erwähnten Urteil zum Abtreibungsrecht und anderen Grundsatzentscheidungen sieht, kann der *Supreme Court* auch den politischen Handlungsspielraum der Einzelstaaten empfindlich einschränken.

Wer Verfassungsrichter wird, darüber entscheiden deshalb nicht allein die juristischen Fähigkeiten der Kandidaten. Gründlich durchleuchtet wird auch ihre politische Grundeinstellung. Der Präsident muss heute bei jeder Nominierung zudem darauf achten, dass sich alle großen Bevölkerungsgruppen im *Supreme Court* vertreten fühlen. So hat Präsident Obama 2009 mit Sonia Sotomayor erstmals eine Latina als Kandidatin ausgesucht. Sie ist als Tochter puertoricanischer Eltern in der Bronx aufgewachsen und kennt auch das Leben am unteren Rand der Gesellschaft. Vor ihrer Bestätigung musste sich Sotomayor dann in erster Linie gegen Vorwürfe wehren, sie stehe politisch zu weit links und favorisiere Frauen und Minderheiten – weil sie einmal gesagt hatte, eine »weise Latina« mit »reicher Lebenserfahrung« fälle womöglich bessere Urteile als ein weißer Mann, der die Härten des Lebens nicht kennengelernt habe.

Der Vorwurf der Parteilichkeit gegen potentielle oder amtierende Verfassungsrichter ist allerdings so alt wie die Republik. Und auch hier haben die Verfassungsväter einen Sicherheitsmechanismus eingebaut: Treibt es ein Oberster Richter allzu schlimm, kann er durch ein Amtsenthebungsverfahren im Parlament abgesetzt werden. Doch das hat man in der gesamten US-Geschichte noch nie geschafft.

Power Center: **Washington, D.C.**

»From California to the Carolinas, local potentates with no power to print their own money will be forced to kiss Washington's ring.« (Joel Kotkin, The Height of Power, *Washington Post*, 25. Januar 2009)

Im Verlauf der Geschichte hat sich das Gleichgewicht der Kräfte zwischen Präsident, Kongress und *Supreme Court* immer mal wieder in die eine oder andere Richtung verschoben. Das lag zum Teil an den Persönlichkeiten und zum Teil an den Umständen.

Im Verhältnis zwischen dem Bund und den Einzelstaaten ist die Tendenz einseitiger: Der Bund hat im Laufe der Zeit vor allem sozialpolitische Aufgaben mit- oder ganz übernommen und damit seinen Machtbereich im Inneren immer weiter ausgedehnt.

Aus Sicht überzeugter Antiföderalisten war die Sozialgesetzgebung des *New Deal* in den 1930er Jahren der Sündenfall, als Präsident Franklin D. Roosevelt unter dem Eindruck der Weltwirtschaftskrise erstmals ein nationales Rentensystem und andere staatliche Sozialversicherungen durchsetzte. Sie wurden in den folgenden Jahrzehnten mehrfach erweitert. Zusammen mit *Medicare* (der staatlichen Krankenversicherung für ältere US-Bürger) und *Medicaid* (einer von Bund und Einzelstaaten gemeinsam finanzierten Gesundheits-Sozialhilfe für verarmte Amerikaner) ist *Social Security* heute der größte Posten im US-Haushalt – und einer der größten innenpolitischen Streitpunkte.

Für die wachsende Abhängigkeit der Staaten und Städte vom Bund werden viele Gründe genannt, zum Beispiel die Globalisierung, die heute ein koordiniertes Vorgehen in vielen Wirtschafts- und Lebensbereichen erfordert. Kleinstaaterei ist da oft nur ein Hindernis, vor allem für Unternehmen. Es kommt hinzu, dass frühere Machtzentren heute für den Bund keine ernsthafte Konkurrenz mehr sind: Detroit und Wall Street hängen am Tropf Washingtons, eine Reihe vormals einflussreicher Einzelstaaten ist durch Skandale und Korruption angeschlagen.

Korruption gehört seit jeher zur amerikanischen Politik wie

die direkte Demokratie. Das gilt insbesondere in den Metropolen und in den Hauptstädten der Einzelstaaten. Den schlechtesten Ruf haben Illinois, New York State und New Jersey. Die Bürgermeister, Gouverneure und Parlamentarier, die dort wegen Korruption im Gefängnis landeten, sind Legion. So jagte das Parlament in Illinios zuletzt den demokratischen Gouverneur Rod Blagojevich aus dem Amt: Der hatte versucht, den frei gewordenen Senatssitz Barack Obamas an den Meistbietenden zu verschachern. Im April 2009 wurde Blagojevich vor einem Bundesgericht angeklagt. Sein Vorgänger, der Republikaner George Ryan, saß zu dieser Zeit bereits wegen Korruption hinter Gittern.

Ihre schillerndsten Vorbilder finden sich in der Geschichte der sogenannten Parteimaschinen und ihrer Bosse im 19. und frühen 20. Jahrhundert: Allein William »Boss« Tweed, Chef der Demokratischen Geschäftsstelle Tammany Hall in New York, soll die Stadtkasse durch diverse Betrügereien um 200 Millionen Dollar erleichtert haben; das wären um die acht Milliarden Dollar nach heutigem Wert. Auch andere Bosse füllten ihre privaten Kassen durch Vetternwirtschaft, Ämterverkauf und Bestechungsgeld – Martin »Zar« Lomasney in Boston zum Beispiel oder James »King« McManes in Philadelphia, der über die städtischen Gaswerke und damit über 5630 Jobs im öffentlichen Dienst gebot.

Womit wir auch beim Hauptgrund für den politischen Machtverlust der Einzelstaaten angelangt wären: Geld – oder vielmehr Geldmangel. Denken Sie nur an Kalifornien, wo seit Jahren eine Haushaltskrise die andere ablöst. Dort haben die Bürger den Staat per Volksentscheid in finanzielle Nöte manövriert. So senkten sich die Kalifornier mit Proposition 13 aus dem Jahr 1978 selbst radikal und dauerhaft die Grundsteuern. Auf der anderen Seite waren die Bürger aus langer Tradition ihre vorbildliche Infrastruktur, ihre exzellenten staatlichen Hochschulen und andere Leistungen gewohnt. Sie wollten daher nicht auf teure staatliche Programme verzichten. Das Resultat waren Finanzierungslücken bei den Kommunen, und die musste der Staat schließen. Sobald nun in wirtschaftlich schwierigen Zeiten andere Einnahmen wie Unternehmens- oder Mehrwertsteuern wegbrechen, kann Kalifornien seine Rechnungen nicht mehr bezahlen. Für Kalifornien gebe es nur noch eine Hoffnung, befand *Time* im Juni 2009: Die Einsicht in Washington, dass der Staat – genau wie der gerettete Lebensversicherer AIG – schlicht zu groß sei, um ihn pleitegehen zu lassen.

Doch auch in New Jersey, wo die direkte Demokratie weniger ausgeprägt ist und die Grundsteuern zu den höchsten des Landes zählen, ist die Staatsverschuldung aus dem Ruder gelaufen. Ebenso in New York State, in Illinois, New Hampshire oder Colorado. Dabei sind es nicht zuletzt Gehalts- und Pensionslasten, die auf die Budgets von Einzelstaaten und Kommunen drücken. Denn kapitalistische Härten treffen zwar die Mehrheit der Arbeitnehmer in der freien Wirtschaft, nicht aber unbedingt den öffentlichen Sektor. Das illustriert auch das Beispiel der Eisenbahngesellschaft LIRR.

Die Long Island Railroad fährt auf der gleichnamigen Insel vor der Küste New Yorks. Jedes Jahr transportiert das öffentliche Unternehmen gut 80 Millionen Pendler nach Manhattan und wieder zurück. Seinen knapp 7000 Beschäftigten bietet es unter dem wachsamen Blick der Gewerkschaft hochattraktive Arbeitsverträge. So bekommen Lokführer eine Zulage, wenn sie auf einer Schicht Diesel- und Elektroloks, also zwei verschiedene Zugtypen, fahren. Mit weiteren Zulagen und Überstunden kam ein langjähriger LIRR-Lokführer nach Recherchen der *New York Times* in seinem letzten Dienstjahr auf ein Jahresgehalt von mehr als 277 000 Dollar. Im Alter von 56 Jahren ließ sich derselbe Lokführer 2006 frühpensionieren. Zusätzlich zu seiner vorgezogenen Pension sprach ihm die zuständige Behörde eine Berufsunfähigkeitsrente aus Bundesmitteln zu.

Nach diesem Muster wurden – wiederum laut *New York Times* – allein in den ersten sieben Jahren nach der Jahrtausendwende rund 2000 LIRR-Beschäftigte frühpensioniert und mit Invalidenrenten versorgt. Darunter waren auch zahlreiche höhere Angestellte aus der Verwaltung. Die Berichterstattung darüber löste Ende 2008 zwar eine mehrmonatige Untersuchung des Staates New York aus, doch wurden zumindest keine illegalen Machenschaften festgestellt. Mit ruhigem Gewissen dürfen die Frühpensionäre nun weiterhin auf dem staatseigenen Sunken-Meadow-Golfplatz am Long Island Sound auf Kosten der Steuerzahler ihre Freizeit verbringen. Schon sechs Monate nach

Abschluss der Untersuchungen registrierte ein Aufsichtsgremium 66 neue Anträge ehemaliger LIRR-Angestellter auf Invalidenrente. 64 davon wurden positiv beschieden.

Dies mag ein extremes Beispiel sein. Selbstverständlich verdient nicht jeder amerikanische Lokführer mehr als eine Viertelmillion Dollar pro Jahr. Doch es zeigt, dass auch im Stammland des Kapitalismus längst nicht alles nach den Regeln der Wirtschaftlichkeit abläuft. Auf lokaler und einzelstaatlicher Ebene arbeiten US-weit rund 20 Millionen Menschen für den Staat; auf Bundesebene sind es weitere drei Millionen. Laut Bureau of Economic Analysis, einem Statistikamt des US-Wirtschaftsministeriums, zahlten Einzelstaaten und Kommunen 2008 bereits die Hälfte ihrer Gesamtausgaben für Gehälter, Krankenversicherungen und andere Zusatzleistungen im öffentlichen Dienst. Hier waren die Bezüge zuletzt im Schnitt um 13 Prozent höher als Löhne und vergleichbare Leistungen in der Privatwirtschaft.

Zum ersten Mal in ihrer Geschichte hatten zudem die US-Gewerkschaften 2009 mehr Mitglieder im öffentlichen Dienst als in privaten Unternehmen. Nur noch sieben Prozent der Beschäftigten in der Wirtschaft, aber fast 40 Prozent der *public workers* sind organisiert. Bei Polizei, Feuerwehr und Lehrern sind es sogar 60 Prozent und mehr. Das macht es für die Staaten und Städte in Krisenzeiten schwieriger, Stellen abzubauen oder Leistungen zu kürzen. Überdies können sich viele Beschäftigte bereits mit 50 oder 55 Jahren vorzeitig pensionieren lassen. In einer ganzen Reihe von Staaten ist dann das sogenannte *double dipping* gängige Praxis: Frühpensionäre dürfen dort einen neuen Job im öffentlichen Dienst annehmen, so dass sie gleichzeitig eine vorgezogene Pension und ein Gehalt beziehen. So berichtete das Magazin *Forbes* im Januar 2009 vom Polizeichef einer Kleinstadt in Florida, der mit 42 Jahren in den Vorruhestand ging und nun bis ans Lebensende eine Jahrespension von 65 000 Dollar plus Inflationsausgleich bezieht. Kurz darauf wurde der Mann erneut Polizeichef – in einem Nachbarort.

Zieht man nun noch in Betracht, dass in Kürze Millionen Babyboomers in den USA die (Früh-)Pensionierungsgrenze erreichen, ist klar, dass es finanziell bald noch enger wird. Denn ebenso wie in Europa reichen die Pensionsrücklagen auch hier hinten und vorne nicht. Kurz und gut: Einzelstaaten wie Kommunen brauchen den Bund und seine Mittel, um ihre Aufgaben zu stemmen. Diese Abhängigkeit wird eher noch steigen, und nicht allein wegen der Pensionslasten.

Die Machtkonzentration in Washington lässt sich auch statistisch abbilden. Die komplett am Reißbrett entworfene Stadt in der Provinz wuchs nach dem Zweiten Weltkrieg schneller als jede andere Großstadt im Nordosten. Mit dem *New Deal* und dem amerikanischen Kriegseintritt waren dort neue Militär- und zivile Behörden entstanden. Der Bund regulierte die Banken und die Landwirtschaft. Die neue Supermacht rüstete ihre Streitkräfte aus und baute Autobahnen, sie vergab Aufträge und Forschungsgelder. Wollten Konzerne und Verbände ihre Interessen wahren, mussten sie nun in Washington vorsprechen. Mitte der 1970er Jahre hatten sich D.C. und Umgebung zur reichsten Metropolregion des Landes gemausert – und das, obwohl große Teile seiner Innenstadtbevölkerung zu den Ärmsten zählten. Das Haushaltseinkommen in Greater Washington liegt heute 50 Prozent über dem nationalen Durchschnitt. In der jüngsten Rezession hatte die Hauptstadt die zweitniedrigste Arbeitslosenquote aller US-Metropolregionen mit mehr als einer Million Einwohnern.

Man könnte also sagen, dass Washington den Hauptstädten klassischer europäischer Nationalstaaten, Paris oder London etwa, immer ähnlicher geworden ist. Manche sehen darin eine ganz normale und unvermeidliche Entwicklung. Andere schauen mit einer ähnlichen Mischung aus Wut und Ohnmachtsgefühlen nach Washington wie auf der anderen Seite des Atlantiks die Euroskeptiker nach Brüssel. Sie sehen in erster Linie eine exklusive Versammlung, eine verschworene Clique pflichtvergessener Politiker, machthungriger Funktionäre und rücksichtsloser Lobbyisten, die weit entfernt von den Bürgern im Land nur noch für eines arbeitet: ihre eigenen Interessen. »Früher kamen junge Männer um der Macht und der politischen Herausforderung willen nach Washington«, schreibt Robert G. Kaiser, langjähriger Korrespondent der *Washington Post,* in seinem 2009 erschienenen Buch *So Damn Much Money: The Triumph of Lobbying and the Corrosion of American Government.* »Sie hatten den Ehrgeiz, das Land und die Welt zu verändern. Heute ist an die Stelle solcher Ideale ein anderes, ebenso vertrautes amerikanisches Begehren getreten: reich zu werden.«

Im Zentrum der Kritik von rechts wie von links steht dabei übrigens nicht der Präsident, sondern der Kongress. Dort wird letztlich über die Verteilung der Bundesmittel entschieden, und dort hat sich nach nahezu einhelliger Meinung die Kultur der Gier besonders fest etabliert. »Der US-Kongress ist ein Geldbeschaffung-Kongress geworden«, hieß es im Februar 2010 der Zeitschrift *The Nation*, die sich selbst als Flaggschiff der amerikanischen Linken versteht. In einer Umfrage des Pew Research Center vom April 2010 erklärten immerhin 40 Prozent der befragten US-Bürger, dass die Regierung Obama ihre Sache gut mache. Dem Kongress wollten das nur noch 17 Prozent bescheinigen. Ein schlechteres Image als das Parlament habe derzeit nur noch die Finanzindustrie, befanden die Pew-Analysten.

Nun ist überwältigende Unzufriedenheit mit den Regierenden und den Parteien in Washington in der amerikanischen Politik nichts Neues. Deshalb ist es zwar nicht ausgeschlossen, aber nicht sehr wahrscheinlich, dass ab 2013 ein Unabhängiger oder gar ein *Tea-Party*-Präsident das Land regiert. Schauen wir 100 Jahre zurück: »Diese unsichtbare Herrschaft zu zerschlagen, diese unheilige Allianz zwischen einer korrupten Wirtschaft und einer korrupten Politik aufzulösen, muss heute das erste Ziel allen staatsmännischen Handelns sein«, hieß es damals im Programm der Progressive Party. Diese Partei war aus der politischen Bewegung der *Progressives* entstanden, und die wiederum speiste sich ganz wesentlich aus einem wachsenden Protest gegen Korruption, mächtige Parteimaschinen, Eisenbahn- und Industriemonopole ihrer Zeit.

Mit dem Ex-Präsidenten und ehemaligen Republikaner Theodore Roosevelt an der Spitze zog die Progressive Party 1912 in den Wahlkampf. Roosevelt besiegte den republikanischen Kandidaten William Howard Taft. Er verlor aber gegen den Demokraten Woodrow Wilson, und insgesamt wurden nur 17 Mitglieder seiner Partei in den Kongress gewählt. Denn auch die demokratische Partei hatte die Zeichen der Zeit erkannt – und mit Wilson ebenfalls einen Progressiven ins Rennen geschickt. Innerhalb des altbewährten Zweiparteiensystems, fanden die

US-Wähler, war auch eine Reformbewegung noch immer am besten aufgehoben.

Was heißt das nun aber für die Politik, wenn niemand »durchregieren« kann? Lähmen sich da nicht alle Kräfte und Gewalten nur gegenseitig? Die Antwort haben sich die USA selbst gegeben, und zwar in Gestalt einer eigenen Wissenschaft von der Politik. In Deutschland wird Politik in der philosophisch-juristischen Tradition der Staatsrechtslehre gedacht. In Amerika ist es das pragmatische *policy making* – ein hochdynamisches Handwerk. Das Wissen von der Politik baut in den USA nicht auf Philosophie, Prinzipien und Metaphysik. Es dreht sich um Techniken, Verfahren, Strategie und Taktik, kurz: um die Kunst, Politik überhaut erst *machen* zu können. Und das wissen nicht nur die Politologen, *pollster* und Präsidenten-Berater. Spätestens seit der Fernsehserie »The West Wing« weiß das auch der Bürger.

Sechseinhalb Jahre lang, von Herbst 1999 bis Frühjahr 2006, regierte in dieser preisgekrönten Serie der fiktionale demokratische Präsident Josiah Bartlet (Martin Sheen). Hier konnten die TV-Zuschauer mitverfolgen, wie im Westflügel des Weißen Hauses die politischen Macher agieren – vom *deal making* mit Abgeordneten und Senatoren hinter verschlossenen Türen bis zur Kunst der *spin doctors,* einer politischen Story den richtigen Dreh zu geben. Was sofort auffällt an der Serie, die oft als ausgesprochen realitätsnah gelobt wurde: In der Zentrale der Macht sind vom Stabschef bis zur Pressesprecherin alle ständig in Bewegung. Pausenlos rennen sie vom einen zum anderen, sind sie mit allem und jedem beschäftigt, sei es eine internationale Krise oder eine *human touch*-Story, die Image und Quote des Präsidenten beschädigen oder befördern könnte. In diese Dauerdynamik sind auch die Medien eingebunden. Sie sind hier nicht die Allmacht über oder jenseits der Politik, sondern Teil des *policy making*-Prozesses. Hier gewinnt nicht automatisch die Partei, die die meiste Sendezeit kaufen kann. Es gewinnt, wer in und mit den Medien am geschicktesten agiert, wer die Medien in das nie still stehende Mobile der Macht am erfolgreichsten einbinden kann.

So hat auch Barack Obama seinen Wahlsieg von 2008 vielleicht weniger deshalb errungen, weil die US-Bürger nach acht

Jahren Bush einen *ideologischen* Wechsel wollten. Womöglich verdankt er ihn in erster Linie der Tatsache, dass er eine neue Art des Politik*machens* versprach – und die im Wahlkampf bereits erfolgreich praktiziert hatte: direkteres und klügeres *policy making* über das Netz. »Washington is broken«, erklärte er als Kandidat. Er versprach, es wieder funktionstüchtig zu machen durch die Verschaltung der Regierenden mit der demokratischen Basis, den *grass roots* der Politik. Obama war der erste US-Präsident, der per Internet-Chat live mit seinen Bürgern diskutierte. »Dies hier ist ein Experiment«, hatte er zuvor für sein *online town hall meeting* vom März 2009 geworben. »Aber es ist auch eine aufregende Gelegenheit für mich, auf dem Computerbildschirm zu sehen, was Amerikanern im ganzen Land wichtig ist.« Die schickten prompt mehr als 100 000 Fragen an das Weiße Haus und gaben 3,6 Millionen Stimmen ab, um die besten davon auszuwählen. Dass dieses Experiment weitergeht, ist keine Frage in einer Welt, in der Zeitungen ums Überleben kämpfen und soziale Online-Netzwerke zur wichtigsten Informationsquelle werden.

Anders als nahezu alle anderen Nationen der Welt haben die Amerikaner nie einen Systemwechsel erlebt. Die USA waren immer eine Demokratie mit kapitalistischer Wirtschaftsordnung. Weder Arbeiter- und Soldatenräte noch faschistische Brigaden haben dieses Gefüge je ernsthaft ins Wanken, geschweige denn zum Einsturz gebracht. Hier vor allem wurzelt Amerikas unerschütterlicher Glaube an sich selbst, an die Überlegenheit des eigenen Systems und seiner Institutionen. Der unbekümmerte, bisweilen arrogante Überlegenheitsgestus reizt Europäer (und nicht nur sie) seit jeher. Gern würde ein Ausländer vieles in den USA loben, wenn er denn auch etwas kritisieren dürfe, notierte Alexis de Tocqueville am amerikanischen Unabhängigkeitstag des Jahres 1831. Das sei ihm aber »absolut verwehrt«, klagte der Franzose: »Nichts ist ärgerlicher im alltäglichen Umgang des Lebens als dieser reizbare Patriotismus der Amerikaner.«

Fast zwei Jahrhunderte später, am 11. September 2001, rief dieser reizbare Patriotismus jenen »zornigen Unglauben« über die eigene Verwundbarkeit hervor, der die ganze Welt in Freund oder Feind einteilte und für den es, wie der deutsche Journalist

Uwe Schmitt schrieb, »keine Zwischentöne, nur noch Brusttöne« gab. Damals war nicht einmal die Selbstkritik amerikanischer Intellektueller geduldet. Das hatte Folgen – Guantanamo, den *USA Patriot Act,* ein fabrizierter Kriegsgrund gegen den Irak. Und doch würden wohl nur wenige Amerikaner dem Urteil des *FAZ*-Herausgebers Frank Schirrmacher vom Oktober 2008 zustimmen, wonach George W. Bush die Ideale von Demokratie und Freiheit so nachhaltig verdreht und zerstört habe, dass die Hoffnung auf ihre Rettung durch eine neue Regierung Obama nur noch Illusion sein könne.

Hier gilt unverändert, was Bill Clinton in seiner Antrittsrede 1993 so griffig formuliert hat: »There is nothing wrong with America that cannot be cured by what is right in America« – sprich, das System vermag sich immer wieder selbst zu heilen, weil es im Kern gesund ist. Im Volksmund heißt das etwas drastischer: »American government was designed by geniuses so that it can be run by idiots«. Wie in der Wirtschaft folgt deshalb auch in der Politik auf *bust* wieder *boom,* kommen nach schlechten auch wieder gute Zeiten. Gestern ist vorbei. Morgen ist ein neuer Tag. Let's move on!

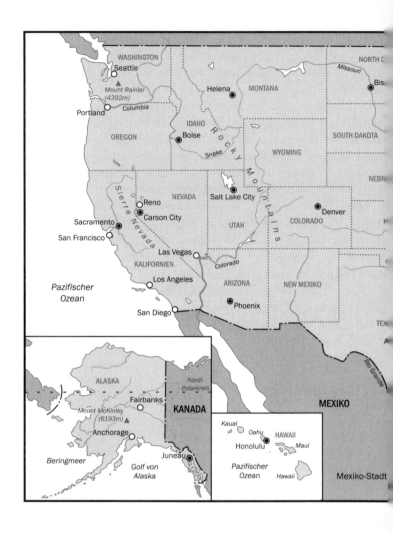

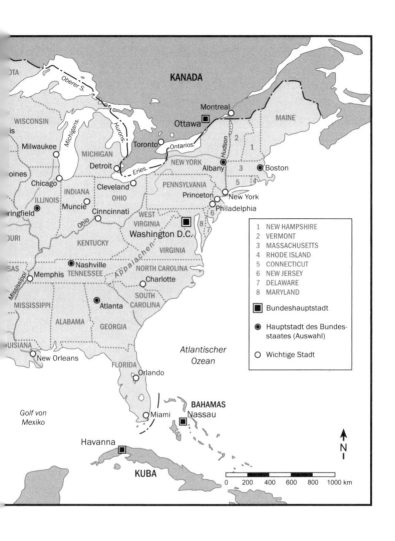

Anhang

Glossar

Einige Begriffe, die Ihnen in diesem Buch und auch in den USA häufiger begegnen, kurz erläutert:

9/11 – »Nine Eleven«, der elfte Neunte (Amerikaner schreiben beim Datum zuerst den Monat und dann den Tag). Gebräuchliches Kürzel für die Terroranschläge vom 11. September 2001; nicht zu verwechseln mit 911 (»nine one one«), dem US-weiten Polizeinotruf.
24/7 – »twenty-four seven«, kurz für »rund um die Uhr« (24 Stunden an sieben Tagen der Woche).
ATM – Geldautomat.
Big Three – 1. die großen Drei der US-Autoindustrie (Chrysler, Ford, GM); 2. die drei führenden *Ivy-League*-Universitäten (Harvard, Princeton, Yale).
blue states – Einzelstaaten, in denen überwiegend demokratisch gewählt wird. In den USA ist also nicht Rot die Farbe der Linken, sondern Blau. Rot sind die konservativen, republikanisch wählenden Staaten. Das sind keine offiziellen Farben der Parteien, aber die US-Medien nutzen seit der Wahl des Jahrs 2000 einheitlich dieses Farbschema für Karten mit Wahlergebnissen. Siehe auch: *red states, swing states*.
cash back – Option in vielen US-Supermärkten und Kaufhäusern, beim Bezahlen mit Kredit- oder Debitkarte an der Kasse gleich auch Bargeld vom eigenen Konto abzuheben, und zwar gebührenfrei.
change – heißt nicht nur Wandel, wie in Obamas Wahlkampf, sondern auch Wechselgeld und Kleingeld (*nickel* = fünf Cent, *dime* = zehn Cent, *quarter* = 25 Cent).
diet – in den USA meist nicht Diät im Sinne von Abnehmen, sondern ganz allgemein die gewählte Ernährungsweise.
diversity – Zivilreligion der USA; die Anerkennung und Wertschätzung ethnischer, kultureller und religiöser Vielfalt bei striktem Diskriminierungsverbot wegen Rasse, Glauben, Geschlecht, Behinderung usw.
ESL – English as a Second Language. Unter diesem Kürzel werden oft Sprachkurse für Einwanderer angeboten.
Expat – kurz für Expatriate: Auswanderer auf Zeit; im engeren Sinne ein von seiner Firma vorübergehend ins Ausland entsandter Arbeitnehmer.
Filibuster – Dauerreden als Verzögerungs- und Verhinderungsinstrument in der parlamentarischen Debatte. Das Wort leitet sich von alten europäischen Bezeichnungen für »Freibeuter« ab. Gemeint ist, dass eine Debatte im US-Senat gekapert wird – sei es, um ein Gesetz ganz

zu verhindern, sei es, um Zeit für weitere Verhandlungen zu gewinnen. Die einzelnen Senatoren dürfen so lange reden, wie sie wollen; es muss nicht einmal zum Thema sein. Um ein Filibuster zu beenden, bedarf es mindestens einer Dreifünftelmehrheit, das sind 60 Senatoren. Hat eine Partei also weniger als 60 Sitze, kann sie trotz ihrer Mehrheit kaum noch ein Gesetz gegen den Willen der Minderheit zur Abstimmung bringen. Kündigen 41 Senatoren ein Filibuster an, kommt das umstrittene Thema daher meist gar nicht erst auf die Tagesordnung.

four-letter words – Umschreibung für Schimpfwörter, mit denen zwar Tony Soprano und andere Helden amerikanischer TV-Serien (wie auch manche Amerikaner im echten Leben) nur so um sich werfen, von deren Gebrauch Ausländern aber dringend abzuraten ist. In vielen Gesellschaftskreisen führt Fluchen direkt ins soziale Abseits.

Frontier – bis Ende des 19. Jahrhunderts die Grenze zwischen den bereits von europäischen Einwanderern und ihren Nachfahren besiedelten Gebieten und dem »wilden« Westen Nordamerikas; seitdem auch metaphorisch gebraucht, wo immer Pioniere zum Beispiel technologisches Neuland betreten *(technological frontier)*.

Heartland – das Kernland, das »Herz Amerikas«: idealisierende Bezeichnung für den Mittleren Westen der USA.

Ivy-League-Universitäten – In der »Efeu-Liga« tragen acht der ältesten und besten US-Universitäten seit Mitte des 20. Jahrhunderts offiziell ihre Sportwettkämpfe aus. Der Name wird meist von den efeuumrankten Campusgebäuden dieser Hochschulen abgeleitet, die alle im Nordosten der Vereinigten Staaten liegen. Vor allem die »großen Drei« der *Ivy-League schools* – Harvard, Princeton und Yale – sind weltberühmt. Andere, vor allem das Dartmouth-College in New Hampshire und die Brown-Universität in Rhode Island, sind weniger bekannt. Zur *Ivy League* zählen außerdem noch die University of Pennsylvania, die Columbia-Universität in New York City und die Cornell-Universität in Upstate New York.

Jim Crow laws – lokale und einzelstaatliche Gesetze zur Rassentrennung im amerikanischen Süden nach der Sklavenbefreiung. Die letzten Jim-Crow-Gesetze wurden erst mit dem Bürgerrechtsgesetz des Bundes von 1964 hinfällig.

Kindergarten – in den Grundschulen der USA die Vorschulklassen für Fünfjährige. Ein Kindergarten im deutschen Sinne heißt hier *preschool* oder *nursery school*.

liberal – generell: tolerant; politisch: das Gegenteil von *conservative*, ein Überbegriff für die politische Linke in den USA. Oft sind mit *liberals* Demokraten oder Personen gemeint, die der Demokratischen Partei nahestehen. Verglichen mit der deutschen politischen Landschaft, könnte man *liberal* mit sozialdemokratisch oder linksliberal übersetzen. Mit den deutschen Liberalen, der FDP, sind die amerikanischen *liberals* also nicht zu vergleichen.

organic – entspricht dem deutschen »Bio-«, bezeichnet Lebensmittel und Materialien aus biologischem Anbau.

race – Rassismus ist auch und gerade in den USA ein Dauerthema. Dennoch wird der Begriff der »Rasse« dort insgesamt neutraler gefasst und selbstverständlicher gebraucht als in Deutschland, wo er historisch so extrem belastet ist. Bei Volkszählungen oder in Aufnahmeformularen für amerikanische Schulen und Universitäten wird stets nach der Rasse gefragt, der man sich zugehörig fühlt. Die US-Zensusbehörde definiert »race« aber – ebenso wie »ethnicity« (ethnische Zugehörigkeit) – als ausschließlich »soziopolitisches Konstrukt« und warnt explizit vor jeder Interpretation von Rassen und Ethnien als biologische oder anthropologische Größen. Das gilt auch für die Verwendung des Begriffs »Rasse« in diesem Buch.

red states – Einzelstaaten, in denen überwiegend republikanisch gewählt wird. Siehe auch: *blue states.*

Rednecks – abfällige Bezeichnung für eine weiße Unterschicht vor allem im ländlichen Süden der USA, die damit stereotyp als rechtskonservativ, bigott und rassistisch beschrieben wird. Der Ausdruck leitet sich vom sonnenverbrannten Nacken eines Feldarbeiters her.

SAT – Standardtest, den Studienbewerber vor der Aufnahme in die meisten US-Colleges bestehen müssen. Geprüft wird auf den Feldern Mathematik, kritisches Lesen und kreatives Schreiben. SAT stand früher für verschiedene Begriffe wie Scholastic Achievement Test; heute heißt er offiziell nur noch SAT Reasoning Test.

Southern Belle – Südstaaten-Schönheit, eine schöne Frau aus dem Südosten der USA.

swing states – Einzelstaaten mit einem großen Anteil an Unabhängigen oder Wechselwählern *(swing voters),* in denen folglich keine der beiden großen Parteien auf verlässliche Mehrheiten zählen kann.

WASP – kurz für *White Anglo-Saxon Protestant* (weiße, angelsächsische Protestanten). Häufig polemisch gebraucht, um eine überwiegend von britischen Einwanderern in die alten Kolonien des Nordostens abstammende Klasse zu kennzeichnen, die sich als Bildungselite, Geldadel und/oder politische Aristokratie von anderen gesellschaftlichen Gruppen der USA abgrenzt.

Literatur, Quellen und nützliche Websites

Lesenswertes zum Thema USA, das nicht schon anderswo in diesem Buch erwähnt ist:

Ehrenreich, Barbara: Arbeit poor. Unterwegs in der Dienstleistungsgesellschaft, München 2001.
Lösche, Peter (Hg.): Länderbericht USA, 5. Auflage, Bonn 2009.
Lueken, Verena: Gebrauchsanweisung für New York, 2. Auflage, München/Zürich 2005.
Schivelbusch, Wolfgang: Die Kultur der Niederlage. Der amerikanische Süden 1865. Frankreich 1871. Deutschland 1918, Berlin 2001.
Schreiterer, Ulrich: Traumfabrik Harvard. Warum amerikanische Universitäten anders sind, Frankfurt am Main/New York 2008.
Wolfe, Tom: Hooking Up. Neuigkeiten aus dem Weltdorf, München 2001.

Zahlreiche historische Fakten und Zitate in diesem Buch sind dem dicken Band *The National Experience: A History of the United States* entnommen (hg. von John M. Blum u.a., 8. Auflage, New York u.a. 1998). Meine regelmäßigen Quellen für das heutige Geschehen in den USA waren neben *New York Times*, *USA Today* und *Washington Post* vor allem die Zeitschriften *The Atlantic*, *Harper's*, *The New Yorker*, *Slate* und *Wired* sowie einzelne Blogs wie *Drudge Report* und *The Huffington Post*. Daten und Statistiken stammen, wo nicht gesondert gekennzeichnet, aus den offiziellen Quellen (vor allem US-Zensusbehörde, Statistisches Bundesamt Destatis und OECD).

Sehr empfehlenswert für jeden, der längere Zeit in den Vereinigten Staaten verbringen will, ist der Blog *USA Erklärt* (http://usaerklaert.wordpress.com) von Scot W. Stevenson. Sehr sachlich und dennoch kurzweilig werden dort große Strukturen wie kleine Tücken des Alltags erklärt; auch ich verdanke der Lektüre viele Hintergrundinformationen und Anregungen. Informatives zur amerikanischen Geschichte und den USA von heute bietet auch die Website der US-Botschaft in Berlin (http://usa.usembassy.de/dindex.htm). Praktische Hinweise zu Visa, Kontakten, Arbeitswelt oder Immobilienkauf finden Sie zum Beispiel bei *Just Landed* (http://www.justlanded.de/deutsch/Vereinigte-Staaten)

Dank

Das Porträt eines ganzen Landes schreibt man nicht allein. Dieses Buch wäre nicht möglich ohne all jene Freunde und Bekannten in den USA, die mir ihre Geschichten erzählt und meine vielen Fragen geduldig beantwortet haben. Das gilt besonders für die lebendige Nachbarschaft rund um die Hawthorne Avenue – und noch einmal ganz besonders für Debra Gitterman, alias »meine Freundin Debbi«. Ein großer Dank auch an Nikolaus Wegmann, den Erstleser des Manuskripts, und an Günther Wessel, der mich mit Geduld und Humor durch den Publikationsprozess gesteuert hat.

Basisdaten USA

Fläche: 9 826 630 km²

Einwohner: ca. 307 Mio., davon ca. 35 Mio. Afroamerikaner, ca. 37 Mio. Amerikaner lateinamerikanischer Herkunft, ca. 10,5 Mio. Amerikaner asiatischer Herkunft, ca. 2,5 Mio. Amerikaner indianischer Herkunft

Bevölkerungsdichte: ca. 30 Einwohner pro km², 80 % der Bevölkerung leben in städtischen Ballungsgebieten

Religion: 62 % der Bevölkerung gehören 238 verschiedenen Religionsgemeinschaften an, davon 26 % der römisch-katholischen Kirche, 27,5 % protestantischen Gemeinschaften (Baptisten, Methodisten, Lutheraner, Presbyterianer), 2,6 % Juden

Nationalfeiertag: 4. Juli – Independence Day (Unabhängigkeitstag, seit 1776)

Landessprache: Englisch, lokal auch Spanisch

Staatsform/Regierungsform: Föderale und präsidiale Republik; Gewaltenteilung und -verschränkung

Parlament: Kongress mit zwei Kammern: Senat (100 Sitze), Repräsentantenhaus (435 Sitze)

Verwaltungsstruktur: 50 Bundesstaaten und Bundesbezirk Columbia mit der Hauptstadt Washington, zahlreiche Gliederungen auf Bundesstaatenebene

Hauptstadt: Washington, D.C., Stadt: ca. 572 000 Einwohner, Großraum: 4,69 Mio. Einwohner

Größte Städte: New York City (Bundesstaat New York, 8 274 527 Einwohner), Los Angeles (Kalifornien, 3 834 340), Chicago (Illinois, 2 836 658), Houston (Texas, 2 208 180), Phoenix (Arizona, 1 552 259), Philadelphia (Pennsylvania, 1 449 634). (Alle Zahlen Schätzung US Census 2007)

Bruttoinlandsprodukt (BIP): 14 264 Mrd. USD (Stand 2008)

Pro Kopf-BIP: 45 575 USD (Stand 2008)

Quellen: Statistisches Bundesamt, United States Census Bureau

Alexander Osang
Im nächsten Leben
Reportagen und Porträts

2. Auflage, 256 Seiten
Hardcover mit Schutzumschlag
ISBN 978-3-86153-571-3
19,90 €(D); 20,50 €(A);
35,90 sFr (UVP)

Alexander Osang hat sich mit seinen hintergründigen, hellsichtigen und pointierten Reportagen ein großes Publikum erobert. In seinem zehnten Publizistik-Band beschreibt der preisgekrönte Spiegel-Journalist vor allem Menschen, die gern etwas anderes sein wollen, die von einem nächsten Leben träumen oder einen Neuanfang wagen, egal ob in Deutschland, Thailand oder den USA.

»Osangs Geschichten sind nicht zuletzt deshalb etwas Besonderes: Nie erwartbar, manchmal abseitig, trotzdem immer irgendwie relevant. Es sind kleine, die ganze Aufmerksamkeit absorbierende Auszeiten von all dem, was eigener Alltag bedeutet. Spalte für Spalte führen seine Sätze einen heraus aus dem eigenen Leben, hinein in eine andere, zumeist immerhin ein paar Doppelseiten währende Realität.«

Süddeutsche Zeitung

www.christoph-links-verlag.de

Werner Stiller
Der Agent
Mein Leben in drei
Geheimdiensten

256 Seiten, 20 Abbildungen
Hardcover mit Schutzumschlag
ISBN 978-3-86153-592-8
19,90 € (D); 20,50 € (A);
35,90 sFr (UVP)

Es war die größte Niederlage des Ministeriums für Staatssicherheit: Im Januar 1979 wechselte Oberleutnant Werner Stiller die Seiten. Der Agentenführer von Markus Wolfs Auslandsaufklärung floh mit einem Koffer brisanter Unterlagen in den Westen und enttarnte 70 DDR-Spione. Der Verratsfall löste hektische Ermittlungen im MfS aus. Erich Mielke wollte Stiller um jeden Preis finden, ihn zurückholen oder vor Ort hinrichten lassen. Der Bundesnachrichtendienst schützte seine Quelle rund um die Uhr, übergab Stiller aber schließlich an die CIA, da er in Europa nicht mehr sicher war. In den USA erhielt er eine neue Identität, arbeitete als Peter Fischer bei Banken in New York, London und Frankfurt. Er verdiente Millionen – und verlor sie wieder. Werner Stiller berichtet erstmals freimütig über sein abenteuerliches Leben in der Welt der Geheimdienste von Ost und West.

www.christoph-links-verlag.de

Holger Ehling
England, glorious England
Annäherung an eigenwillige
Verwandte

224 Seiten, Klappenbroschur
ISBN 978-3-86153-547-8
16,90 € (D); 17,40 € (A);
31,00 sFr (UVP)

Eine vergnügliche Untersuchung des englischen Lebenswandels. Ehling beschreibt liebevoll und spöttisch Mythen und Alltag einer Nation, die wir wahrscheinlich nie so ganz verstehen werden.

Journal Frankfurt

Das Buch ist weder eine genüssliche Aufzählung englischer Marotten noch der krampfhafte Versuch, in »politischer Korrektheit« ihr Vorhandensein zu bestreiten. Ehling bringt einem die Engländer im Alltag nahe und räumt mit pauschalen Vorurteilen auf.

Sächsische Zeitung

Dieses Buch darf in keinem Reisekoffer nach England fehlen!

Sat.1 Frühstücksfernsehen

www.christoph-links-verlag.de

Die Länderreihe des Ch. Links Verlages

2. Auflage

3. Auflage

1. Auflage

1. Auflage

5. Auflage

2. Auflage

1. Auflage

1. Auflage

Alle Bände der Reihe:

ca. 200 Seiten, Klappenbroschur
16,90 € (D); 17,40 € (A);
29,00 sFr (UVP)

www.laenderreihe.de
www.christoph-links-verlag.de

Uta Andrea Balbier
Christiane Rösch (Hg.)
Umworbener Klassenfeind
Das Verhältnis der DDR zu
den USA

280 Seiten
Broschur
ISBN 978-3-86153-418-1
24,90 € (D); 25,60 € (A);
44,00 sFr (UVP)

Die Vereinigten Staaten von Amerika stellten für die DDR-Propaganda die Verkörperung der imperialistischen Bedrohung an sich dar. Offiziell wurde den USA vorgehalten, sie würden reaktionäre Ideologie verbreiten und massenhaft Schund und Pseudokultur erzeugen. Dagegen setzte man auf das »andere Amerika« von Paul Robeson bis Angela Davis. Bis zum Ende der DDR gab es weder ein Handels- noch ein Kulturabkommen mit Washington, doch unterhalb der Staatsebene setzte sich im kulturellen und privaten Bereich die Begeisterung für den American Way of Life durch.
Die Autoren dieses Sammelbandes beleuchten die unterschiedlichen Facetten der bilateralen Beziehungen zwischen der DDR und den USA bis 1989 und behandeln dabei die staatlichen Kontakte genauso wie die Begegnungen von Wissenschaftlern, Künstlern und Kirchenvertretern.

www.christoph-links-verlag.de